Reformation heute

Band I: Protestantische Bildungsakzente

Reformation heute

Herausgegeben von Bernd Oberdorfer, Stefan Rhein, Thomas A. Seidel
Band 1

Reformation heute

Band 1

Protestantische Bildungsakzente

Herausgegeben von Christopher Spehr

EVANGELISCHE VERLAGSANSTALT
Leipzig

Gedruckt mit freundlicher Unterstützung des Thüringer Ministeriums für Bildung, Wissenschaft und Kultur

Bibliographische Information der Deutschen Nationalbibliothek
Die Deutsche Nationalbibliothek verzeichnet diese Publikation in der Deutschen Nationalbibliographie; detaillierte bibliographische Daten sind im Internet über http://dnb.dnb.de abrufbar.

Printed in Germany · H 7808

Das Buch wurde auf alterungsbeständigem Papier gedruckt.

Cover: Grafik & Grafikdesign Haubner, Erfurt
Coverbild: Paul Thumann, Luther mit Studenten im Gasthaus Zum Bären in Jena, 1873, Öl auf Leinwand, 125 x 154,5 cm, unten rechts signiert und datiert: Paul Thumann 1873, Wartburg-Stiftung, Inv.-Nr. M0079
Satz: Steffi Glauche, Leipzig
Druck und Binden: BELTZ Bad Langensalza GmbH

ISBN 978-3-374-03804-6
www.eva-leipzig.de

Inhaltsverzeichnis

Vorwort

»Reformation heute« – so lautet die interdisziplinäre und internationale Konferenz- und Schriftenreihe, die mit dem vorliegenden Band ihren Anfang nimmt. Sie entstand aus dem Bedürfnis, der vielfach nur touristisch und bautechnisch geförderten »Lutherdekade« – besser »Reformationsdekade« – ein inhaltliches Gegengewicht zu bieten. Hierfür wurden zentrale Themen der Reformation des 16. Jahrhunderts ausgewählt und auf ihre Impulse und Wirkungen für die heutige Gesellschaft und Kirche hin kritisch befragt. Weil die Ereignisse der Reformation zu elementaren Umwälzungen der religiösen, gesellschaftlichen und politischen Landschaft in Europa führten, kommt diesen Veränderungen nicht nur in historischer Perspektive, sondern auch in religiöser und kultureller Gestalt hohe Bedeutung für die Gegenwart zu. In ihrer gut 450-jährigen Wirkungsgeschichte wurden die in der Reformation zur Sprache gekommenen Themen vielfach rezipiert, auf die jeweiligen zeitgenössischen Herausforderungen bezogen oder auch pointierten Umformungen unterzogen. Diese neuzeitlichen Identitäten und Transformationen, die den Protestantismus in seiner gewordenen Pluralität auszeichnen, ventilieren teils in direkter, teils in gewandelter Form Impulse der Reformation, die es neu zu entdecken und angemessen ins Gespräch zu bringen gilt. Hierbei sollen die glaubens- und gesellschaftsfördernden Akzente herausgearbeitet und unter Berücksichtigung internationaler und ökumenischer Positionen diskutiert werden.

Aus diesen Überlegungen lässt sich ein dialogischer Dreischritt destillieren, der für die Struktur der Konferenzreihe prägend ist. Die jeweiligen Themen werden erstens nach ihrem *historischen Befund* befragt, zweitens im Horizont ihrer *neuzeitlichen Wirkungsgeschichte* reflektiert und drittens mit *gegenwärtigen Herausforderungen* konfrontiert.

Von 2013 bis 2017 werden unter dem Motto »Reformation heute« fünf Konferenzen in fünf Bundesländern veranstaltet, die in Eisenach (2013), Worms (2014), Wittenberg (2015), Hamburg (2016) und Augsburg (2017) stattfinden und jeweils ein Thema im skizzierten Dreischritt pointieren. Organisiert werden die fünf Konferenzen durch die Internationale Martin Luther Stiftung, den Lutherischen Weltbund und die Stiftung Luther-Gedenkstätten Sachsen-Anhalt. Diese institutionenübergreifende Organisation wird namentlich im Herausgeberkreis der Schriftenreihe sichtbar, die dankenswerterweise von Herrn Dr. Thomas A. Seidel, stellvertretender Vorstandsvorsitzender und geschäftsführender Vorstand der Internationalen Martin Luther Stiftung, Herrn Dr. Stefan Rhein, Direktor der Stiftung Luther-Gedenkstätten Sachsen-Anhalt, und Herrn Prof. Dr. Bernd Oberdorfer, Mitglied im Rat des Lutherischen Weltbundes, verantwortet wird.

Als Kooperationspartner wirkt zudem die internationale Plattform Refo500 mit, sodass neben der lutherischen auch die reformierte Perspektive ein Charakteristikum dieser Reihe bildet. Die wissenschaftliche Gestaltung und Federführung der jeweiligen Konferenz liegt in den Händen der fünf beteiligten Universitäten: der Friedrich-Schiller-Universität Jena (2013), der Eberhard Karls Universität Tübingen (2014), der Martin-Luther-Universität Halle-Wittenberg (2015), der Universität Hamburg (2016) und der Universität Augsburg (2017).

Die Auftaktkonferenz, deren Vorträge in diesem Band dokumentiert sind, fand vom 13. bis 15. Juni 2013 auf der Wartburg in Eisenach unter dem Motto »Protestantische Bildungsakzente« statt. Veranstaltet und durchgeführt wurde sie vor Ort von den Thüringer Akteuren: Der Wartburg-Stiftung Eisenach, der Internationalen Martin Luther Stiftung und dem Lehrstuhl für Kirchengeschichte der Friedrich-Schiller-Universität Jena. Dank der Förderung und Unterstützung des Thüringer Ministeriums für Bildung, Wissenschaft und Kultur sowie der Ernst-Abbe-Stiftung Jena war es möglich, dass fast 100 Teilnehmerinnen und Teilnehmer mit den Referenten – allesamt ausgewiesene Wissenschaftler, Kirchenvertreter und Politiker – im historisch bedeutsamen Ambiente der Wartburg ins Gespräch kamen und im Konferenzsaal des Wartburghotels über das Verhältnis von Bildung und Protestantismus in Vergangenheit und Gegenwart diskutierten.

Ausgehend von den mit Eisenach verbundenen Bildungsprägungen – Martin Luther besuchte von 1498 bis 1501 die Pfarrschule zu St. Georgen und übersetzte während seines Wartburgaufenthaltes 1521/22 das Neue Testament ins Deutsche – stand das Thema »Bildung« im Fokus von »Reformation heute«. Christliche Bildung gilt vielerorts als eine Errungenschaft des Protestantismus. Bis heute werden protestantische Bildungsideale durch Institutionen wie evangelische Kindergärten, Schulen und Akademien visualisiert oder im konfessionellen Religionsunterricht realisiert. Zudem wurzeln zahlreiche gegenwärtige Bildungsdiskurse, die in der Regel als »säkular« gelten, auf protestantischen Bildungsimpulsen.

In der Tat sind Protestantismus und Bildung aufeinander bezogen. »Bildung« – allgemeiner »Kultur« – wird gemeinhin sogar als Erkennungsmerkmal des Protestantismus bestimmt. Dennoch wird seit der Formierung des

Bildungsbegriffs im ausgehenden 18. und beginnenden 19. Jahrhundert um das Verhältnis von Protestantismus und Bildung gerungen. Während die einen Interpreten Bildung als anthropologisches Befreiungserlebnis beschreiben, ist die Verhältnisbestimmung für die anderen durch soziale und mentale Brüche gekennzeichnet. Folglich ist zu fragen, wie sich Protestantismus und Bildung genauer zueinander verhalten.

Der Bedeutung von Bildung für den Protestantismus wird, wie die versammelten Aufsätze bezeugen, entsprechend der Gesamtkonzeption in einem Dreischritt nachgespürt, der freilich nur einen exemplarischen Ausschnitt des Themas bieten kann.

Im ersten Schritt werden unter der Überschrift *Grundlagen: Reformatorische Bildungsnovitäten* die Ursprünge des protestantischen Bildungsverständnisses in der Frühen Neuzeit dargestellt und interpretiert. Der Münsteraner Kirchenhistoriker Prof. Dr. Konrad Hammann setzt bei den reformatorischen Wurzeln an und skizziert unter dem Motto »Bildung im Dienst des Evangeliums« umsichtig das Bildungsprogramm der Wittenberger Reformatoren Martin Luther und Philipp Melanchthon. Dem Programm und der Praxis reformiert-calvinistischer Bildung widmet sich sodann der Innsbrucker Historiker Prof. Dr. Stefan Ehrenpreis, indem er die reformierte Bildungstradition in Deutschland, der Schweiz und den Niederlanden sowohl anhand des höheren als auch des niederen Schulwesens in der Frühen Neuzeit anschaulich entfaltet.

Der zweite Schritt befasst sich mit der Wirkungsgeschichte des lutherischen und reformierten Bildungsverständnisses unter der Überschrift *Rezeption und Transformation: Protestantische Realisierungen.* Zurecht betont der Erlanger Systematiker und Theologiehistoriker Prof. Dr. Walter Sparn in seinem gehaltvollen Beitrag über die »pietistischen und aufklärerischen Bildungsakzente«, dass in Pietismus und Aufklärung die reformatorische Verflechtung von *pietas* (Frömmigkeit) und *eruditio* (Erziehung) nicht nur rezipiert, sondern kulturell vielmehr transformiert wurde. Bildung und Kultur wurden seit den 1760er Jahren nunmehr als eigene Begriffe akzentuiert. An die Entwicklung des Bildungsbegriffs durch die Aufklärung knüpft der Jenaer Erziehungswissenschaftler Prof. Dr. Michael Winkler an und arbeitet in seinem stupenden Beitrag die durch Schleiermacher und Hegel in die Bildungsdiskurse eingebrachten neuen Akzente heraus. Dem Thema »Bildung und Kulturprotestantismus« wendet sich der Münchner Kulturwissenschaftler und Praktische Theologe Prof. Dr. Christian Albrecht zu. In seinem programmatischen Beitrag fragt er nach Anspruch und Grenzen jenes Programms, das seit dem ausgehenden 19. Jahrhundert für die evangelische Kirche relevant war und ist. Einen Perspektivwechsel vollzieht der kenntnisreiche Beitrag des Jenaer Naturwissenschaftlers Prof. Dr. Dr. Olaf Breidbach (†), der die »philosophisch-naturwissenschaftliche Kritik am protestantischen Bildungspathos« untersucht und anhand der im ausgehenden 19. Jahrhundert im Umfeld von Ernst Haeckel entfalteten quasi-religiösen Dimensionen veranschaulicht. Wie protestantische Bildung und Kultur im Brasilien des 19. und 20. Jahrhunderts durch die deutschen Einwanderer transferiert und realisiert wurde, entfaltet der brasilianische Theologiehistoriker und Systematiker Prof. Dr. Euler R. Westphal in seinem engagierten Beitrag, durch den ein bisher noch kaum bearbeitetes Forschungsgebiet thematisiert wird.

Werden im zweiten Schritt bereits Linien in die Gegenwart gezogen, so fokussiert der dritte Schritt gegenwärtige Diskussionen in Kirche, Gesellschaft und Politik um ein sachgemäßes Bildungsverständnis. Unter der Überschrift *Konfrontation: Gegenwärtige Herausforderungen für evangelisches Bildungshandeln* wird gefragt, ob und inwiefern das protestantische Erbe für heutige Bildungsdiskurse anverwandelt werden kann. Der Theologe Prof. Dr. Martin Hein, Bischof der Evangelischen Kirche von Kurhessen-Waldeck, diskutiert in seinem nuancenhaften Beitrag die Problematik »Erlösung durch Bildung?«, die er theologischer Würdigung und Kritik unterzieht. Welche Gestaltungsmöglichkeiten und Impulse vom protestantischen Bildungsverständnis für das heutige Bildungswesen ausgehen können, stellt der Tübinger Religionspädagoge Prof. Dr. Friedrich Schweitzer in seinem höchst instruktiven Beitrag dar. Auf die politische Ebene wird die Diskussion durch den tagesaktuellen Beitrag des Leipziger Oberbürgermeisters Burkhard Jung geführt, der anhand des evangelischen Schulwesens den Spagat heutiger Bildungspolitik zwischen Ideal und Wirklichkeit vorführt. Abgeschlossen wird der Band durch den als Festvortrag auf der Tagung gehaltenen Beitrag von Christoph Matschie, Minister für Bildung, Wissenschaft und Kultur des Freistaates Thüringen, der den Bogen vom Ausgangspunkt der reformatorischen Bildungsprogramme bis in die gegenwärtige Bildungspolitik spannt und zur orientierenden Auseinandersetzung mit dem reformatorischen Erbe auffordert.

Allen Beiträgern sei für ihre Bereitschaft, die auf der Tagung gehaltenen Vorträge zur Publikation zur Verfügung zu stellen, Dank gesagt. Ebenso sei den Moderatoren der Tagung gedankt, zu denen neben den Veranstaltern der Jenaer Erziehungshistoriker Prof. Dr. Dr. Ralf Koerrenz und der Jenaer Religionspädagoge Prof. Dr. Michael Wermke zählten. Durch die Grußworte von Oberbürgermeisterin Katja Wolf (Stadt Eisenach), Rektor Prof. Dr. Klaus Dicke (Friedrich-Schiller-Universität Jena) und Propst Siegfried Kasparick (Evangelische Kirche in Mitteldeutschland) kam auf der Tagung die Verbundenheit mit zentralen Bildungsträgern vor Ort zum Ausdruck. Schließlich seien für die Konferenzorganisation namentlich genannt: Herr Burghauptmann Günter Schuchardt und Herr Andreas Volkert von der Wartburg-Stiftung, Frau Anika Koppe, Frau Dr. Claudia Hübner und Herr Michael Gruschwitz von der Internationalen Martin Luther Stiftung sowie Frau Johanna Hilpert, Frau Ute Jakob und Herr Markus Bleeke vom Lehrstuhl für Kirchengeschichte Jena. Ohne die intensive redaktionelle Tätigkeit von Frau Hilpert, die durch Frau Susann Häßelbarth, Herrn Markus Bleeke und Herrn Dr. Roland Lehmann unterstützt wurde, ohne die vertrauensvolle Zusammenarbeit mit Frau Dr. Annette Weidhas und Frau Anne Grabmann von der Evangelischen Verlagsanstalt Leipzig und ohne einen namhaften Druckkostenzuschuss des Thüringer Ministeriums für Bildung, Wissenschaft und Kultur wäre die vorliegende Publikation nicht zustande gekommen. Ihnen allen sei herzlich gedankt!

Das Titelbild auf dem Cover, welches von Paul Thumann für die Reformationszimmer der Wartburg im Auftrag des Großherzogs Carl Alexander von Sachsen-Weimar-Eisenach 1872 geschaffen wurde, verschränkt Thema, Ort und Inhalt auf ganz eigene Weise. Es zeigt Luther, der Anfang März 1522 als Junker Jörg getarnt auf dem Weg von der Wartburg nach Wittenberg ist, im Gespräch mit zwei Schweizer Studenten im Gasthaus »Zum schwarzen Bären« in Jena. Die jungen Studenten erkennen Luther nicht, der vor sich den Psalter aufgeschlagen hat. Die Überraschung ist groß, als sich ihnen wenige Tage später in Wittenberg Luther als Luther zu erkennen gibt. Dieses Historiengemälde aus dem Besitz der Wartburg-Stiftung illustriert die von den Schweizern später berichtete Jenaer Anekdote und veranschaulicht, was es zu guter Bildung braucht: eine gehaltvolle Grundlage, kritisches Lesen, genaues Hinhören, beharrliches Diskutieren und – Momente der Überraschung.

Christopher Spehr — Jena, den 15. Juni 2014

I Grundlagen: Reformatorische Bildungsnovitäten

Luthers und Melanchthons Bildungsprogramm:

Bildung im Dienst des Evangeliums

Konrad Hammann

I

Am 28. August 1518 hält Philipp Melanchthon als neu berufener Professor für die griechische Sprache und Literatur an der Universität Wittenberg seine Antrittsvorlesung *De corrigendis adolescentiae studiis* (Über die Studienreform). Mit dieser nach allen Regeln der Kunst angelegten Rede vermag der junge Dozent seine zahlreichen Hörer zu überzeugen, ja zu begeistern. Melanchthon gibt sich als Protagonist der Renaissance, als Befürworter des humanistischen Rufes »ad fontes studiorum« zu erkennen. Die Quellen der wahren Philosophie nämlich, so seine Diagnose, sind verschüttet durch die Geringschätzung der griechischen Sprache seit der Hochscholastik, die mangelhafte Kenntnis der Mathematik und den Verfall der Theologie. Infolge dieser Fehlentwicklung bedient man sich weithin nur noch eines miserablen Lateins, ist an die Stelle der wahren Wissenschaft die falsche getreten und haben menschliche Traditionen, unnütze Zeremonien und Zusätze der Epigonen den alten Glauben ersetzt.

In seinem Plädoyer für eine Erneuerung der gelehrten Studien will Melanchthon nicht etwa die überkommenen Fächer abschaffen, sondern vielmehr die Studenten dazu bewegen, sich mit der Sache zu beschäftigen, wie diese sich in den Quellen darbietet. Dazu gilt es, sowohl im Blick auf die Kenntnis der Natur als auch hinsichtlich der Persönlichkeitsbildung, die besten Texte der besten Autoren zu studieren. Eben hierfür bedarf es aber solider Kenntnisse in der griechischen Sprache, ohne die weder die antiken Schriften noch das neutestamentliche Christuszeugnis recht verstanden werden können. Durch das Griechische wird man namentlich den authentischen Aristoteles wieder entdecken, nachdem so lange schlechte lateinische Übersetzungen seiner Schriften seine Gedanken entstellt haben. Der Theologe benötigt zusätzlich noch die hebräische Sprache. Auch für ihn sind die Wissenschaften unbedingt erforderlich, obwohl er weiß, letztlich nur unter der Anleitung des Heiligen Geistes das Ziel erreichen zu können. Schließlich empfiehlt Melanchthon nachdrücklich das Studium der Geschichte, deren Exempel dem angemessenen Verhalten im privaten wie im öffentlichen Leben, der Politik und der Rechtsprechung gleichermaßen förderlich sind.[1]

Mit seinem Reformprogramm bot Melanchthon, zumal im Vergleich zu den bibelhumanistischen Ansätzen des Erasmus von Rotterdam, inhaltlich kaum etwas Neues. Gleichwohl fanden seine Ausführungen nicht zufällig den Beifall des Wittenberger Auditoriums, auch den Luthers.[2] Denn mit seiner – verhaltenen – Kritik an der Scholastik und am veräußerlichten Kirchenwesen wie auch mit seiner Forderung nach einer grundlegenden Reform des artistischen Studiums im Sinne des Humanismus fügte Melanchthon sich nahtlos in die Bestrebungen der Wittenberger Theologen ein, die soeben, im Frühjahr 1518, eine Reform des Universitätsstudiums eingeleitet hatten. Wie Melanchthon sich in der Folgezeit an dieser Reform beteiligte, was sie erbrachte und welche Bedeutung ihr für die weitergehende Reformation der Kirche zukam, kann und muss ich hier nicht weiter ausführen.[3]

Zwei Jahre später hat Luther – dies allerdings verdient festgehalten zu werden – in der *Adelsschrift* innerhalb seiner Vorschläge zur Universitätsreform Melanchthons Überlegungen aufgenommen, partiell sogar noch verschärft. Diese Reform hält Luther für unumgänglich, weil an den Universitäten kaum die Heilige Schrift und der christliche Glaube gelehrt werden, sondern »allein der blind heydnischer meyster Aristoteles regiert«.[4] Daher

---

1 Vgl. PHILIPP MELANCHTHON, De corrigendis adolescentiae studiis (1518), in: CR 11, 15–25; StA 3, 29–42; dazu HEINZ SCHEIBLE, Melanchthon. Eine Biographie, München 1997, 31 f. – Dieser Beitrag ist dem Andenken des Kirchenhistorikers Heinz Liebing gewidmet.

2 Vgl. M. Luther an G. Spalatin, 31. 8. 1518, in: WA.Br 1, Nr. 88, 192,11–30.

3 Vgl. dazu mit unterschiedlichen Gewichtungen KARL BAUER, Die Wittenberger Universitätstheologie und die Anfänge der Deutschen Reformation, Tübingen 1928, 98–121; JENS-MARTIN KRUSE, Universitätstheologie und Kirchenreform. Die Anfänge der Reformation in Wittenberg 1516–1522 (VIEG 187), Mainz 2002, 139–153; HEINZ SCHEIBLE, Aristoteles und die Wittenberger Universitätsreform, in: DERS., Aufsätze zu Melanchthon (SMHR 49), Tübingen 2010, 125–151.

4 MARTIN LUTHER, An den christlichen Adel deutscher Nation von des christlichen Standes Besserung (1520), in: WA 6, 457,28–458,40 (Zitat: 457,34 f.); zum Folgenden vgl. KRUSE (s. Anm. 3), 151 f.; GERHARD MÜLLER, Glaube und Bildung, in: LuJ 66 (1999), 9–28, hier: 14–16.

rät Luther, die Physik, die Metaphysik, das Buch *De anima* und die Ethik des Aristoteles aus dem artistischen Studium herauszunehmen, enthalten doch diese, die besten Bücher des Philosophen, unübersehbare Gegensätze zur christlichen Lehre. So lehre Aristoteles in *De anima,* »das die seel sterblich sey mit dem Corper«, und seine [*Nikomachische*] *Ethik* stehe »erger den kein buch, stracks der gnaden gottis und Christlichen tugenden entgegen«.[5] Jedoch die weitere Verwendung der aristotelischen Logik, Rhetorik und Poetik kann Luther ohne weiteres akzeptieren, zumal die jungen Leute an diesen Werken das Reden und das Predigen üben könnten. Im übrigen tritt er im Konsens mit Melanchthons Reformforderungen von 1518 dafür ein, an der artistischen Fakultät forciert das Studium der drei alten Sprachen, der Mathematik und der Geschichte zu betreiben.[6]

Das Engagement Luthers und Melanchthons im Zusammenhang mit der Wittenberger Universitätsreform bildete den Auftakt einer langjährigen, überaus fruchtbaren, wenn auch nicht immer spannungsfreien Zusammenarbeit in der reformatorischen Bewegung, bei der Durchführung der Kirchenreformation und nicht zuletzt auf dem Bildungssektor. Diese glückliche Personenkonstellation, die schon im Gleichklang der Voten Luthers und Melanchthons zur Erneuerung der gelehrten Studien zum Ausdruck gekommen ist, bot gewissermaßen die Gewähr dafür, dass Reformation und Humanismus, Glaube und Bildung in den von der Wittenberger Reformation erfassten und bestimmten städtischen und territorialen Kirchentümern eine unauflösliche Verbindung miteinander eingingen. Wie beide Reformatoren diese enge Beziehung näherhin aufgefasst und wie sie die »Bildung im Dienst des Evangeliums« im einzelnen begründet haben, wird uns nun beschäftigen.

Dieser Beschäftigung schicke ich ein paar methodische Hinweise voraus, die prophylaktisch zur Klärung dessen beitragen sollen, was denn überhaupt sinnvollerweise gemeint sein kann, wenn von Luthers und Melanchthons Bildungsprogramm die Rede ist. Zunächst kommt der Begriff »Bildung« bei Luther und Melanchthon nicht vor, jedenfalls nicht als pädagogische Leitkategorie.[7] Das wohl von Meister Eckhart geprägte, mithin aus der mittelalter-

---

5 Luther, An den christlichen Adel (s. Anm. 4), 458,7 f. 14 f.

6 Vgl. a. a. O. 458,26–31; zu seinen Reformvorschlägen bezüglich der Juristischen und der Theologischen Fakultät vgl. a. a. O. 459, 1–461,23.

7 Vgl. Reiner Preul, Bildung und Erziehung nach Gesichtspunkten Luthers, in: LuJ 70 (2003), 11–32, hier: 14. Nach dem Sachregister zur WA ist der Begriff »Bildung« nur an zwei Stellen im gesamten Werk Luthers – in der Bedeutung »Gleichnis« bzw. »Symbol« – nachgewiesen; vgl. WA 65, 378. Zum statistischen Befund bei Luther vgl. auch die Hinweise

lichen Mystik stammende Wort ist erst seit der Aufklärung – zu nennen wären hier als Impulsgeber insbesondere Herder und Humboldt – als philosophischer und pädagogischer Grund- und Strukturbegriff verwendet worden.[8] Beide Reformatoren bedienten sich anderer Begriffe. Gleichwohl waren ihnen die Sachverhalte, die wir heute mit dem Ausdruck »Bildung« bezeichnen, präsent. Sodann, weder Luther noch Melanchthon haben ein Bildungs*programm* im umfassenden Sinne dieses Wortes vorgelegt. Luthers und mit gewissen Abstrichen auch Melanchthons Äußerungen zur Bildung und zur Bildungsreform sind ausgesprochen kontext- und situationsbezogen. Das sollte zur Vorsicht anleiten gegenüber dem Versuch, ihre Gedanken zu systematisieren oder sie gar unmittelbar auf pädagogische Diskurse der Gegenwart und Fragestellungen der aktuellen Bildungsdebatte zu beziehen.[9] Den einschlägigen Schriften beider Reformatoren lassen sich aber konzeptionelle Aussagen zur Bildung durchaus entnehmen – nur sind sie in ihrem historischen Kontext adäquat wahrzunehmen.

Schließlich, Luther hat in aller Regel die verschiedenen Institutionen, die es im frühen 16. Jahrhundert mit Bildung zu tun hatten, immer im Blick gehabt, sie in ihren spezifischen Funktionen je für sich bedacht, ohne sie wiederum scharf voneinander abzugrenzen. Die Familie und das Haus, die Schule und die Universität, die Kirche sowie das ganz neue Medium der Flugschrift stellten für Luther »Lernorte« dar, wie wir heute sagen würden. Auf die Aussagen der Reformatoren zu all diesen Bereichen einigermaßen erschöpfend einzugehen, scheint mir im Rahmen eines Vortrags nicht möglich und auch nicht sinnvoll zu sein. Man denke nur an das weite Feld der religiösen Bildung oder christlichen Erziehung in Familie, Haus und Kirche, das Luther mit seinen katechetischen Initiativen und Schriften wieder und wieder bearbeitet

---

auf vergleichbare Begriffe bzw. Wörter bei Martin Sander-Gaiser, »Ein Christ ist gewiss ein Schüler, und er lernt bis in Ewigkeit«. Neue Einsichten zum Verhältnis von Theologie und Pädagogik bei Luther, in: Luther 69 (1998), 139–151, hier: 142f. Anm. 13.

8 Vgl. Georg Zenkert, Art. Bildung. I. Begriffsgeschichte, II. Geschichtlich, III. Philosophisch, in: RGG^4 1 (1998), 1577–1582; Friedrich Schweitzer, Art. Bildung. V. Praktisch-theologisch und pädagogisch, in: RGG^4 1 (1998), 1584–1586.

9 Vgl. Markus Wriedt, Die theologische Begründung der Bildungsreform bei Luther und Melanchthon, in: Michael Beyer/Günther Wartenberg (Hrsg.), Humanismus und Wittenberger Reformation. Festgabe anläßlich des 500. Geburtstages des Praeceptor Germaniae Philipp Melanchthon am 16. Februar 1997. Helmar Junghans gewidmet, Leipzig 1996, 155–183, hier: 155f.; Ders., Art. Bildung, in: Albrecht Beutel (Hrsg.), Luther Handbuch, Tübingen ^{2}2010, 231–236, hier: 231f.

hat.[10] Oder man könnte, was in der Forschung bisher noch nicht geschehen ist, die reformatorische Flugschriftenpublizistik einmal daraufhin untersuchen, wie sie bewusst als Medium der Bildung der sogenannten Laien, d.h. nach dem Sprachgebrauch des frühen 16. Jahrhunderts der »ungebildeten«, nämlich der nichtstudierten Leute genutzt wurde. Ich werde mich im Folgenden darauf konzentrieren, Luthers und Melanchthons Äußerungen zur schulischen Bildung in zwei ganz bestimmten historischen Konstellationen etwas genauer in den Blick zu nehmen.

II

Im 15. und frühen 16. Jahrhundert hatte eine enorme Dynamik das Bildungswesen in Deutschland erfasst und erneuert, sowohl in quantitativer als auch in qualitativer Hinsicht.[11] Die von städtischen und territorialen Herrschaften politisch gewollte sowie durch Reformbewegungen wie den Humanismus oder die Devotio moderna getragene und unterstützte Intensivierung der Bildung geriet jedoch während der Frühphase der Reformation mindestens ins Stocken. Die von Luther angestoßene reformatorische Bewegung löste – diesen Anschein konnte es haben – eine veritable Bildungskrise aus. Die Zahl der Immatrikulationen an den deutschen Universitäten nahm zu Beginn der 1520er Jahre mit Ausnahme Wittenbergs signifikant ab.[12] In Wittenberg geriet unter dem Einfluss der radikalen Kräfte, die das Kirchenwesen der Stadt während des Aufenthaltes Luthers auf der Wartburg grundlegend und rasch umbauen wollten, auch das Schulwesen in die Krise. Die Knabenschule stellte den Unterricht ein, der Schulmeister Georg Mohr empfahl, die Kinder nicht länger zur Schule zu schicken. Das Schulgebäude machte man kurzerhand zu einer Bäckerei. Der Wittenberger Stadtpfarrer Johannes Bugenhagen vermochte es erst im Herbst 1523 seiner ursprünglichen Funktion wieder zuzuführen. Auch anderenorts kam es zu bildungskritischen Begleiterscheinungen des reformatorischen Aufbruchs. Musste, nachdem Luther das *Neue Testament* ins Deutsche übersetzt hatte, denn wirklich noch Latein, Griechisch und He-

---

10 Vgl. Reinhard Schwarz, Luther als Erzieher des Volkes. Die Institutionalisierung der Verkündigung, in: LuJ 57 (1990), 114–127; Johannes Schilling, Art. Katechismus, in: Beutel (Hrsg.), Luther Handbuch (s. Anm. 9), 305–312.

11 Vgl. Müller (s. Anm. 4), 10–14; Thomas Kaufmann, Geschichte der Reformation, Frankfurt a. M./Leipzig 2009, 98–107.

12 Vgl. Kaufmann (s. Anm. 11), 451 f.

bräisch gelernt werden?[13] Radikale evangelische Prediger bestritten unter dem Einfluss Andreas Karlstadts und Thomas Müntzers den Wert und die Notwendigkeit des humanistischen Sprachenstudiums. Aus ihrer Sicht reichten die deutsche Sprache und das Wirken des Heiligen Geistes aus, um das Wort Gottes zu verstehen. Sie gingen etwa mit dem Erfurter Humanisten Eobanus Hessus hart ins Gericht, weil dieser sich noch mit dem toten Buchstaben der alten Sprachen beschäftige, statt sich dem lebendigen Wort des Geistes zu öffnen und sich endlich für die Sache Jesu Christi, das heißt für die Reformation, zu entscheiden.[14] Utilitaristisch ausgerichtete Bürger in manchen Städten stellten das überkommene Bildungswesen zusätzlich infrage. Wozu brauchte man noch Lateinschulen, wenn es für die Absolventen infolge des reformatorischen Umbruchs kaum noch geistliche Stellen gab, die sie hätten besetzen können?[15] Und genügte nicht der Besuch der städtischen Schreib- und Rechenschulen, um die für das Handwerk und das kaufmännische Gewerbe erforderlichen Kenntnisse zu erwerben?

In dieser Situation wendet sich Luther im Januar/Februar 1524 *An die Ratherren aller Städte deutsches Lands, daß sie christliche Schulen aufrichten und halten sollen.* Kraft der Autorität und mit dem Gestus des Propheten, der sich von Gott berufen weiß, seine Stimme zu erheben,[16] nimmt er die städtische weltliche Obrigkeit in die Pflicht, Bildung institutionell und inhaltlich zu gewährleisten. Mit der Wahl dieses Adressatenkreises trägt Luther zu-

---

13 Vgl. Müller (s. Anm. 4), 14.

14 Vgl. Wriedt, Begründung (s. Anm. 9), 158; Ders., Art. Bildung (s. Anm. 9), 232. – Luther musste die Besorgnis des Eobanus Hessus, unter dem Einfluss der neuen Wittenberger Theologie brächen die Wissenschaften zusammen und würden die Deutschen mehr denn je zu Barbaren werden, eigens zerstreuen. Vgl. M. Luther an E. Hessus, 29.3.1523, in: WA Br 3, Nr. 596, 50,18–27: »Caeterum timores isti vestri te nihil moveant, ubi timetis, fore, ut barbariores fiamus Germani, quam unquam fuerimus, casu literarum per theologiam nostram; habent quidam suos quoque timores saepius, ubi nullus est timor. Ego persuasus sum, sine literarum peritia prorsus stare non posse sinceram theologiam, sicut hactenus ruentibus et iacentibus literis miserrime et cecidit et iacuit. Quin video, nunquam fuisse insignem factam verbi Dei revelationem, nisi primo, velut praecursoribus Baptistis, viam pararit surgentibus et florentibus linguis et literis. Plane nihil minus vellem fieri aut committi in inventute, quam ut poësin et rhetoricen omittant.«

15 Vgl. Heinz Scheible, Die Reform von Schule und Universität in der Reformationszeit, in: Ders., Aufsätze zu Melanchthon (s. Anm. 3), 152–172, hier: 153f.

16 Vgl. Martin Luther, An die Ratherren aller Städte deutsches Lands, daß sie christliche Schulen aufrichten und halten sollen (1524), in: WA 15, 27,12–28,4; dazu Wriedt, Begründung (s. Anm. 9), 158f.

nächst ganz pragmatisch dem Umstand Rechnung, dass es in den Städten bereits eine Infrastruktur an Bildungseinrichtungen gibt, die den natürlichen Anknüpfungspunkt für die anvisierte Bildungsreform darstellt. Zugleich bejaht er die bereits im späten Mittelalter sukzessive realisierte Verlagerung der Trägerschaft der Schulen von der Kirche auf die weltliche Obrigkeit in den Städten, freilich nicht nur deshalb, weil für ihn die Kirche in den Dom- und Klosterschulen ihrem Bildungsauftrag nicht hinreichend nachgekommen ist. Vielmehr weist Luther aus theologischen Gründen der weltlichen Obrigkeit die primäre Verantwortung für die Einrichtung und Unterhaltung von Schulen zu. Die Bürgermeister und Ratsherren sind nämlich im Rahmen des weltlichen Regimentes Gottes nicht nur berechtigt, sondern durchaus auch dazu verpflichtet, für die Bildung und Erziehung der Jugend Sorge zu tragen.[17] Die Eltern, die an sich diese Aufgabe zu erfüllen haben, können sie aus verschiedenen Gründen nicht wahrnehmen.[18] Daher obliegt es dem Rat, sich zum Wohl des städtischen Gemeinwesens der Bildung anzunehmen. Die weltliche Obrigkeit übernimmt die Verantwortung für den Bereich der Bildung von Gott. Sie nimmt damit teil am weltlichen Regiment Gottes, das die Erhaltung und Förderung des geschöpflichen Lebens zum Ziel hat und das verhindern soll, dass die Schöpfung wieder in das Chaos zurückfällt.[19] Sie erfüllt schlicht das Gebot Gottes, indem sie anstelle der Eltern die diesen auferlegte Bildungsverpflichtung wahrnimmt.[20]

Darüber hinaus führt Luther zwei weitere Gründe für die Notwendigkeit der Schulbildung an. Zum einen rückt er die gegenwärtige Auseinandersetzung um die Bildung in die anthropologische Perspektive von Fleisch und Geist. In Anknüpfung an die paulinische Begrifflichkeit rechnet er diejenigen, die ihre Kinder nur das lernen lassen, was ihrem äußeren Lebensunterhalt

---

[17] Vgl. Luther, An die Ratherren (s. Anm. 16), 33,25–29; 34,24f.; dazu Wriedt, Begründung (s. Anm. 9), 159; Ralf Koerrenz, Schule als strukturelles Arrangement. Eine gegenwartsorientierte Lektüre von Luthers Schulschriften, in: Gerline Huber-Rebenich (Hrsg.), Lehren und Lernen im Zeitalter der Reformation. Methoden und Funktionen (SMHR 68), Tübingen 2012, 1–19, hier: 11f.

[18] Vgl. Luther, An die Ratherren (s. Anm. 16), 34,1–23.

[19] Vgl. a.a.O. 34,24–36,5.

[20] Vgl. a.a.O. 32,22–25: »Es ist yhe nicht můglich, das sich das tolle volck sollt selbs leren und halten, darumb hat sie uns Gott befolhen, die wyr allt und erfaren sind was yhn gut ist, und wird gar schwerlich rechnung von uns fur die selben fodern.« – Luther nennt als biblische Belege für das Gebot Gottes, Lehre und Erziehung zu gewährleisten – im Text der dritte Grund für die Wahrnehmung der Bildungsverantwortung –, Ps 78,5f.; Dtn 5,16 (das vierte Gebot); Dtn 21,18–21 und Dtn 32,7. Vgl. a.a.O. 32,15–26.

dient, dem »nur auff den bauch« ausgerichteten »fleyschliche[n] hauffe[n]« zu.[21] Die anderen, die »unsern lieben kindern nicht alleyn den bauch, sondern auch die seel versorgen«, verhalten sich dagegen wie »rechte Christliche trewe elltern«.[22] Freilich, im Widerstreit zwischen Fleisch und Geist zeigt sich letztlich, wie der Satan nach wie vor am Werke ist, um die Menschen von der Erkenntnis Gottes und dem Vertrauen auf sein Wort abzubringen. Dazu bedient sich der Satan äußerst subtiler Methoden, indem er vermeintliche Sachzwänge gegen die Bildung ausspielt. Jedermann kann unmittelbar nachvollziehen, dass die Steuer für den Krieg gegen die Türken Sinn macht. Viel schwerer ist es, die Ausgaben für eine gute Ausbildung zu rechtfertigen, da deren Ergebnisse ja erst in ferner Zukunft erkennbar werden. Nachdem aber im Licht des Evangeliums der Unsinn zahlreicher religiöser Praktiken aufgedeckt ist und die mit ihnen verbundenen finanziellen Leistungen entfallen sind, müsste doch jeder Bürger mit einem Teil seines zusätzlich verfügbaren Einkommens das Schulwesen unterstützen. Und im Verhältnis zu den öffentlichen Investitionen, die dem zeitlichen Wohl und Frieden der Stadt dienen, sollten die Bildungsausgaben durchaus angehoben werden, da sie noch mehr als jene Ausgaben dem Gemeinwohl zugute kommen.[23]

Zum anderen verweist Luther auf die günstigen Bedingungen für eine Bildungsreform. Gerade für Deutschland ist ein »gülden jar« der Bildung angebrochen. Dank der humanistischen Bildungsbemühungen gibt es geeignete Lehrer. Ein Knabe kann heute in drei Jahren mehr lernen als früher über Jahrzehnte in den Dom- und Klosterschulen. Es gilt also, die Zeichen der Zeit zu erkennen und »die gnade Gottis nicht vergeblich [zu] empfahen«,[24] denn »Gottis wort und gnade ist ein farender platz regen, der nicht wider kompt, wo er eyn mal gewesen ist«.[25] Die von Luther in diesem Zusammenhang genannten Lehrinhalte zeigen, dass das Ziel der schulischen Bildung nicht mehr nur darin besteht, kirchliches Personal zu rekrutieren. Luther strebt an, das allgemeine Bildungsniveau anzuheben. Das Erlernen der klassischen Sprachen und das Studium der reformierten freien Künste einschließlich der Geschichte dienen dem Verstehen der Heiligen Schrift und der Ausübung des weltlichen Regimentes gleichermaßen.[26]

---

21 A.a.O. 28,10f.

22 A.a.O. 29,6–8.

23 Vgl. a.a.O. 30,22–31,4; dazu Wriedt, Begründung (s. Anm. 9), 159f.; Koerrenz (s. Anm. 17), 12.

24 Luther, An die Ratherren (s. Anm. 16), 31,8f. 11.

25 A.a.O. 32,7f.

Gewiss betont Luther – in Rücksicht auf die Adressaten und die Abzweckung seines Aufrufs an die Ratsherren – besonders die funktionale Bedeutung der Bildung. Die weltliche Obrigkeit braucht für die Erfüllung ihres Auftrags, Frieden, Recht und Ordnung zu gewährleisten, geeignetes Personal, das entsprechend auszubilden ist.

> »Weyl denn eyne stad soll und mus leute haben und allenthalben der gr(e)oste gebreche, mangel und klage ist, das an leuten feyle, so mus man nicht harren, bis sie selbs wachsen, man wird sie auch wider aus steynen hawen noch aus holtz schnitzen«[27]

– was hier in der Vergangenheit versäumt wurde, muss in der Gegenwart durch eine gediegene Allgemeinbildung sichergestellt werden. Analog dazu benötigt die im Aufbau befindliche evangelische Kirche gut ausgebildete Pfarrer, die in der Lage sind, das in der Bibel bezeugte Wort Gottes sachgemäß und verständlich zu predigen. Dazu brauchen sie sprachliche, exegetische und hermeneutische Kenntnisse, theologische Urteilskraft und rhetorische Kompetenzen.[28] All dies ist dringend vonnöten, um denjenigen entgegentreten zu können, die »sich des geysts rh(e)umen und die schrifft geringe achten«, den Spiritualisten also, die sich auf eine unvermittelte Geistbelehrung berufen und das äußere Wort geringschätzen.[29]

So sehr Luther hier den schulischen Unterricht funktional begründet, so entschieden wendet er sich dagegen, ihn utilitaristisch zu reduzieren auf die Vermittlung bloßer Berufsqualifikationen.[30] Die von ihm sowohl früher als auch später explizit benannte kulturelle Eigenbedeutung von Bildung[31] kommt in seiner ersten Schulschrift immerhin implizit zur Geltung. Empfiehlt er doch – in Wiederholung einer schon 1520 in der *Adelsschrift* erhobenen Forderung[32] –, Mädchen den Schulbesuch zu ermöglichen, und zwar über

---

26 Vgl. a. a. O. 36,16–18.

27 A. a. O. 35,15–18.

28 Vgl. a. a. O. 36,6–42,14.

29 A. a. O. 42,15 f.; vgl. den ganzen Abschnitt 42,15–43,18.

30 Vgl. schon a. a. O. 36,21–24; dazu mit weiteren Belegen WRIEDT, Begründung (s. Anm. 9), 165 f.

31 Vgl. dazu außer WRIEDT, Begründung (s. Anm. 9), 165 f., Anm. 53, noch FRIEDRICH SCHWEITZER, Luther und die Geschichte der Bildung. Pflichtgemäße Reminiszenz oder notwendige Erinnerung?, in: JHB 3 (1996), 9–23, hier: 12.

32 Vgl. LUTHER, An den christlichen Adel (s. Anm. 4), 461,13–21.

das Erlernen des Lesens, Schreibens und Rechnens hinaus.[33] In gleicher Weise geben auch Luthers Ausführungen über die wünschenswerte Einrichtung und zweckmäßige Ausstattung öffentlicher Bibliotheken zu erkennen, dass alle Menschen Zugang zur Bildung haben sollten, dass ihnen die Möglichkeit eröffnet werden sollte, sich durch das Lesen von guten Büchern aus allen Wissenschaften Kenntnisse und Urteilsfähigkeit anzueignen.[34]

Bemerkenswert an Luthers Vorschlägen zur praktischen Unterrichtsgestaltung ist vor allem seine Empfehlung, die Schulen als öffentlichen Raum der Erziehung so einzurichten, dass den Kindern ein angstfreies Lernen ermöglicht wird. Dazu eignet sich die Schule von vornherein viel besser als der Privatunterricht in der Familie, dessen Potential zur Ermöglichung neuer Lernerfahrungen begrenzt bleiben muss.[35] Die Schule bietet insbesondere die besten Voraussetzungen für soziales Lernen, das sowohl der Entwicklung des einzelnen Kindes und des einzelnen Jugendlichen zugutekommt als auch der funktionalen Zuordnung der schulischen Bildung zum Gemeinwesen Rechnung trägt. Luther tritt in diesem Kontext dafür ein, den Unterricht atmosphärisch und didaktisch an den natürlichen Anlagen der Kinder und Jugendlichen auszurichten, ihre Lust zum Lernen, ihre Freude am Spielen, Singen und Tanzen didaktisch zu nutzen statt ihnen den Unterrichtsstoff mit den Methoden der Drohung und des Zwanges lediglich äußerlich zu akkommodieren.[36] Unter den Bedingungen der Frühen Neuzeit mag Luther die späteren Epochen aufgegangene Einsicht in die Eigenständigkeit der Lebensphasen der Kindheit und des Jugendalters noch nicht in all ihren Dimensionen gewonnen haben. Jedoch nimmt er ansatzweise zumindest das Kind und seine entwicklungsbedingten Bedürfnisse und Fähigkeiten in einer Weise wahr,

---

33 Vgl. Luther, An die Ratherren (s. Anm. 16), 44,27; 45,7–22; dazu Wriedt, Begründung (s. Anm. 9), 165.

34 Vgl. Luther, An die Ratherren (s. Anm. 16), 49,10–53,3; zu Einzelheiten vgl. Wriedt, Begründung (s. Anm. 9), 167; Koerrenz (s. Anm. 17), 14f.

35 Vgl. Luther, An die Ratherren (s. Anm. 16), 45,7–26.

36 A. a. O. 46,4–9: »Syntemal es itzt von Gottis gnaden alles also zugericht ist, das die kinder mit lust und spiel leren kunden, es seyen sprachen odder ander künst odder historien. Und ist itzt nicht mehr die helle und das fegfewr unser schulen, da wir ynnen gemartert sind uber den Casualibus und temporalibus [sc. Deklinations- und Konjugationsübungen], da wir doch nichts denn eyttel nichts gelernt haben durch so viel steupen, zittern, angst und jamer.« – Vgl. dazu Wriedt, Begründung (s. Anm. 9), 166f.; Koerrenz (s. Anm. 17), 14; zum Thema insgesamt Martin Sander-Gaiser, Lernen als Spiel bei Martin Luther, Frankfurt a. M. 1996; Ders., »Ein Christ« (s. Anm. 7), 139–151.

die es ihm erlaubt, daraus konkrete, geradezu modern anmutende pädagogische Konsequenzen zu ziehen.[37]

Die grundsätzliche Entscheidung Luthers, in konkreter Anwendung der Unterscheidung zwischen den beiden Reichen bzw. Regimenten Gottes die Bildungsaufgabe der weltlichen Obrigkeit zuzuweisen, gilt es noch unter einem theologischen Aspekt zu würdigen. Indem Luther die weltliche Obrigkeit in diesem Bereich als Trägerin der öffentlichen Bildung in die Pflicht nimmt, will er Bildung und Erziehung nicht etwa aus ihrer Einbindung in den kirchlich-religiösen Lebens- und Verantwortungsbereich herauslösen. Jedoch entlastet die obrigkeitliche Wahrnehmung des Bildungsauftrags die Erziehung von überzogenen Erwartungen im Hinblick auf die Entstehung und Stärkung des Glaubens. Der genuine Heilsglaube, der den Sünder rechtfertigende Glaube wird nach Luthers Auffassung *solo verbo*, allein durch das Wort geweckt und erhalten. Was sich im Geschehen von *promissio* und *fides*, Wort und Glaube ereignet, bleibt menschlichem Handeln unverfügbar. Das pädagogische Handeln in der Schule kann und soll nach Luther unter anderem auch zur Kenntnis der Heiligen Schrift und zum Verständnis des christlichen Glaubens einen wichtigen Beitrag leisten. Es kann und soll aber nicht diesen Glauben herbeiführen, der allein dem Handeln Gottes zu verdanken ist.[38] Luthers Zuweisung der schulischen Erziehung in den Verantwortungsbereich der weltlichen Obrigkeit schützt die öffentliche Bildungsarbeit vor einer unguten Instrumentalisierung für unmittelbar kirchlich-religiöse Zwecke – ein Aspekt, der in der evangelischen Religionspädagogik des 20. Jahrhunderts nicht immer beachtet worden ist.[39] Pointiert formuliert: nach Luthers Auffassung bringt Bildung nicht den neuen Menschen, den aus Glauben gerechtfertigten Menschen hervor. Sie hilft dem Christen aber, seinen Glauben und sich selbst sowohl *coram deo* als auch *coram mundo* besser zu verstehen.

---

37 Vgl. dazu abgewogen und mit Belegen SCHWEITZER, Luther (s. Anm. 31), 15–17.

38 Vgl. IVAR ASHEIM, Glaube und Erziehung bei Luther. Ein Beitrag zur Geschichte des Verhältnisses von Theologie und Pädagogik (PF 17), Heidelberg 1961, 263f.; WRIEDT, Begründung (s. Anm. 9), 162.

39 Vgl. SCHWEITZER, Luther (s. Anm. 31), 12.

III

Wie reagierte nun Magister Philippus auf die Geringschätzung der gelehrten Studien durch Teile der reformatorischen Bewegung in den frühen 1520er Jahren? Melanchthon betrachtete diese Entwicklung mit großer Sorge, ja sie wurde ihm zu einer regelrechten Anfechtung, auch wenn man die Behauptung, er sei durch sie in eine tiefe Berufskrise gestürzt worden,[40] wohl als eine Überzeichnung seines Leidens an der Missachtung der Bildung zu relativieren hat.[41] Jedenfalls war der Wittenberger Griechischprofessor unablässig darum bemüht, die drohende Abtrennung des Glaubens von der Bildung zu verhindern. In zahlreichen Reden und Publikationen, Briefen und Gutachten, durch eine extensive Beratungstätigkeit bei der Gründung von Lateinschulen und die Erstellung von Schul- und Studienordnungen, durch Lehrbücher und nicht zuletzt die eigene Lehrtätigkeit trat Melanchthon unentwegt dafür ein, die Bildung in den Dienst des Evangeliums zu nehmen, die Zusammengehörigkeit von *pietas* und *eruditio* zu wahren und durch praktische Reformmaßnahmen in allen Bereichen des öffentlichen Bildungswesens institutionelle Rahmenbedingungen für das Gedeihen von Bildung und Kultur zu schaffen.[42]

Aus Melanchthons zahlreichen Äußerungen zur Bildungsthematik lassen sich die Konturen seines Bildungsverständnisses unschwer nachzeichnen sowie in ihren Gemeinsamkeiten mit Luthers Reformansätzen und in ihrem Proprium gegenüber Luther herausstellen. Auch Melanchthon sieht die Bildung in Gottes Gebot begründet, auch er weist der weltlichen Obrigkeit die Aufgabe zu, Schulen und Universitäten zu gründen und zu unterhalten, auch er betont die Ausrichtung der schulischen und universitären Bildung auf das Gemeinwohl und zugleich auf den einzelnen Glaubenden und die Kirche als Gemeinschaft der Glaubenden. Stärker als Luther entfaltet Melanchthon die pädagogische Bedeutung der philologischen Studien und der herkömmlich der Propädeutik zugerechneten Disziplinen wie der Rhetorik oder der Ge-

---

40 Vgl. Wilhelm Maurer, Der junge Melanchthon zwischen Humanismus und Reformation, Bd. 2: Der Theologe, Göttingen 1969, 419–428.

41 Vgl. dazu die Hinweise bei Albrecht Beutel, Praeceptor Germaniae – Doctor ecclesiae. Melanchthons Selbstverständnis als Gelehrter, in: Ders., Protestantische Konkretionen. Studien zur Kirchengeschichte, Tübingen 1998, 124–139, hier: 127f.

42 Vgl. im Einzelnen Scheible, Melanchthon (s. Anm. 1), 43–56; Ders., Reform (s. Anm. 15), 155. 157–165; Martin Greschat, Philipp Melanchthon. Theologe, Pädagoge und Humanist, Gütersloh 2010, 78–81.

schichte. Behutsamer als Luther geht der Humanist Melanchthon mit den Bildungstraditionen des Mittelalters um, die er teilweise in seinen eigenen Reformversuchen, etwa im Blick auf die Klassengliederung in den Lateinschulen oder die angemessene Dosierung des Lernstoffes, berücksichtigt. Anders als Luther schließlich begreift Melanchthon die Kirche dezidiert als Schule. Kirche und Schule weisen für ihn institutionelle Parallelen auf, haben doch beide die Vermittlung des Glaubens zur Aufgabe und leiten beide zu einer dem Glauben gemäßen Lebensgestaltung an.[43] Nicht ohne Grund hat man Melanchthon den Ehrentitel des »Praeceptor Germaniae« beigelegt. Nicht von ungefähr auch hat Luther 1521 in einem Brief von der Wartburg aus seinen jungen Wittenberger Kollegen als »Ecclesiae Wittembergensis Doctor« angeredet.[44]

Doch machen wir die Probe aufs Exempel an einem Text Melanchthons, der 1523, also in zeitlicher Nähe zu Luthers Appell an die Ratsherren, erschienen ist, an seinem *Encomion eloquentiae*, dem *Lob der Beredsamkeit.*[45] Während Luther sich 1524 an die politischen Entscheidungsträger in der deutschen Sprache wenden wird, verwendet Melanchthon in seiner akademischen Rede selbstverständlich das Lateinische. Er legt der gelehrten Welt dar, worin die Bildungskrise der Gegenwart besteht und wie sie zu überwinden ist. Melanchthon beklagt, dass die studentische Jugend der Beredsamkeit und den *artes dicendi* keinerlei Aufmerksamkeit schenke, weil man mit diesen Künsten keinen akademischen Grad erwerben könne, weil die Studenten die *artes dicendi* für die anderen Disziplinen für entbehrlich hielten. Melanchthon unternimmt es nun, den Nutzen der Beredsamkeit und aller Humaniora aufzuzeigen. Durch die *artes dicendi* lernt man, seine Gedanken klar und deutlich zu formulieren und die Wörter so zu gebrauchen, dass sie von den Zeitgenos-

---

43 Vgl. ausführlich HEINZ SCHEIBLE, Melanchthons Bildungsprogramm, in: DERS., Melanchthon und die Reformation. Forschungsbeiträge, hrsg. von GERHARD MAY/ROLF DECOT (VIEG.B 41), Mainz 1996, 99–114; WRIEDT, Begründung (s. Anm. 9), 169–182; MARTIN GRESCHAT, Philipp Melanchthon – Humanist, Pädagoge und Theologe, in: CHRISTEL RUTH KAISER (Hrsg.), Melanchthon ehren (Steinataler Hefte 9), Willingshausen-Steinatal 2011, 52–60.

44 M. Luther an Ph. Melanchthon, 26. 5. 1521, in: WA.Br 2, Nr. 413, 347,1; vgl. dazu BEUTEL, Praeceptor Germaniae (s. Anm. 41), 136f.

45 Vgl. PHILIPP MELANCHTHON, Encomion eloquentiae (1523), in: CR 11, 50–66; StA 3, 43–62. – Der Originaltitel dieser Rede Melanchthons lautete: »Necessarias esse ad omne studiorum genus artes dicendi«. – Zum Folgenden vgl. die Textparaphrasen bei SCHEIBLE, Melanchthon (s. Anm. 1), 36f.; DERS., Bildungsprogramm (s. Anm. 43), 104–106; MÜLLER (s. Anm. 4), 22–24.

sen verstanden werden können. Eben dadurch dienen die sprachlichen Studien dem Geist, fördert doch die Fähigkeit des wohlbedachten Redens die eigene Urteilskraft. Wer dagegen seinen Geist nicht durch einen transparenten Stil in Form bringt, verliert zunehmend das Vermögen, zwischen guten und schlechten Texten unterscheiden zu können. Stilübungen und eigene poetische Versuche helfen den Studenten, sich in allen Fächern selbständig Kompetenzen anzueignen.

Allerdings ist in der Gegenwart, wie Melanchthon bedauert, insbesondere unter den Theologen die Verachtung der humanistischen Wissenschaften anzutreffen. Die von ihm hier Gemeinten sind indes schlicht faul, sie verfälschen das Wort Gottes und halten das Gute, die Frömmigkeit und die öffentliche Ordnung, ja sogar Christus für eine Narretei. Wäre der Staat intakt, müsste eigentlich der Magistrat gegen diese Leute mit Gewalt vorgehen, bräuchte er – Melanchthon – nicht gegen sie zu reden. Die Verächter der Bildung geben der Jugend ein denkbar schlechtes Beispiel. Und wo die *literae* nicht mehr studiert werden, kommt es – wie jüngst in der Scholastik – zu einer Unkenntnis, die alles, menschliche und göttliche Dinge, durcheinanderbringt. Melanchthon führt den Verlust der *literae* auf Gottes Zorn zurück. Gott hat es doch gefallen, mit uns in unserer Sprache zu kommunizieren. Deshalb ist es gerade jetzt, da Gott uns [durch Luther] das Evangelium zurückgegeben und die *literae* [durch die Humanisten] zur Erschließung des Evangeliums restituiert hat, so wichtig, den Wert der Rhetorik und der anderen *artes* für alle Disziplinen, namentlich die Theologie, zu erkennen. Denn man muss die Bedeutung der Wörter kennen, in denen wie in einem Sakramentshäuschen die göttlichen Geheimnisse verborgen sind.[46] Wem an der Frömmigkeit gelegen ist, der lernt die Sprachen und die Rhetorik. Wer dagegen die Warnung vor dem Verfall der humanistischen Wissenschaften in den Wind schlägt, muss damit rechnen, dass auch die Sittlichkeit, die unentbehrliche Grundlage des sozialen Lebens in Familie und Bürgerschaft, schweren Schaden nimmt. *In summa*: In seinem *Encomion eloquentiae* stellt Melanchthon wie auch sonst die humanistische Bildung in den Dienst der Reformation. Das Studium der *literae* dient dem Verständnis des Evangeliums und zugleich der ethischen Fundierung des gesellschaftlichen Lebens.

---

46 Melanchthon, Encomion eloquentiae (s. Anm. 45), StA 3, 59: »Verum praeter prophetiam vis verborum cognoscenda est, in quibus tamquam in sacrario quodam divina mysteria recondita sunt.«

IV

In den Städten und Territorien, die ihr Kirchenwesen gemäß den reformatorischen Einsichten und Vorstellungen Luthers früh umzugestalten begannen, kam es vereinzelt auch zu Neuerungen im schulischen Bereich, an denen Melanchthon teilweise federführend beteiligt war.[47] Indes war an einen umfassenden Umbau des Bildungs- und Schulwesens im Kurfürstentum Sachsen binnen weniger Jahre kaum realistisch zu denken. Die Visitationen der Pfarreien und Schulen, seit 1526 vereinzelt und dann ab 1527 offiziell im ganzen Kurfürstentum durchgeführt, machten den bestehenden Handlungsbedarf auch auf dem Bildungssektor deutlich.[48] In dem maßgeblich auf Melanchthon zurückgehenden, freilich noch von der Thüringer Visitationskommission erweiterten und von Luther redigierten *Unterricht der Visitatoren an die Pfarrherrn im Kurfürstentum zu Sachsen* ist das Schulthema im umfangreichen Schlussabschnitt angesprochen.[49] In dieser Handreichung oder Richtschnur, die die Visitatoren den Pfarrern und Schulmeistern zur Verbesserung von Predigt und Unterricht vorhalten sollten, ist die alleinige Autorschaft Melanchthons an dem Abschnitt »Von Schulen« nicht gesichert, seine Mitautorschaft aber auf jeden Fall sowohl formell als auch inhaltlich hinreichend bezeugt.[50]

Ganz in Melanchthons und sicher auch in Luthers Sinn sollen die Visitatoren die Prediger dazu anhalten, die Leute zu

> »vermanen, yhre kinder zur schule zu thun, damit man leut aufziehe, geschickt zu leren ynn der kirchen und sonst zu regiren. Denn es vermeynen etliche, es sey genug zu einem Prediger, das er deudsch lesen künde. Solchs aber ist ein schedlicher wahn. Denn wer andere leren sol, mus eine grosse ubung und son-

---

47 Vgl. SCHEIBLE, Reform (s. Anm. 15), 155. 157–165; dazu die Anm. 42 genannte Literatur.

48 Vgl. als empirische Bestandsaufnahme der Verhältnisse im 16. Jahrhundert exemplarisch SUSAN C. KARANT-NUNN, The Reality of Early Lutheran Education. The Electoral District of Saxony – a Case Study, in: LuJ 57 (1990), 128–146.

49 Vgl. Unterricht der Visitatoren an die Pfarhern ym Kurfurstenthum zu Sachssen (1528), in: StA 1, 215–271; WA 26, 175–240.

50 Zur Entstehung des »Unterrichts der Visitatoren« vgl. HELMAR JUNGHANS, Philipp Melanchthon als theologischer Sekretär, in: GÜNTER FRANK (Hrsg.), Der Theologe Melanchthon (Melanchthon-Schriften der Stadt Bretten 5), Stuttgart 2000, 129–152, bes. 135: »Melanchthon gehörte zur zentralen Visitationskommission und nahm an allen drei Zusammenkünften teil, so daß er auf die weitere Gestaltung des Textes Einfluß nehmen konnte.«

derliche schicklichkeit haben, Die zuerlangen, mus man lang und von iugent auff lernen.«[51]

Um diese Ziele in den Lateinschulen zu erreichen, sollen die Schulmeister sich auf Latein als Unterrichtssprache beschränken, »die kinder nicht mit viel buchern beschweren, Sondern ynn alle weg manigfeltickeit fliehen« und die Schüler in drei Klassen aufteilen.[52]

Die Einteilung der Schüler in drei Klassen, an sich ein traditionelles Organisationsprinzip des Schulunterrichts, ermöglicht eine alters- und entwicklungsbezogene Gestaltung des Unterrichts, für die Melanchthon im *Unterricht der Visitatoren* einen differenzierten Lehrplan vorlegt.[53] So sollen die Kinder im ersten »Haufen« lesen und schreiben lernen, Grundkenntnisse im Lateinischen erwerben und durch das Singen mit der Musik vertraut werden. Die Fortgeschrittenen, die den zweiten »Haufen« bilden, haben sich schwerpunktmäßig der Grammatik zuzuwenden. Ein Tag in der Woche soll der christlichen Unterweisung vorbehalten bleiben. Immer wieder flicht Melanchthon in seine detaillierten Empfehlungen zur Einrichtung der Lernprozesse, zu der zu verwendenden Literatur und zur Unterrichtsmethodik die Mahnung ein, die Schüler nicht durch zu hohe Anforderungen oder zu schwere Lektüre unnötig zu belasten. Die dritte Klasse schließlich, die im Musikunterricht mit den beiden anderen »Haufen« zusammenbleibt, soll für sich die Grammatikübungen fortsetzen, die klassischen antiken Autoren lesen sowie Dialektik und Rhetorik zumindest ansatzweise kennenlernen. In diesem Stadium kann man die Schüler auch schriftliche Ausarbeitungen anfertigen lassen.[54]

Während der *Unterricht der Visitatoren* vor allem den Lehrern unterrichtspraktische Ratschläge erteilte, zog Luther aus den ernüchternden Erfahrungen der kursächsischen Kirchen- und Schulvisitationen die Konsequenz, das

---

51 Vgl. Unterricht (s. Anm. 49), StA 1, 265; WA 26, 236,2–7; dazu M. Wriedt, Erneuerung der Frömmigkeit durch Ausbildung. Zur theologischen Begründung der evangelischen Bildungsreform bei Luther und Melanchthon, in: Matthieu Arnold (Hrsg.), Frömmigkeit und Spiritualität. Auswirkungen der Reformation im 16. und 17. Jahrhundert (VIEG.B 54), Mainz 2002, 59–71, hier: 62.

52 Unterricht (s. Anm. 49), StA 1, 267; WA 26, 236,37–237,3 (Zitat: 237,1 f.).

53 Unbeschadet des in Anm. 50 gegebenen Hinweises auf die nicht gesicherte alleinige Autorschaft Melanchthons spricht der präzise, nach Art eines Curriculums konzipierte Lehrplan im *Unterricht der Visitatoren* m. E. dafür, Melanchthon als den Verfasser des Abschnitts »Von Schulen« anzusehen.

54 Vgl. Unterricht (s. Anm. 49), StA 1, 267–271; WA 26, 237,4–240,11; dazu Scheible, Melanchthon (s. Anm. 1), 43 f.

Bildungsthema noch einmal grundsätzlich zu bedenken und literarisch zu behandeln. In seiner im Sommer 1530 auf der Veste Coburg entstandenen *Predigt, daß man Kinder zur Schule halten solle* reagierte Luther insbesondere auf die Nachlässigkeit vieler Eltern im Umgang mit der Schulbildung ihrer Kinder. Anders als 1524 galt es nicht mehr, vordringlich die weltliche Obrigkeit an ihre Bildungsverpflichtung zu erinnern, sondern den Eltern und allen Verantwortlichen die Aufgabe und den Nutzen der schulischen Ausbildung plausibel zu machen. Dabei wiederholte oder variierte Luther die schon in seinem Aufruf *An die Ratherren* vorgetragenen Argumente, die er nun besonders auf die Erziehungsberechtigten zuschnitt und unter denen er ausführlich die Bedeutung der Ausbildung zum geistlichen Amt darlegte.[55]

Wenn Eltern ihre Kinder aus ökonomischen Gründen nicht zur Schule schicken, sondern sie frühzeitig, zumal im kaufmännischen Gewerbe, zur Sicherung des Lebensunterhalts heranziehen,[56] verkennen sie sowohl die kulturelle Bedeutung als auch den geistlichen und politischen Nutzen der Bildung. »Denn wo die schrifft vnd künst vntergehet, Was wil da bleiben ynn deudschen landen, denn ein wuster wilder hauffen Tattern odder Turcken ia villeicht ein sewstall vnd eine rotte von eitel wilden thieren?«[57] Luther führt das Fehlverhalten dieser Eltern auf die Verführungskünste des Teufels zurück, der »den gemeinen man also beteubet vnd betreuget, das sie yhre kinder nicht zur schulen hallten noch zur lere zihen wollen«.[58] Dem Wirken des Satans, das auf die Bildungsunwilligkeit abzielt, muss Einhalt geboten werden.[59] Gott braucht für die konkrete Ausübung seines geistlichen und seines weltlichen Regimentes geeignete, gut ausgebildete Personen.

> »Darumb, gleich wie des predigampts werck vnd ehre ist das es aus sundern eitel heiligen, aus todten lebendige, aus verdampten seligen, aus teuffels diener, Gottes kinder macht. Also ist des welltlichen regiments werck vnd ehre, das es aus wilden thieren, menschen macht vnd menschen erhellt, das sie nicht wilde thiere werden.«[60]

---

55 Vgl. Martin Luther, Eine Predigt, daß man Kinder zur Schule halten solle (1530), in: WA 30,2, 517–588. – Zu Luthers Bestimmung des Verhältnisses dieser Schrift zu seinem Aufruf »An die Ratherren aller Städte deutsches Landes« vgl. a. a. O. 525,7–13. – Zum Folgenden vgl. Wriedt, Begründung (s. Anm. 9), 235; Koerrenz (s. Anm. 17), 15–18.

56 Vgl. Luther, Eine Predigt (s. Anm. 55), 518,1–10; 577,15–578,11.

57 A. a. O. 523,8–11.

58 A. a. O. 522,13 f.

59 Vgl. a. a. O. 524,11–526,2.

60 A. a. O. 555,2–6.

In diesem Zusammenhang weist Luther dem geistlichen Stand eine gewissermaßen gesamtgesellschaftliche Funktion zu, die über seine genuine Aufgabe der Wortverkündigung und Sakramentsverwaltung noch hinausgeht. Sie ergibt sich aus dem umfassenden, auch die politisch-gesellschaftliche Sphäre mit einschließenden Wirklichkeitsbezug des Evangeliums.

> »Der zeitlich friede der das grosseste gut auff erden ist, darinn auch alle andere zeitliche guter begriffen sind, ist eigentlich eine frücht des rechten predig ampts Denn wo dasselbige gehet, bleibt der krieg hadder vnd blutvergiessen wol nach«.[61]

Deshalb leistet das geistliche Amt auch dem Gemeinwesen einen unverzichtbaren Dienst. Christus als der eigentliche Vertreter des geistlichen Standes unterrichtet nämlich alle Stände darin, wie sie

> »sich halten sollen, damit sie fur Gott recht thun, kan die betrubten trosten, rat geben, bose sachen schlichten, yrrige gewissen entrichten, friede helffen halten, Sunen, vertragen vnd der werck on zal viel vnd teglich, Denn [genauso] ein prediger bestettigt sterckt vnd hilfft erhalten alle oberkeit, allen zeitlichen friede steüret den auffrurischen, leret gehorsam, sitten, zucht vnd ehre, Vnterricht Vater ampt, Mutter ampt, kinder ampt, knecht ampt vnd summa, alle welltliche empter vnd stende«.[62]

Luther hält mithin die Bildung für eine gesamtgesellschaftliche Aufgabe, die im Gebot Gottes begründet ist. Bildung ist primär Ausbildung zur adäquaten Wahrnehmung des geistlichen und des weltlichen Amtes. Gemeinden und weltliche Obrigkeit haben die institutionellen Rahmenbedingungen der Ausbildung zu beiden Ämtern zu gewährleisten und deren Inhaber ökonomisch abzusichern. Beide Ämter sind zu unterscheiden, bleiben gleichwohl aufeinander bezogen.

> »Denn welltliche herrschaft ist eine bilde, schatten vnd figur der herrschafft Christi, Denn das predig ampt, (wo es ist, wie es Gott geordent hat.) bringt vnd gibt ewige gerechtigkeit ewigen fride vnd ewiges leben […] Aber das welltlich regiment erhellt zeitlichen vnd vergenglichen friede recht vnd leben«.[63]

---

[61] A. a. O. 538,4–7.

[62] A. a. O. 537,7–13.

[63] A. a. O. 554,11–16.

Es wäre didaktisch sicher nicht ganz ungeschickt, Luthers und Melanchthons Bildungsprogramm jetzt noch einmal in ein paar griffigen Sätzen zusammenzufassen. Um aber weitere Redundanzen zu vermeiden, belasse ich es bei der Feststellung, dass beide Reformatoren Glauben und Bildung im Vollzug der Unterscheidung zwischen den beiden Regimenten und damit der Unterscheidung von Gesetz und Evangelium beieinander gehalten, sowohl unterschieden als auch konstruktiv aufeinander bezogen haben. Trotz mancher persönlicher Akzentsetzungen stimmten Luther und Melanchthon hier im Grundsätzlichen überein. Dies mag abschließend ein kleines Beispiel ihrer Zusammenarbeit illustrieren. Die Formel, mit der Luther seine Erklärung der Zehn Gebote im *Kleinen Katechismus* einleitet – »Wir sollen Gott über alle Dinge fürchten, lieben und vertrauen« bzw. »Wir sollen Gott fürchten und lieben, dass […]« – hat eine lange Vorgeschichte, die in das *Alte* und *Neue Testament* zurückreicht und die über die mittelalterliche Theologie Luther erreicht hat. Bei seinen Versuchen, Gottesfurcht, Gottesliebe und Glaube an Gott in das rechte Verhältnis zueinander zu setzen, hat Luther schließlich von Melanchthon die, wie es scheint, entscheidende Anregung erhalten, diese drei bzw. zwei Grundaspekte der menschlichen Gottesbeziehung in die Katechismusformel zu gießen und damit »für den katechetischen Gebrauch zu elementarisieren«[64]: Gott fürchten und lieben. Eben dazu den Christenmenschen in seinen vielfältigen Lebensvollzügen, sowohl im geistlichen Reich als auch im weltlichen Reich, anzuleiten, dazu erachteten Luther und Melanchthon Bildung nicht allein für besonders geeignet, sondern auch für schlechterdings unverzichtbar.

[64] Albrecht Beutel, »Gott fürchten und lieben«. Zur Entstehungsgeschichte der lutherischen Katechismusformel, in: Ders., Protestantische Konkretionen (s. Anm. 41), 45–65, hier: 62.

Programm und Praxis reformiert-calvinistischer Bildung in der Frühen Neuzeit

Stefan Ehrenpreis

In der deutschen Bibliothekslandschaft gärt es. Die Universitätsbibliotheken sehen sich mit stark steigenden Preisen für naturwissenschaftliche Zeitschriften konfrontiert, die ihre Etats auffressen und notwendige Bücheranschaffungen verhindern. Als Verursacher wird der weltweit führende Wissenschaftsverlag, das britisch-niederländische Unternehmen Reed Elzevier, identifiziert, dass einen Milliardenumsatz generiert. Ein Blick ins Internet und man erfährt: der heute weltweit größte Wissenschaftsverlag beruht auf der vor vierhundert Jahren gegründeten Druckwerkstatt Amsterdamer Calvinisten, die mit ihren Publikationen reformiert-calvinistische Theologie und Weltsicht in die protestantischen Regionen Europas, aber auch in die neuenglischen Siedlungskolonien Nordamerikas oder in die Niederlassungen der holländischen Ostindienkompanie im Raum des Indischen Ozeans brachten.

Wie in einem Brennglas kann man an der Entwicklung des Verlags Elzevier wichtige Charakteristika reformierter Bildung ablesen: die hohe Bedeutung eines gelehrten theologischen Diskurses, die Orientierung auf das gedruckte Wort und die globale, auf internationalen grenzüberschreitenden Austausch konfessioneller Haltungen bedachte Dimension kirchlicher Beziehungen. Insbesondere letztere unterscheidet die calvinistische »Bildungspolitik« von der lutherischen Seite des Protestantismus, während es durchaus interessante Parallelen zum frühneuzeitlichen Reformkatholizismus gegeben hat, der über die Mission in den frühneuzeitlichen Kolonialgebieten ebenfalls eine transnationale – sogar transkontinentale – bildungsgeschichtliche Dimension aufwies. Gleichzeitig macht die Verlagsgeschichte deutlich, dass es neben den Institutionen Gemeinde, Schule und Universität weitere Beteiligte am Erziehungsprozess gegeben hat. Neben inhaltlichen und methodischen

Fragen zum Unterricht spielten auch finanzielle Aspekte im frühneuzeitlichen Bildungswesen eine Rolle – Probleme, die jede Konfessionskirche beschäftigte, die reformiert-calvinistischen Gemeinschaften jedoch besonders, da sie sich oft nicht auf die Umwandlung alter Strukturen, sondern auf Neuschöpfungen stützen mussten.[1] Bedeutet diese Aufmerksamkeit für die konfessionelle Zuordnung eine Dominanz religiös-kirchlichen Einflusses auf das frühneuzeitliche Bildungswesen?

Als sicher kann gelten, dass es sowohl allgemein-europäische Trends bei Erziehungsvorstellungen und Institutionengeschichte, aber auch konfessionsspezifische Elemente in den frühneuzeitlichen Bildungssystemen gegeben hat. Letztere sind allerdings wohl weniger in Faktoren wie der Schuldichte und der Schulbesuchsquote, sondern vielmehr in Erziehungsmethoden und Unterrichtsprogrammen, der Finanzierung sowie dem zeitgenössischen pädagogischen Diskurs zu suchen. Alle Konfessionen bedienten sich ähnlicher Mittel bei der Umsetzung bildungspolitischer Ziele. Unterschiede liegen jedoch in Art und Ausmaß des Mitteleinsatzes sowie der politischen und kirchenorganisatorischen Kontexte des frühneuzeitlichen Schulwesens. Überall fußte man seit dem 16. Jahrhundert auf Traditionen älterer, aus dem Spätmittelalter herkommender Schulentwicklungen, die dann aber mit unterschiedlichen Schwerpunktsetzungen weiterentwickelt wurden.[2]

Die wichtigste ältere Bildungstradition, die in der Konfessionalisierung nicht einfach abgelöst wurde, war die humanistische. Die Zielsetzung des Bildungshumanismus, zu einer genauen Sprache als Schule der Seele und Garant von Wahrheit und Moral zu erziehen, wurde von vielen Reformatoren anerkannt. Harmonisierung der Affekte, Würde durch Selbstdisziplin und Wirken für das Gemeinwohl galten auch christlichen Humanisten als beizubehaltende Ideale.[3] Die Reformation förderte Bildung als Unterbau der Theo-

---

1 Meine Darlegungen folgen in den Grundzügen meinem Beitrag: Stefan Ehrenpreis, Bildung und Pädagogik, in: Herman J. Selderhuis (Hrsg.), Calvin Handbuch, Tübingen 2009, 422–430, den ich mit Beispielen ergänzt habe.

2 Vgl. für Mitteleuropa Klaus Wriedt, Schule und Universität: Bildungsverhältnisse in norddeutschen Städten des Spätmittelalters. Gesammelte Aufsätze, Leiden 2005; Notker Hammerstein, Bildung und Wissenschaft vom 15. bis zum 17. Jahrhundert (EdG 64), München 2003; Gerhard Menk, Das Bildungswesen in den deutschen protestantischen Territorien der Frühen Neuzeit, in: Heinz Schilling/Stefan Ehrenpreis (Hrsg.), Erziehung und Schulwesen zwischen Konfessionalisierung und Säkularisierung. Forschungsperspektiven, europäische Fallbeispiele und Hilfsmittel, Münster 2003, 55–99.

3 Vgl. Gerrit Walther, Art. Bildung, in: EdN 2 (2005), 223–242.

logie, übernahm die Schulung in den alten Sprachen und auch die philologisch-historische Kritik. Das von dem Straßburger Gymnasialdirektor Johannes Sturm in den 1530er Jahren formulierte Leitprinzip *sapiens atque eloquens pietas* (weise, wortgewandte Frömmigkeit) steht daher insgesamt für die protestantische Bildungsidee. In didaktischer Absicht adaptierte sie jedoch auch den scholastischen Aristotelismus (logische Argumentation, hierarchische Ordnungsstrukturen).

I Historische Genese

Schon vor Calvin begann man in den reformierten Schweizerischen Städten, an eine Veränderung des Bildungswesens zu denken. Die Schweizerischen höheren Bildungsanstalten (Universität Basel, Lateinschule Lausanne) wurden zunächst kaum verwandelt. Erst mit Gründung der »Prophezey« in Zürich entstand die erste reformierte Predigerlehrstätte, die jedoch noch keine Volluniversität war, sondern sich auf die Theologie und ihre wissenschaftlichen Grundlagen konzentrierte.

Mit der 1559 durch den Rektor (und späteren Nachfolger Calvins) Theodor Beza eröffneten Akademie erhielt Genf eine theologische Ausbildungsstätte, die bald einen europaweiten erstklassigen Ruf als reformierte und humanistische Hochschule gewinnen konnte und zum Ruf der Stadt als »reformiertes Rom« beitrug. Die dortige exegetische Schulung galt als vorbildlich. 1564 zählte man in der Akademie und dem zugehörigen Gymnasium bereits 1500 Schüler; später kamen neben der theologischen noch eine medizinische und eine juristische Fakultät hinzu.[4]

Mit der Akademie war ein wesentliches Element der Kirchenpolitik Calvins umgesetzt worden. Im pädagogischen Denken schloss sich Calvin in seinen Schriften dem humanistischen Mainstream an, der von antikem Bildungsgedanken und christlichen Kindheitsvorstellungen der Kirchenväter beeinflusst war. Kindlicher Glaube galt ihm als Vorbild für das religiöse Empfinden auch der Erwachsenen. Calvins Vorstellung von der Erbsünde und der Erwähltheit führten ihn, wie auch andere protestantische Theologen, nicht zu einer negativen Einstellung zu den Entwicklungsmöglichkeiten von Kindern. Vielmehr sahen er und seine Nachfolger jedes Kind als Geschenk Gottes

[4] Vgl. KARIN MAAG, Seminary or University? The Genevan Academy and Reformed Higher Education, 1560–1620, Aldershot 1995.

an, dem der vollständige Zugang zu Gott und seiner Offenbarung ermöglicht werden müsse.[5]

In einem wichtigen Punkt der Erziehung brach Calvin mit der gesellschaftlichen Tradition: er betonte die Bedeutung des öffentlichen Erziehungswesens in der Gemeinde und legte damit nicht nur den Eltern die Verantwortung für die Kinder auf, sondern der ganzen Gemeinschaft der Gläubigen. Ein wichtiger Hinweis auf die Rolle der öffentlichen Erziehung bei Calvin liefert seine Beschreibung der vier Gemeindeämter in der *Genfer Kirchenordnung* von 1541, zu denen – zumindest in der älteren Fassung – auch die *doctores* gehören, also professionelle Lehrpersonen zur Erziehung und Ausbildung in der Gemeinde. Sie sollten für die religiöse und die akademische Ausbildung zugleich zuständig sein und eine theologische Ausbildung besitzen, also zur Geistlichkeit gehören. Obwohl für dieses Amt nur eine ungenaue Beschreibung vorlag, nahmen auch das *schweizerische*, das *belgische* und das *schottische reformierte Bekenntnis* das Amt des Lehrers neben dem des Predigers in ihren Texten auf.[6] Mehr als die anderen christlichen Konfessionen suchten die Reformierten, für alle Kinder eine mit der Gemeinde verbundene öffentliche Erziehungseinrichtung anzubieten, auch dort, wo sie eine religiöse Minderheit bildeten. Die den Lehrern zugeschriebene hohe Bedeutung in der Gemeinde hat spätere reformierte Theologen bewogen, ihr schlechtes Ansehen und ihre marginalisierte soziale Rolle zu kritisieren: der Züricher Prediger Samuel Hochholzer (1549–1606) beispielsweise rief in seiner 1591 erschienenen Schrift *Von der Kinderzucht* reformierte Obrigkeiten zu einer besseren Besoldung der Schulmeister auf, damit sie sich ganz auf ihr Lehramt konzentrieren könnten.[7]

Neben der Theologie Calvins wurde für die pädagogischen Anschauungen und die Bildungspolitik der Reformierten Europas die Erziehungspraxis und die Organisation des Schulwesens in Genf und in anderen frühen reformierten Gebieten prägend. Zentrale Elemente des reformierten Schulwesens bildeten sich nicht durch Calvins Einfluss, sondern als Reaktion auf die vorhandenen schulischen Verhältnisse. Die bildungspolitische Praxis folgte in Genf einem auch in anderen protestantischen Gebieten Europas eingeschlagenen Weg. Nach 1536 wurden die spätmittelalterlichen Schulen der Stadt fortgeführt

---

[5] Vgl. Barbara Pitkin, »The Heritage of the Lord«. Children in the Theology of Calvin, in: Marcia J. Bunge (Ed.), The Child in Christian Thought, Toronto 2001, 162–164.

[6] Vgl. Philipp Benedict, Christ's churches purely reformed. A social history of Calvinism, Oxford 2002, 452f.

[7] Vgl. Samuel Hochholzer, Von der Kinderzucht, Zürich 1591, 347–358.

und konfessionell neu ausgerichtet, die Finanzierung oblag dem Magistrat. Die Lehrer wurden den Predigern unterstellt und sowohl die niederen als auch die höheren Schulen der Kontrolle der Kirche unterworfen. Für die Mädchen wurde eine getrennte Schule eingerichtet. Diese Veränderungen waren insgesamt kein ideales Modell eines reformierten Erziehungswesens, sondern eher aus der Not geboren. Damit traf es aber genau die Situation, vor der auch andere reformierte Kirchen standen.[8]

II Höheres Bildungswesen

Calvin war durch seine humanistischen Prägungen von der Notwendigkeit einer Sprachenschulung für alle Fächer der höheren Bildung überzeugt und teilte diese Auffassung mit anderen Gelehrten des christlichen Humanismus in der lutherischen und der katholischen Konfession. Der Unterricht auf den Universitäten in den reformierten Gebieten Europas konnte allerdings nicht vereinheitlicht werden, da nationale und kulturelle Traditionsunterschiede dem entgegenstanden. Gemeinsam war allen reformierten akademischen Institutionen das hohe Niveau der Artistenfakultäten und die besondere Bedeutung der theologischen Fakultät. Inwieweit die reformierte Theologie auch einen anderen Wissenschaftsbegriff als den durch Melanchthon propagierten aristotelischen benötigte, blieb umstritten. Besonders einflussreich war die Wissenschafts- und Bildungslehre des hugenottischen Gelehrten Petrus Ramus (1515–1572). Der in der Bartholomäusnacht ermordete Gelehrte betonte die Notwendigkeit einer bewussten Methodik in den Wissenschaften, sowohl für die Erkenntnis als für die Wissensvermittlung. Für die Welt reformierter Gelehrter wurde er außerdem durch seine Kritik an der aristotelischen Scholastik bedeutend, die damals die traditionellen Universitäten beherrschte. Er versuchte, das gesamte Wissen und die Form seiner Erkenntnis in eine methodische Systematik zu bringen, die mit Hilfe visueller Mittel eine deduktiv ableitbare Einteilung vorschrieb. Ramus' Lehre, die er durch die Produktion zahlreicher, immer wieder neu aufgelegter Lehrbücher verbreitete, fand fast ausschließlich an reformierten Bildungsinstitutionen Anhänger, wenn auch

---

[8] Vgl. ROBERT KINGDON, Popular Religion Education in Calvin's Geneva, in: HEINZ SCHILLING/STEFAN EHRENPREIS (Hrsg.), Frühneuzeitliche Bildungsgeschichte der Reformierten in konfessionsvergleichender Perspektive. Schulwesen, Lesekultur und Wissenschaft (ZHF-Beih. 38), Berlin 2007, 21–28.

nicht von einer generellen Nähe aller reformierten Hochschulen zum ramistischen Wissensbegriff gesprochen werden kann.[9]

Wie in allen Konfessionen betrachteten auch die reformierten Theologen die akademische Ausbildung zunächst unter dem Aspekt der Ausbildung theologischen Nachwuchses ihres Glaubens. Die Gründung der reformierten Hochschulen in Genf und Zürich hatten den Zweck, für die Rechtgläubigkeit des benötigten Pfarrernachwuchses zu sorgen. Vorbild bei der Gründung reformierter Bildungsinstitutionen waren für die deutschsprachigen Gebiete die Straßburger Akademie, die durch Johannes Sturm seit 1538 zu einem neunklassigen humanistischen Gymnasium mit öffentlichen Vorlesungen ausgebaut worden war.[10] In den französischsprachigen reformierten Gebieten wurde die 1547 umgewandelte Hochschule in Lausanne einflussreich, die mit einem Schwerpunkt in der Theologie versehen war, wo 1549–1558 auch Beza lehrte. Das Lausanner Modell wurde Vorbild für die hugenottischen Schulen u. a. in Orthez (Béarn), Nimes und Montauban. Einen geringeren Einfluss hatte auch die Hochschule in Basel.

In der niederländischen Republik kam es zu einer großen Neugründungswelle reformierter Hochschulen, die sich am Vorbild der humanistischen Volluniversitäten in Deutschland orientierten. Hier erlangte die 1574 errichtete Universität Leiden eine europaweit herausragende Stellung. 1585 folgte eine Universitätsgründung in Franeker, 1614 in Groningen sowie in den 1630er und 1640er Jahren in Harderwijk, Middelburg und Utrecht sowie die Gründung zahlreicher städtischer »Illustren Gymnasien«. An den niederländischen Universitäten spielten zwar die theologischen Fakultäten eine wichtige Rolle, aber auch die humanistischen Fächer, Jura und Medizin erlangten eine hohe Bedeutung.[11] Für Studenten aus den reformierten Reichsterritorien blieben die niederländischen Universitäten bis ins 18. Jahrhundert hinein eine Anlaufstelle.

Auch im Alten Reich gab es keine vorwiegend der Theologie gewidmete reformierte Hochschule, sondern neben der Pfarrerausbildung wurde das Studienprogramm für die Ausbildung in weltliche Berufe geöffnet. Dies galt besonders für die von reformierten Obrigkeiten übernommenen älteren Uni-

---

9 Vgl. Stephen Triche/Douglas McKnight, The quest for method: The legacy of Petrus Ramus, in: History of Education 33 (2004), 39–54.

10 Vgl. zur Rolle Straßburgs Anton Schindling, Humanistische Hochschule und Freie Reichsstadt. Gymnasium und Akademie in Straßburg 1538–1621, Wiesbaden 1977.

11 Vgl. Dirk van Miert, The Reformed Church and academic education in the Dutch Republic (1575–1696), in: Schilling/Ehrenpreis, Reformierte Bildung (s. Anm. 8), 75–96.

versitäten in Heidelberg und in Marburg, deren juristische Fakultäten wichtige Orte des reformierten politischen Herrschaftsdiskurses waren. Die Universität Heidelberg mit ihrer alten humanistischen Tradition war bis 1618 die hervorragendste reformierte Bildungseinrichtung in Deutschland, an der sich auch viele ausländische Studierende aufhielten.

Da für reformierte Neugründungen im Reich weder päpstliche noch kaiserliche Genehmigungen zu erlangen waren, wurden neben den Universitäten Heidelberg und Marburg zwischen 1580 und 1618 eine große Gruppe von semi-universitären Anstalten gegründet. Diese neugeschaffenen Institutionen wurden als »Hohe Schulen« oder »Gymnasien illustre« organisiert. Diese hatten kein Promotionsrecht und keine höheren Fakultäten, integrierten aber juristische, naturwissenschaftliche und medizinische Professuren in ihr Lehrprogramm. Die bedeutendsten reformierten Hohen Schulen waren die nassauische in Herborn und das Gymnasium illustre in Bremen.[12]

Anders als in der Stadtrepublik Genf wurden in den französischen und deutschen reformierten Gebieten auch gesonderte Ausbildungsstätten für den Adel betrieben. Vorbild waren die hugenottischen Akademien in Sedan und Saumur, deren Lehrplan neben humanistischen Studien spezifisch adlige Programme wie Reiten, Fechten, Tanzen und höfische Etikette vorsah. Ähnliche Ritterakademien im Reich wurden sowohl in lutherischen als auch reformierten Territorien eröffnet, beispielsweise in der hessischen Residenz Kassel und in der hugenottischen Exilstadt Erlangen. Sie existierten jedoch jeweils nur wenige Jahrzehnte und stellten keine wirkliche Konkurrenz zu den reformierten Gelehrtenschulen dar.[13]

Die meisten der reformierten Gelehrtenschulen existierten in Mitteleuropa in der Form der herkömmlichen städtischen Lateinschulen.[14] Oftmals wurden in den Kathedralstädten die reformierten Lateinschulen als Fortführung der ehemaligen Stiftsschulen betrieben, so z. B. in Basel. Auch ehemalige Klosterschulen und die traditionellen städtischen Bürgerschulen wurden als reformierte Lateinschulen fortgeführt. Die hohe soziale Bedeutung dieser Schulen

---

12 Vgl. besonders GERHARD MENK, Die Hohe Schule Herborn in ihrer Frühzeit (1584–1660). Ein Beitrag zum Hochschulwesen des deutschen Kalvinismus im Zeitalter der Gegenreformation, Wiesbaden 1981.

13 Vgl. NORBERT CONRADS, Ritterakademien in der frühen Neuzeit, Tübingen 1987.

14 Vgl. jüngst beispielhaft FRIEDRICH BRATVOGEL (Hrsg.), Bernhard Copius und das Lemgoer Gymnasium, Göttingen 2011. Gewinnbringend auch CARL HAASE, Die Lateinschule in Niedersachsen von der Reformation bis zur napoleonischen Zeit. Versuch eines Überblicks, in: NSJ 51 (1979), 137–194.

für das städtische Bürgertum zeigt sich in den Bestrebungen reformierter Minderheiten, für ihre Kinder Lateinschulen in eigener Trägerschaft zu errichten, z. B. in Köln.[15] Wo dies nicht gelang, war die Gefahr groß, dass Gemeindemitglieder ihre Söhne in Schulen der katholischen oder lutherischen Mehrheitskonfession schickten. Einen erneuten Schub für das reformierte höhere Schulwesen brachte die durch die Jesuitengymnasien entstandene Konkurrenz. In den Presbyterien zahlreicher Gemeinden, z. B. am Niederrhein oder in Emden, mussten reformierte Eltern gerügt werden, die ihre Knaben auf katholische Bildungseinrichtungen schickten. Die reformierten Obrigkeiten erhöhten ihre Anstrengungen, für die eigenen Schulen die finanzielle Basis zu verbessern, qualifizierte Lehrer anzustellen und begabten Schülern Bildungsmöglichkeiten jenseits ihrer sozialen Herkunft zu eröffnen.[16]

Die konfessionspolitische Entwicklung brachte es mit sich, dass einige Institutionen – ähnlich wie die lutherischen Fürstenschulen – eine gegenüber den städtischen Lateinschulen herausgehobene Stellung beanspruchten. Das durch den kurpfälzischen Administrator Johann Casimir (1543–1592) gegründete Casimiranum in Neustadt an der Hardt war eine solche Anstalt, die die reformierte Lehre in der Zeit der lutherischen Zwischenphase aufrecht erhielt und die Ausbildung reformierter Theologen anstatt eines regulären Universitätsstudiums ermöglichte. Gelegentlich entstanden Konflikte, wenn in einem städtischen Gymnasium Dialektik und Logik unterrichtet wurden, die für das Studium in einer universitären Artistenfakultät vorgesehen waren.

Ein fast durchgängig bei allen europäischen reformierten Schulen beachtetes, in Genf begonnenes Prinzip war die Ablehnung des bei Katholiken und Lutheranern geübten Schultheaters. Ein gutes Beispiel hierfür ist Emden: obwohl die städtische Lateinschule bis ca. 1560 eine herausragende Tradition der jährlichen Aufführung antiker Dramen kannte, beschloss der Magistrat 1573 nach dem Willen des reformierten Kirchenrats ein Verbot von Theateraufführungen. Lediglich in Siebenbürgen hielt sich eine Tradition des reformierten Schultheaters, während im lutherischen Protestantismus und auch in den Jesuitenschulen das Schultheater, auch mit öffentlichen Aufführungen,

---

15 Vgl. STEFAN EHRENPREIS, Das Schulwesen reformierter Minderheiten im Alten Reich 1570–1750. Rheinische und fränkische Beispiele, in: SCHILLING/EHRENPREIS, Reformierte Bildung (s. Anm. 8), 97–122.

16 Letzteres ist konfessionsübergreifend zu verzeichnen, vgl. JOACHIM BAHLCKE/THOMAS WINKELBAUER (Hrsg.), Schulstiftungen und Studienfinanzierung. Bildungsmäzenatentum in den böhmischen, österreichischen und ungarischen Ländern, 1500–1800, Wien/München 2011.

blühte.[17] Hingegen wurde der didaktische Wert visueller Medien geschätzt. In den niederländischen reformierten Lateinschulen beispielsweise wurde – wie in den Jesuitenschulen – die Emblematik gepflegt.

Zum reformierten pädagogischen Programm der religiösen und humanistischen Erziehung gehörte auch die Einbeziehung der Mädchen in die Unterweisung. Calvin hatte sich jedoch wenig für diese spezielle Frage interessiert. Ebenso wie in Genf gab es in zahlreichen größeren reformierten Städten eigene Mädchenschulen, die jedoch nicht den Umfang einnahmen wie die Schulen der katholischen Frauenorden in katholischen Gebieten. Das Ziel der Mädchenbildung lag in der moralischen »Erziehung zur Ehefrau«, was aber in vielen reformiert-bürgerlichen Kontexten auch eine Vermittlung ökonomischer Kenntnisse beinhaltete.

III Niederes Schulwesen und Katechese

Im Gegensatz zur hohen Bedeutung, die viele reformierte Kirchenleitungen und Obrigkeiten dem höheren Bildungswesen zusprachen, wurde das niedere Elementarschulwesen in den reformierten Kirchenordnungen kaum berücksichtigt. Seine Existenz und Ausgestaltung blieb meist den lokalen Verhältnissen in den Gemeinden überlassen, die für die Finanzierung und Organisation einer »Volksschule« verantwortlich waren. Eine besondere Aufmerksamkeit wurde der Verbindung von Schulunterricht und Katechese gewidmet. Alle Lehrer, auch die der Elementarschulen, sollten konfessionell zuverlässig und gut vorgebildet sein sowie in der Gemeinde einen guten Ruf besitzen.

Während man in Genf zunächst dem Elementarschulwesen keine größere Beachtung schenkte, ging die Einführung des reformierten Glaubens in Deutschland und den Niederlanden mit einer Umwandlung des vorhandenen dörflichen Schulwesens einher. Eine besondere Rolle bei der Etablierung eines reformierten Elementarschulwesens spielte die Grafschaft Nassau-Dillenburg, wo neben der Gründung der Herborner Hochschule auch Initiativen für umfassende Schulreformen ergriffen wurden. Ein ehemaliger Student Calvins in Genf, Caspar Olevian (1536–1587), der als Mitglied des Heidelberger Kirchenrats eine führende Rolle beim Übergang der Kurpfalz zum Re-

---

[17] Vgl. FRANK POHLE, Glaube und Beredsamkeit. Katholisches Schultheater in Jülich-Berg, Ravenstein und Aachen (1601–1817), Münster 2010.

formiertentum gespielt hatte, war nach dem Herrschaftsantritt des lutherischen Kurfürsten Ludwig VI. zunächst als Prinzenerzieher an den Hof des Grafen Ludwig von Sayn-Wittgenstein berufen worden. 1584 wurde er als Theologieprofessor an die Herborner Hohe Schule berufen und führte dort seinen schon in Heidelberg benutzten lateinischen *Grundriss der Institutio* Calvins ein, der 1586 auch ins Deutsche übersetzt wurde. Seinen Einsatz für die Verbreitung der wahren Lehre verdeutlicht dann auch der 1590 veröffentlichte *Bawren Catechismus*, eine kurze Zusammenfassung des reformierten Glaubens und gleichzeitig Anleitung für den Hausvater, mit seiner Familie und dem Gesinde christliche Frömmigkeitsformen zu praktizieren. Ebenfalls 1590 erließ die Regierung eine von Wilhelm Zepper (1550–1607), damals Hofprediger und später Herborner Amtskollege von Olevian, verfasste Schulordnung zu den Deutschen Schulen in Städten und Dörfern. Darin wird vorgeschrieben, dass alle Prediger die Eltern ermahnen sollten, ihre Kinder in die Schulen zu schicken. Ziele der Erziehung waren Erkenntnis und Anrufung Gottes, Zucht, Tugend und Ehrbarkeit. Die Kinder sollten anhand des *Heidelberger Katechismus* Lesen und Schreiben lernen, die Hauptstücke auswendig lernen und erklären sowie die Irrtümer der Katholiken und der Wiedertäufer nennen können. Sonntags sollten alle gemeinsam zur Kirche geführt werden und dort auch die Kinder untereinander diejenigen unterrichten, die nicht zur Schule kämen. Den Schülern wurde eingeübt, auch zuhause die Schulgebete, die Psalmen oder Bibeltexte vorzulesen. Die Schulmeister sollten beim Unterricht Freundlichkeit walten lassen und statt Prügel durch Lob und Vermahnungen motivieren.[18]

In der niederländischen Republik war das System der Elementarschulen wohl das am besten ausgebaute in Europa. Hier waren die Städte und Dörfer Träger der öffentlichen Schulen, die unter der Aufsicht der reformierten Gemeindeleitungen standen. Der Versuch der Dordrechter Nationalsynode 1619, überall nur noch reformierte Schulen zuzulassen, scheiterte am Widerstand der Politiker, so dass die anderen Konfessionen weiter Privatschulen unterhalten konnten. Die Details des Schulwesens wurden in Schulordnungen der einzelnen Provinzen geregelt, so dass hier ein relativ starker zentraler Einfluss bemerkbar war, der die lokalen Verhältnisse vereinheitlichte. In den öffentlichen Schulen wurde die Verbindung zur reformierten Gemeinde eng geknüpft: die Lehrer mussten Gemeindemitglieder sein und den *Heidelberger*

---

18 Vgl. JOHANN HERMAN STEUBING, Kirchen- und Reformationsgeschichte der Oranien-Nassauischen Lande, Hadamar 1804, 379–384.

Katechismus lehren; Gebete und kirchliche Gesänge beherrschten den Schulalltag. Jeder Lehrer hatte vor seinem Dienstantritt eine Prüfung seiner Glaubensüberzeugung und -kenntnisse vor dem Klassenkonvent der reformierten Gemeindevertreter abzulegen.[19]

Auch in der Zeit der puritanischen Herrschaft in England existierten Versuche, eine nationale Schulpolitik für alle Kinder zu entwerfen. In Reaktion auf zahlreiche Petitionen der puritanischen Geistlichkeit und auch von Gemeinden setzte das Parlament 1644 Komitees ein, die neben den Pfarrern auch die Schulmeister über ihre Glaubenshaltung und ihre Amtsausübung zu verhören hatten. Genauso wie die 1650 eingerichteten »Commissions for the propagation of the Gospel in Wales and North Parts« interessierten sich die parlamentarischen Vertrauensleute eher für die religiöse als für die pädagogische Eignung der Lehrer. Die Absicht, den Puritanismus in Wales und in Nordengland zu verankern, führte 1649 zur ersten zentralen staatlichen Finanzierungshilfe für das Schulwesen: aus dem Fonds der Dekan- und Kapitelsgüter wurden Gehaltszulagen und Stipendien für Schulmeister vergeben.[20] Die kurzzeitige zentralistische Schulpolitik in der niederländischen Republik und in England waren eher Ausnahmen von der Regel, dass die dörflichen und kleinstädtischen Schulverhältnisse den lokalen Kräften überlassen blieben, allerdings unter Oberaufsicht der konfessionellen Kirchenleitungen.

Wie man sich die Alltagspraxis einer reformierten muttersprachlichen Schule in einem deutschsprachigen Gebiet vorstellen muss, lässt sich am Beispiel von Schaffhausen demonstrieren.[21] Hier hatte der Rat, der auch für die umliegenden Landgemeinden zuständig war, schon 1555 die Landschulmeister aufgefordert, täglich zumindest mit den Knaben Schule zu halten. Wochentags sollten sie beten, schreiben und lesen, Sonntags auch Übungen im Psalmensingen abhalten. In der Schaffhausener Landschaft waren die Bauern in den Dörfern aber zum Teil skeptisch, weil man zeitweise befürchtete, dass die Kinder in die Stadt laufen und Schreiberlinge werden wollten, wenn sie zu viel lernten. Die reformierte Synode bat den Rat, durch Obervögte in allen Dörfern Schulmeister anstellen und sie auch ehrlich besolden zu lassen. Nach einer Verordnung von 1640 sollte in allen Dorfschulen im Winter sechsmal

---

19 Vgl. Leendert F. Groenendijk, Die reformierte Kirche und die Schule in den Niederlanden während des 16. und 17. Jahrhunderts, in: Schilling/Ehrenpreis, Reformierte Bildung (s. Anm. 8), 47–74.

20 Vgl. Helen Jewell, Education in Early Modern England, Basingstoke 1999, 32–35.

21 Vgl. Ernst Müller-Ettikos, Das Schulwesen unter den Sulzern und den Schwarzenbergern, in: Der Klettgau 1971, 329 f.

und im Sommer mindestens zweimal wöchentlich Schulunterricht gehalten werden. Der Obervogt, der Pfarrer und die Geschworenen sollten den Schulmeister wählen und die Besoldung aus dem Kirchengut festsetzen. Der Pfarrer sollte wöchentlich die Schule visitieren und den Katechismus selbst erklären.

Im Jahre 1624 wurde der *Heidelberger Katechismus* eingeführt. Alle Landpfarrer konnten Vorschläge zu einer Landschulordnung einreichen, die 1645 erlassen wurde. Danach wurde die Schule täglich mit einem Gebet angefangen und auch beendet. Vormittags stand Buchstabieren, Syllabieren und Lesen von gedruckten und handgeschriebenen Texten auf dem Lehrplan. Montag, Dienstag, Mittwoch und Freitag sollten alle Schüler am Nachmittag schreiben. Donnerstag und Samstag waren nachmittags Katechismusübungen (wie Katechismussprüche und Zeugnisse in der Bibel aufschlagen) vorgesehen, auch das Lesen aus der Bibel. Am Abend lernte man noch Gesang. Sonntags wurde mit dem Pfarrer erst der Katechismus geübt, dann die Bibel gelesen und dann die Predigt gehört. Danach wurden die Schüler in die Schule geführt und über die Predigt examiniert.

In die Schulordnung wurden auch einige Zusatzartikel integriert, die sich mit Leben und Arbeitsleistung des Lehrers beschäftigen. Alle Schulmeister sollten sich moralisch und sittlich exemplarisch verhalten, sich beispielsweise des Kartenspiels und des Kegelns, des Fluchens und unbedachten Schwörens enthalten. Ergänzt wurden Bestimmungen, wie die Schulmeister den Kindern die Hand zu führen hatten, wenn sie das Schreiben begannen. Außerdem sollte man die Rute maßvoll gebrauchen, auch wenn die Eltern Beschwerde dagegen führten, weil sie sich alleine das Züchtigungsrecht vorbehielten. Schließlich sollten alle Schulmeister um Erlaubnis fragen, wenn sie wegen wichtigen Angelegenheiten abwesend sein wollten.

Insgesamt lässt sich für die europäischen Reformierten, verglichen mit den Lutheranern und Katholiken, eine höhere Wertschätzung niederer Schulunterweisung feststellen, die allerdings von der älteren Tradition des Schulwesens und den lokalen Verhältnissen geprägt war und große Unterschiede aufwies. Die Anforderungen an die Lehrer, aber auch der gesellschaftliche Respekt für sie waren meist hoch.

Die Haltung Calvins, die Erziehung zu den Kernbereichen reformierter Gemeindepraxis zu zählen, führte zu einer Beschäftigung vieler reformierter Theologen mit den konkreten Problemen der Glaubensvermittlung.[22] Seit dem

---

[22] Vgl. JEFFREY WATT, Childhood and Youth in the Geneva Consistory Minutes, in: HERMAN J. SELDERHUIS (Ed.), Calvinus praeceptor ecclesiae, Leiden/New York 2004, 44–64.

Ende des 16. Jahrhunderts wurden parallel zum Ausbau des Schulwesens neben Katechismen auch andere Formen von Schulbüchern entwickelt, beispielsweise mit Illustrationen versehene Bibelauszüge oder ABC-Bücher mit Gebeten und Psalmen. Über den schulischen Einsatz dieser religiösen Schriften entwickelte sich im 17. Jahrhundert eine rege Debatte um neue didaktische Modelle im Unterricht, bei der die Lutheraner auf lange Sicht die wichtigeren Beiträge lieferten.[23] Die pädagogische Debatte unter den europäischen Reformierten zeigte in der ersten Hälfte des 17. Jahrhunderts starke Tendenzen, die Erziehung als das hauptsächliche Mittel zur Verbesserung aller Verhältnisse anzusehen. Reformierte Intellektuelle schlugen pädagogische Reformen vor, die die ganze Gesellschaft verbessern sollten und so den Charakter utopischer Entwürfe trugen. Dies lässt sich besonders in den Zeiten politischer Krisen beobachten. Im Zeitalter des Bürgerkriegs in England forderten die Puritaner, dass sich alle Erziehung an der Schrift zu orientieren habe und misstrauten jedweder Nutzung weltlicher (d. h. auch antiker) Autoren in der Schule. Vielfach kritisierten puritanische Theologen und Gelehrte die Unterrichtspraxis des vorhandenen Schulwesens und propagierten den frühen Kontakt der Kinder mit religiösen Texten in den Familien. Schon im Kleinkindalter sollte mit Übungen im Lesen begonnen werden, die nicht dem Hausgesinde, sondern dem Vater überlassen bleiben sollten.[24] Puritanische Autoren wie John Dury forderten eine Ausweitung des Unterrichtsangebots auf alle Kinder, insbesondere auch auf Mädchen mit dem Argument, dies stärke sowohl den wahren Glauben als auch die Wirtschaftskraft des Common wealth. Andere, wie Samuel Hartlib, 1647, konzentrierten sich auf eine soziale und berufsspezifische Distinktion im Zugang zu Bildung: die größte Aufmerksamkeit gelte der Ausbildung der Prediger, dann der Universitäts- und Schullehrer und drittens dem Adel, der die politischen Ämter besetze. Harington propagierte in seiner 1656 publizierten utopischen Schrift *Oceana* einen verpflichtenden Schulbesuch für alle neun- bis fünfzehnjährigen Kinder.[25]

---

23 Vgl. Stefan Ehrenpreis, Katechismen und Katechese. Frühneuzeitliche Schulbücher als politisch-sozialer Konfliktstoff im Konfessionellen Zeitalter, in: Stephanie Hellekamps/ Jean-Luc Le Cam/Anne Conrad (Hrsg.), Schulbücher und Lektüren in der vormodernen Unterrichtspraxis (ZfE, Sonderheft 17), Wiesbaden 2012, 49–64.

24 Vgl. John Morgan, Godly Learning. Puritan Attidutes towards Learning and Education 1550–1640, London 1986, 165f.

25 Vgl. zur längerfristigen Entwicklung in England Anthony Fletcher, Growing up in England. The Experience of Childhood, 1600–1914, New Haven/London 2008.

IV Internationaler Austausch – Methoden und Wege

Ähnlich wie die Theologie Calvins wurden auch die Ideen reformierter Pädagogen über das im 16. Jahrhundert entstandene Netzwerk reformierter Kirchenverbindungen europaweit verbreitet. Dazu trug der Strom der Studierenden bei, die aus vielen europäischen Ländern in die berühmtesten reformierten Studienorte Genf, Heidelberg und Leiden kamen. Durch politisch motivierte Vertreibungen mussten aber auch pädagogisch engagierte reformierte Theologen und Gelehrte ihre Heimatländer verlassen und sich anderen reformierten Gemeinschaften anschließen, wo sie ihre Arbeit fortsetzten. Besonders deutlich wird dies an der mitteleuropäischen Emigration nach Siebenbürgen während des Dreißigjährigen Krieges, die dem dortigen reformierten Bildungswesen einen Aufschwung bescherte.[26] Dieser reformierte Kulturaustausch bezog sich im Feld der Pädagogik sowohl auf grundlegende Erziehungsvorstellungen als auch auf die konkrete Erziehungspraxis in Schulen und Gemeinden.

Die Diskussion um die Rolle von Bildung und Erziehung zwischen den reformierten Theologen und Gelehrten in Europa lässt sich kaum überblicken, es können aber doch einige Grundprobleme identifiziert werden: die Finanzierung der Bildungsinstitutionen, die Förderung besonders begabter Kinder mittels Stipendien, die inhaltliche Neuorientierung des Unterrichts auf den höheren Schulen, die Schulpflicht für möglichst alle Kinder, die Verbindung von Schule und Katechese besonders im Elementarschulwesen. Über diese Themen diskutierten viele reformierte Theologen und Politiker und sie waren auch Gegenstand gelehrter theoretischer und schulpraktischer Abhandlungen.

Neben diesem internationalen Austausch über Personen und Diskurse verband auch die Praxis der Katechese das reformierte Erziehungswesen Europas. Nicht der komplizierte und wenig didaktische Katechismus Calvins, sondern der *Heidelberger Katechismus* wurde der Grundlagentext für die religiöse Erziehung in den reformierten Gemeinden. Als die Niederländische Generalsynode erstmals in Emden 1571 und nochmals in Dordrecht 1619 den *Heidelberger Katechismus* als verbindlich für die reformierten Kirchen in der Republik erklärte, war er in den Territorien des Alten Reiches, in den Nieder-

---

[26] Vgl. Wilhelm Kühlmann/Anton Schindling (Hrsg.), Deutschland und Ungarn in ihren Bildungs- und Wissenschaftsbeziehungen während der Renaissance (Contubernium 62), Stuttgart 2004.

landen und in Ungarn weit verbreitet.[27] Die französischen Hugenotten und die englischen Puritaner hatten eigene Katechismen. Im 17. Jahrhundert entstanden aus den Bedürfnissen der Lehrpraxis kürzere Katechismustexte und Katechismuserklärungen, die in der sonntäglichen »Kinderlehre« benutzt wurden. Die Katechese in der Schule wurde nun auf die sonntäglichen Evangelientexte und die Grundlagen des Bekenntnisses ausgerichtet und alles weitere den Predigern überlassen.

Die reformierte Diskussion über eine Erneuerung der Gesellschaft durch Erziehung und die dazu notwendigen Hilfsmittel fand in der Mitte des 17. Jahrhunderts ihren Abschluss in der Lehre des Johann Amos Comenius (1592–1670), dem Bischof der böhmischen Brüderunität. Comenius, der an der nassauischen Hochschule in Herborn studiert hatte und die letzten Jahre seines Lebens in Amsterdam verbrachte, setzte zahlreiche der älteren pädagogischen Reformideen in konkrete Unterrichtsempfehlungen und Entwürfe von Schulbüchern um. Seine Lehre verband das Interesse am Kind und seiner Entwicklung mit einer Neuorientierung der Lehrinhalte und der didaktischen Methoden. Seine Rezeption pansophischer Welterkenntnis führte ihn zu einer Hochschätzung der Realienkunde, die den Sprachunterricht mit Geographie, Geschichte und Naturkunde kombinierte. Das für diesen Zweck 1653 konzipierte Schulbuch *Orbis pictus sensualium* wurde bis 1700 in über zwanzig Sprachen übersetzt und in allen protestantischen Ländern Europas verwendet.[28]

Die Ergebnisse des Ausbaus des niederen Schulwesens bei der Alphabetisierung der Bevölkerung ist vor 1800 nur im Ausnahmefall zu messen.[29] Zwar wissen wir, dass England im 17. Jahrhundert relativ hohe Alphabetisierungsquoten (30–40% der Männer in städtischer Umgebung) hatte, aber das gilt auch für das lutherische Schweden.

---

[27] Dazu demnächst STEFAN EHRENPREIS, Der Heidelberger Katechismus im frühneuzeitlichen Schulunterricht, in: CHRISTOPH STROHM (Hrsg.), Der Heidelberger Katechismus. Kolloquium zum 450. Erscheinen, Gütersloh 2014 (im Druck).

[28] Vgl. MILADA BLEKASTAD, Versuch eines Umrisses von Leben, Werk und Schicksal des Jan Amos Komenský, Prag 1969.

[29] Vgl. ROBERT A. HOUSTON, Literacy in Early Modern Europe. Culture and Education 1500–1800, London ²2002.

V Krise seit der Mitte des 17. Jahrhunderts

Die rasche Ausbreitung reformiert-calvinistischer Bildungskonzepte in Europa stieß nach 1650 auf zunehmende Probleme: der durch politischen Wandel herbeigeführte Niedergang der reformierten Position im Alten Reich beendete deren mitteleuropäische Hochphase; seit dem späten 17. Jahrhundert entwickelte sich unter dem Vorzeichen des Pietismus hingegen eine Renaissance der gesellschaftlichen Rolle des Luthertums. Im Bildungsbereich erreichten auch die katholischen Gebiete erhebliche Fortschritte, u. a. auch in der Mädchenerziehung.[30]

Gegen die Interpretation eines Niedergangs reformierter Bildung spricht, dass von einer besonderen Rolle reformierter Wissenschaftler im 17. Jahrhundert, an erster Stelle Isaac Newtons, geschrieben worden ist: das überwiegend reformierte oder puritanische Gründungspersonal der wissenschaftlichen Akademien in London und Berlin sowie die reformierte Konfessionszugehörigkeit zahlreicher Wissenschaftler in den Niederlanden scheinen dies zu belegen. Ausschlaggebend war für die Zuordnung jedoch zunächst nur der biographische Zugriff. Erst seit den 1980er Jahren ist in der Forschung ein spezifisches Natur- und Weltverständnis für die Nähe von Calvinismus und moderner Wissenschaft verantwortlich gemacht worden. In den neueren Forschungen zur frühneuzeitlichen Wissenschaft wird darüber hinaus betont, dass diese nicht im Gegensatz zur Religion entwickelt wurde und auch keineswegs vorwiegend säkularisierende Wirkungen entfaltete.[31]

Auf den Reformator selbst hat man sich nur eingeschränkt beziehen können. Calvin sah Gott als alltäglichen Betreiber der Schöpfung und die Vorstellung einer nach Eigengesetzlichkeiten ablaufenden Natur war ihm fremd. Insgesamt blieb Calvin zeitlebens dem vorherrschenden aristotelisch-ptolemäischen Weltbild verhaftet und lehnte die neuere kopernikanische Weltsicht ab. Den wissenschaftlichen Zugangsweisen zur Natur sprach er aber Legitimität zu und verstand den Bibeltext keineswegs als konkrete Beschreibung natürlicher Einzelphänomene, sondern als auslegbare Darstellung ihrer Entstehungszeit, die sich an den Verständnismöglichkeiten von einfachen Menschen orientiert habe (Akkommodationstheorie).

---

30 Vgl. Andreas Rutz, Bildung – Konfession – Geschlecht. Religiöse Frauengemeinschaften und die katholische Mädchenbildung im Rheinland (16.–18. Jahrhundert), Mainz 2006.

31 Vgl. hierzu Matthias Pohlig u. a., Säkularisierungen im frühneuzeitlichen Europa. Methodische Probleme und empirische Fallstudien (ZHF-Beih. 41), Berlin 2008.

Stärker als Calvins Aussagen gerieten daher neue theologische Sichtweisen des 17. Jahrhunderts in den Mittelpunkt der Forschung. Vor allem die Vorstellung von der Natur als »zweiter Offenbarung« stimulierte das naturwissenschaftliche Interesse der Theologen, allerdings war dies keine rein reformierte, sondern eine auch im Luthertum oder in der anglikanischen Staatskirche anzutreffende Position, die am Ende des 17. Jahrhunderts in die Physiko-Theologie einmündete. Die wesentlichste Kritik an älteren linearen Konstruktionen von reformierter Konfessionsentfaltung und moderner Wissenschaft macht sich an der monokausalen Erklärung der Wissenschaftlichen Revolution des 17. Jahrhunderts mittels des Faktors Religion fest. Wissenschaftler in den katholischen Gebieten Europas waren jedoch ebenfalls führend am Austausch naturwissenschaftlicher Erkenntnisse beteiligt (z. B. Kircher, Mersenne, Galilei).

Während es in lutherischen und katholischen Gebieten – so lässt sich zusammenfassen – starke Veränderungen in den Konzepten und der Praxis des Bildungswesens gab, stagnierten die Entwicklungen in den reformierten Gebieten des 18. Jahrhunderts. Einzig der Zuzug von hugenottischen Flüchtlingen aus Frankreich brachte eine Verstärkung durch Neugründungen von Bildungseinrichtungen mit sich, so etwa in Berlin oder in Erlangen.[32] Gegenüber der entstehenden anthropologischen Dimension der modernen Naturwissenschaft blieb man aber skeptisch.[33]

VI Zusammenfassung

Eine allgemeingültige Aussage zur höheren Qualität von Bildung und Erziehung im reformierten Protestantismus gegenüber anderen Konfessionen lässt sich kaum treffen. Allerdings lassen sich spezifische Elemente als Sonderfaktoren aufführen: die tendenziell bessere soziale Anerkennung des Lehrpersonals, eine Wertschätzung des öffentlichen Bildungssektors sowie der Zwang zur Eröffnung eigener akademischer Gymnasien und Universitäten, da keine traditionellen zur Umwandlung zur Verfügung standen. Letzterer war in den Jahrzehnten vor dem Dreißigjährigen Krieg besonders groß.

---

32 Vgl. Sandra Pott/Martin Mulsow/Lutz Danneberg (Hrsg.), The Berlin Refuge, 1680–1780. Learning and Science in European Context (Brill's Studies in Intellectual History 114), Leiden 2003.

33 Vgl. Hansjörg Bruland, Wilde Kinder in der Frühen Neuzeit. Geschichten von der Natur des Menschen, Stuttgart 2008.

Zugleich macht diese historische Dimension deutlich, dass es eine Hochphase reformierter Bildungsbestrebungen zwischen ca. 1570 und 1650 gab. Die genannten Faktoren reichen jedoch nicht aus, hieraus weitreichende Annahmen zu postulieren. Die ältere, um 1900 entwickelte These Max Webers von der Erfindung des westlichen Wirtschaftskapitalismus und der Moderne durch den reformierten Zweig des Protestantismus war bestechend, aber zu einfach.[34]

Für unsere Gegenwart und die Erinnerung an die Reformation lässt sich festhalten, dass die Reformation seit ihrem Beginn auch eine Bildungsbewegung war, die sich der Notwendigkeit von Wissen und Erkenntnis für den individuellen religiösen Glauben, aber auch für die Seelsorgepraxis der Gemeinden und Kirchen bewusst war. Im Laufe der Auseinandersetzung mit der mittelalterlichen Kirche entwickelten alle Konfessionsgruppen eigene Wege, die humanistischen Traditionen mit konfessionellen Erziehungslehren zu verbinden. Der reformierte Protestantismus war für manche Entwicklungen Vorreiter, die sich um 1600 in allen Konfessionskirchen durchsetzten. Im 18. Jahrhundert verlor er diese antreibende Funktion im Bildungsbereich. Die von ihm geprägten Elemente wie gelehrte Internationalität und besondere Aufmerksamkeit für das muttersprachliche Schulwesen gab er an andere Bewegungen weiter. Das Bildungserbe der Reformation ist bis heute Aufgabe geblieben.

---

34 Vgl. Stefan Ehrenpreis, Calvinismus und Moderne. Mythen, Themen, Forschungsperspektiven, in: GWU 60 (2009), 387–405.

II Rezeption und Transformation: Protestantische Realisierungen

Pietistische und aufklärerische Bildungsakzente

Walter Sparn

I Einleitung

Das Programm dieser auf die »Reformation heute« zielenden Konferenz sieht in den im 17. und 18. Jahrhundert erkennbaren »protestantischen Realisierungen« der grundlegenden »Bildungsnovitäten« der Reformation des 16. Jahrhunderts vor allem ein Rezeptionsphänomen. Das ist gewiss richtig in dem allgemeinen Sinn, dass die pietistische und die aufklärerische Theologie an der reformatorischen Verflechtung von *pietas* und *eruditio*, von Frömmigkeit und Erziehung festgehalten und diese nochmals erheblich verstärkt haben; richtig ist auch, dass protestantische Pfarrer und Lehrer noch über das 18. Jahrhundert hinaus aus staatskirchenrechtlichen Gründen an diese auch in den Kirchenordnungen der Landeskirchen des 16. Jahrhunderts fixierte Verflechtung gebunden waren.

Was kulturell im Pietismus und in der Aufklärung geschehen ist, war jedoch nicht einfach Rezeption des reformatorischen Ideals, sondern war eine *Transformation* auch seiner beiden Elemente, *pietas* und *eruditio*, und dies aus einem zunehmend vielfältigen und offeneren Wechselspiel ihrer jeweiligen internen Dynamik und der auf sie wirkenden externen Faktoren. Man kann sagen, dass aus einer intentional harmonischen Verflechtung von Frömmigkeit und Erziehung eine komplexere Konstellation wurde, die zwar weiterhin von gegenseitiger Förderung, aber zugleich auch von Spannungen und Auseinanderentwicklungen bestimmt war. Es ist nicht zuletzt der in den 1760er Jahren aufkommende, neue Begriff der *Bildung*, der die komplexere Lage markiert und an dem, wie am neuen Begriff der *Kultur*, die Aufklärung im protestantischen Deutschland sich ihres Charakters und ihrer Ziele vergewisserte.[1]

---

1 Moses Mendelssohn hat in seinem Beitrag zu der (von dem Theologen Johann Fried-

Das betrifft gerade die wichtigsten Bewegungskräfte der christlichen Religiosität dieser Zeit: religiöse und moralische Individualisierung, Forcierung öffentlich-sozialer Praxis, Reduktion formal-institutioneller Ansprüche an die Einzelnen und ihre Assoziationen.[2] Das Aufkommen des Pietismus veränderte in allen drei Hinsichten die Beziehung zwischen Religion und Bildung (hier noch im Sinne von Erziehung), dies aber – unbeschadet starker soziokultureller Motive, die man zu Recht (auch) der Frühaufklärung zurechnet – primär in der Perspektive einer bestimmten, in wichtigen Aspekten auch neuartigen *Frömmigkeit*.

Die selbstbewusst werdende Aufklärung veränderte ihrerseits die Beziehungen zwischen Religion und Bildung, dies aber – unbeschadet starker religiöser Motive, die sich auch das Erbe der reformatorischen Gottesgewissheit und der pietistischen Individualisierung aneigneten – primär in der Perspektive eines Konzepts von *Bildung*, das sehr eng mit einer bestimmten, gegenüber der reformatorischen und der pietistischen neuartigen Anthropologie verbunden war.[3] Man könnte sagen, dass um 1700 *eruditio* eine Funktion von *pietas* war, während um 1800, nach einer oft gleitenden Verschiebung, Religion meist eine Funktion von »Bildung« darstellte (der Protest hiergegen begann mit Friedrich Schleiermachers *Reden über die Religion*, 1799). Bedenkt man, dass auch dieser Unterschied noch innerhalb des Horizonts liegt, den man im 17. Jahrhundert als *finis ultimus hominis* und seit der Mitte des 18. Jahrhunderts als »Bestimmung des Menschen« bezeichnet hat, und bedenkt man, dass die Frühe Neuzeit seit dem Ende des Dreißigjährigen Krieges zunehmend durch intensive literarische Kommunikation und praktische Interaktion geprägt wurde, dann wird man, auch wenn man als Historiker

---

rich Zöllner angezettelten) Diskussion der Berliner Mittwochsgesellschaft über die Frage »Was ist Aufklärung?« dies ausdrücklich vermerkt: Ueber die Frage: was heißt aufklären? (Berlinische Monatsschrift, 1784), in: Norbert Hinske (Hrsg.), Was ist Aufklärung?, Darmstadt [3]1981, 444–451, hier: 444f. Vgl. auch Michael Winkler, Schleiermachers und Hegels Bildungsverständnis, in diesem Band, 74–96.

[2] Vgl. Lucian Hölscher, Geschichte der protestantischen Frömmigkeit in Deutschland, München 2005, Erster Teil (Die letzte Zeit vor dem Ende der Welt [1520–1680], 23–87) und Zweiter Teil (Das Zeitalter der Aufklärung [1680–1800], 89–174); auch Kaspar von Greyerz, Religion und Kultur. Europa 1500–1800, Göttingen 2000; Peter C. Hartmann (Hrsg.), Religion und Kultur im Europa des 17. und 18. Jahrhunderts, Frankfurt a. M. [2]2006.

[3] Vgl. die Darstellungen der pietistischen bzw. der aufklärerischen Anthropologie bei Gerd Jüttemann u. a. (Hrsg.), Die Seele. Ihre Geschichte im Abendland, Weinheim 1991, 198–213 (Michael Reiter) und 217–235 (Günther Mensching).

linearen Teleologien misstrauen muss, die fraglichen »Bildungsakzente« als zusammenhängenden geschichtlichen Verlauf darstellen dürfen.

II Pietistische Erziehungsreformen

Ich spreche hier nicht vom »Bildungskonzept des Pietismus« o. ä., sondern zurückhaltender von »pietistischen Erziehungsreformen«; erstens, weil es strittig ist (und m. E. strittig bleiben muss), ab welchem Zeitpunkt und in welchem Umkreis man den vereinheitlichenden Begriff »der Pietismus« gebrauchen kann, und zweitens, weil gerade im Blick auf die Beziehung von Frömmigkeit und Erziehung durchaus unterschiedliche Neuerungen mit pietistischen Motiven verknüpft oder von ihnen angestoßen wurden, die weit über den theologisch und institutionell übereinstimmend als »Pietismus« bezeichneten historischen Bestand hinaus- oder ihm zeitlich vorausgehen.[4]

Das gilt vor allem für die wohl wichtigste pädagogische Initiative in der zweiten Hälfte des 17. Jahrhunderts, für die als Schulreform ansetzende Kirchenreform des Herzogs Ernst des Frommen in *Sachsen-Gotha*. Die im *Schulmethodus* (1642 ff.) festgelegte Einführung der allgemeinen Schulpflicht, der regelmäßigen Prüfungen nicht nur der Schüler und Schülerinnen, sondern auch der Lehrer, die Versorgung mit neuen Lehrbüchern: Diese (langfristig freilich nicht sehr erfolgreichen) Innovationen verdankten sich nicht nur den didaktischen Grundsätzen eines Wolfgang Ratke oder Johann Amos Comenius und ihrer Fokussierung auf die Realien, sondern ebenso der Orientierung am Frömmigkeitstypus eines Johann Arndt, den viele Forscher als den ersten Begründer des Pietismus bezeichnen.[5] Hieran ist mindestens richtig, dass Arndts »wahres Christentum« auf die moralisch-affektive Selbsterfahrung

---

4 Zu beidem vgl. Martin Brecht (Hrsg.), Der Pietismus vom siebzehnten bis zum frühen achtzehnten Jahrhundert (Geschichte des Pietismus, Bd. 1), Göttingen 1993, Einleitung (1–10) bzw. Johannes Wallmann, Fehlstart. Zur Konzeption von Band 1 der neuen »Geschichte des Pietismus« (1994), jetzt in: Ders., Pietismus und Orthodoxie. Gesammelte Aufsätze III, Tübingen 2010, 369–387.

5 Den aktuellen Stand der Forschung präsentierten Hans Otte/Hans Schneider (Hrsg.), Frömmigkeit oder Theologie. Johann Arndt und die »Vier Bücher vom wahren Christentum«, Göttingen 2007; Veronika Albrecht-Birkner, Die Rezeption Johann Arndts in Sachsen-Gotha, In: PuN 26 (2001), 29–49; Martin Brecht, Das Aufkommen der neuen Frömmigkeitsbewegung in Deutschland, in: Ders. (Hrsg.), Geschichte des Pietismus (s. Anm. 4), 113–203, hier: 130–151.

und den sittlichen Fortschritt zielte, stärker als die von der Ethik, speziell von der Figur des *tertius usus legis* Philipp Melanchthons und der Konkordienformel geprägte Frömmigkeit. Der lutherische »Fürstenstaat« Sachsen-Gotha, wie ihn bald Kanzler Veit Ludwig von Seckendorff kennzeichnete, verstärkte die Ausrichtung dieser Frömmigkeit auf die *salus publica*, wie sie für die lutherische Drei-Stände-Lehre allgemein kennzeichnend war. Vom Pietismus, den Philipp Jakob Spener mit seiner *Pia desideria* seit 1675 inaugurierte, unterschied sich die Gothaer Reform durch ihre Beschränkung auf den Horizont einer noch vor ihrem Ende, d. h. der Wiederkunft Christi stehenden Welt – auch damit hatte Herzog Ernst seine »Reformation des Lebens« begründet.[6]

Für die Transformation des Zusammenhangs von Frömmigkeit und Erziehung liegt ein sehr wichtiger Schritt im Abschied vom traditionell apokalyptischen Weltbild und der Umstellung auf den früher durchweg für häretisch gehaltenen *Chiliasmus*, d. h. die Verschiebung der bislang vorrangig an Ursprüngen haftenden Zeitorientierung hin auf die Zukunft und den praktischen Weg dorthin. Zwar bildete die pointierte Orientierung des Pietismus an der Bibel ein gewisses Gegengewicht, aber ein schwächeres als früher, da sie sich nicht auf das »Alter« überhaupt, sondern auf den biblischen Kanon konzentrierte und in philosophiekritischer Wendung sich auf ihn tendenziell beschränkte. Überdies hatten die Pietisten, die ja weiterhin die (praktisch vorzubereitende) Wiederkunft Christi erwarteten, immer weniger eine Handhabe dagegen, eine einstweilen offene Zukunft zur unendlich offenen Zukunft zu transformieren, wie sie seit Gottfried Wilhelm Leibniz für die Aufklärung charakteristisch wurde.[7]

So oder so, die mit der religiösen Reform verbundene pädagogische Reform hatte nicht mehr die bescheidene Bedeutung, die alt gewordene Welt bis zur Wiederkunft Christi einigermaßen zu erhalten helfen, sondern diente nun der immer stärkeren »Hoffnung besserer Zeiten«, wie der Spener'sche

---

[6] Umfassend Veronika Albrecht-Birkner, Reformation des Lebens. Die Reformen Herzog Ernsts des Frommen von Sachsen-Gotha, Leipzig 2002. Vgl. Martin Brecht, Das Aufkommen der neuen Frömmigkeitsbewegung (s. Anm. 5), 181–184; Dietrich Blaufuss, Art. Seckendorff, Veit Ludwig von, in: TRE 30 (1999), 719–727; Wolfgang Neugebauer, Niedere Schulen und Realschulen, in: Notker Hammerstein/Ulrich Herrmann (Hrsg.), Handbuch der deutschen Bildungsgeschichte. Bd. 2: 18. Jahrhundert. Vom späten 17. Jahrhundert bis zur Neuordnung Deutschlands um 1800, München 2005, 213–261.

[7] Zum Überblick vgl. Hans-Peter Grosshans, Art. Chiliasmus, in: EdN 2 (2005), 681–687; Walter Sparn, Art. Endzeit, in: EdN 3 (2006), 278–281; Karoline Noack u. a., Art. Millenarismus, in: EdN 8 (2008), 526–535.

Ausdruck lautete. Auf dem Weg erzieherischer Effizienz konnte auch die religiöse Reform konkret projektiert, organisatorisch realisiert und sozial stabilisiert werden. Dies gelang Spener mit einem der ersten Projekte der »Erwachsenenbildung«, den *collegia pietatis*, die im Unterschied zu den gängigen Katechismuspredigten die Laien zu eigener Artikulation und zur hermeneutischen Reflexion von Bibeltexten befähigte.[8] In größtem Maßstab arrangiert wurde die neue Konstellation von Frömmigkeit und Bildung von dem auf den Feldern der religiösen Kommunikation, der pädagogischen Innovation und der ökonomischen Ressourcen gleichermaßen genialen, übrigens aus Gotha stammenden August Hermann Francke.

III Protestantische Bildungsakzente im Halleschen Pietismus

Im Blick von A. H. Francke von »protestantischen« Bildungsakzenten zu sprechen, ist insofern ganz richtig, als der Lutheraner Francke es verstand, sich für sein Großunternehmen namens »Waisenhaus« der Unterstützung durch eine reformierte Obrigkeit, den brandenburgischen Kurfürsten bzw. preußischen König zu versichern; er öffnete, trotz mancher Reibungsverluste, seine konfessionelle Loyalität für den mental und religionspolitisch, d. h. im Kontext des »aufgeklärten Absolutismus« zukunftsträchtigen »Protestantismus«.[9] Dagegen untertreibt man, wenn man nur von »Akzenten« spricht, denn sowohl das »Waisenhaus«, d. h. die etwa zwanzig seit 1695 etablierten Armen-, Bürger- und Lehrerschulen, als auch die 1694 inaugurierte Universität Halle ver-

---

8 Gesamtdarstellung bei Martin Brecht, Philipp Jakob Spener, sein Programm und dessen Auswirkungen, in: Geschichte des Pietismus (s. Anm. 4), 281–389, zu den Collegia pietatis a. a. O. 291 ff.; Johannes Wallmann, Art. Spener, Philipp Jakob, in: TRE 31 (2000), 652–666; Veronika Albrecht-Birkner (Hrsg.), Hoffnung besserer Zeiten. Philipp Jacob Spener und die Geschichte des Pietismus, Halle 2005; Dorothea Wendebourg (Hrsg.), Philipp Jakob Spener. Begründer des Pietismus und protestantischer Kirchenvater, Berlin 2007. Speners Predigt zur Eröffnung der Universität Halle 1694 analysiert Dietrich Blaufuss, Korrespondierender Pietismus, Leipzig 2003, 53–76.

9 Christan V. Witt, Protestanten. Das Werden eines Integrationsbegriffes in der Frühen Neuzeit, Tübingen 2011, bes. 201 ff.; Veronika Albrecht-Birkner, Der Berliner Hof und die Theologische Fakultät Halle. Konfessionelle Aspekte eines spannungsvollen Verhältnisses (1690–1790), in: Matthias Freudenberg/Georg Plasger (Hrsg.), Kirche, Theologie und Politik im reformierten Protestantismus, Neukirchen-Vluyn 2011, 107–127.

körperten eine in wichtigen Aspekten neue Konstellation von Religion und Erziehung. Zurecht markiert man dies als »Eintritt ins ›pädagogische Jahrhundert‹«, als welches das 18. Jahrhundert an seinem Ende von Joachim Heinrich Campe bezeichnet werden sollte.[10]

Ohne die vielen interessanten, so eigenwilligen wie erfolgreichen Details der Realisierung der pädagogischen Konzeption Franckes aufrufen zu können, möchte ich an thematisch relevante Charakteristika erinnern. Neu gegenüber den bisherigen theologisch fundierten Konzeptionen war Franckes Entschlossenheit, pietistische Frömmigkeit in seinem Sinn und die Erziehung der jungen Generation in volle Korrespondenz zu bringen, und auf dem Wege der *cultura animi* das Christentum zur bestimmenden sozialen Gestaltungsmacht zu machen. Dazu kam seine Fantasie und seine Konsequenz in der Verwirklichung institutioneller und personeller Bedingungen jener Korrespondenz, nämlich einerseits leistungsfähige organisatorische und ökonomische Einrichtungen und öffentliche Sichtbarkeit bzw. kommunikative Netzwerke (auch diskrete), andererseits die methodische Ausbildung einer quantitativ und qualitativ überlegenen und mindestens in Grundzügen theologisch ausgebildeten Lehrerschaft. Vom »Lehrstand« erwartete Francke die religiöse und moralische Besserung des Hausstandes und des (noch schwieriger zu beeinflussenden) Regierstandes. Die Privilegierung des Lehrers gegenüber den Eltern und der Herkunftsfamilie der Zöglinge löst die bisherige pädagogische Basisorientierung am 4. Gebot, d. h. am »Hausvater« ab. Auch wenn die ständische Distinktion nicht nivelliert wurde, eröffnete dies doch eine gewisse soziale Durchlässigkeit, wie man an den Biographien nicht weniger Hallenser Zöglinge beobachten kann.[11]

Oft wird auch Franckes intensive Hinwendung zum *Kind* als neuartig bezeichnet. Das kann man m. E. aber weder im Blick auf sein doppeltes Erziehungsziel, die »Gottseligkeit« und die »christliche Klugheit«, noch im Blick

---

[10] Vgl. Ulrich Herrmann, Pädagogisches Denken, in: Handbuch der deutschen Bildungsgeschichte (s. Anm. 6), 97–133, hier: 101 ff.

[11] Vgl. Walter Sparn, Religiöse und theologische Aspekte der Bildungsgeschichte im Zeitalter der Aufklärung, in: Handbuch der deutschen Bildungsgeschichte (s. Anm. 6), 134–168, zur pietistischen Erziehungsreform 135 ff., speziell zu Francke 140 ff. Vgl. auch die Beiträge von Neugebauer, Niedere Schulen und Realschulen (s. Anm. 6), 213–261, hier: 219 ff., und von Jens Bruning, Das protestantische Gelehrtenschulwesen, in: Handbuch der deutschen Bildungsgeschichte (s. Anm. 6), 278–323, hier: 281 ff. Eine aktuelle Evaluation des Namensgebers vieler Schulen bei Michael Kotsch, August Hermann Francke. Pädagoge und Reformer, Dillenburg 2011.

auf seine anthropologischen Voraussetzungen sagen. Auf die Verbindung von religiöser Praxis und sozialem Nutzen setzte die reformatorische Schulpädagogik von Anfang an, und Franckes Annahme, dass der Lehrer es immer mit hilfs- und erlösungsbedürftigen, aber erziehbaren und erlösungsfähigen Kindern Gottes zu tun habe, die aufmerksam zu beobachten, geduldig zu führen, zu belohnen und moderat zu strafen und die alters- und situationsgerecht zum tugendhaften Leben zu erziehen seien – das alles lässt sich schon bei Martin Luther finden. Neu sind in Halle die didaktische Professionalisierung der Befähigung zum gemeinen Nutzen, vor allem in der Orientierung an Realien und an Erfahrung. Viel weiter als in Gotha geht auch die Einbeziehung der Mädchen und die pädagogische Verdichtung des erzieherischen Handelns durch Internate, striktes Zeitreglement, häufige Prüfungen, tägliche Protokolle usw. mit den Zielen der Ordnung, der Disziplin und der affektdisziplinierenden »Ruhe des Gemüts«.[12]

Die Ambivalenz der Halleschen Pädagogik besteht darin, dass sie auf neuen, teils autoritären Wegen ein Ziel realisieren wollte, das in der Reformation Luthers als utopisch angesehen, aber bald unter der Formel »Reformation des Lebens« dringlich gemacht wurde und jetzt, unter chiliastischem Vorzeichen, endlich realistisch schien: die völlige Christianisierung der Gesellschaft. Die dem dienende Pädagogik zielte auf die symmetrische Verflechtung von *pietas* und *eruditio*, unter Ausgrenzung der leichtfertig-sündigen »Weltkinder«, noch nicht auf eine differenzierte Konstellation von Religion und Bildung. Die alte Formel *Pietas cum litteris!* implizierte in Halle sogar pointierter als früher den Ausschluss der nicht spezifisch christlichen Kultur, der geselligen, der literarischen und der philosophischen. Auch in der wissenschaftlichen Theologie Halles kontrastierten die bemerkenswerten Neuerungen, etwa in der Hermeneutik, doch die Ablehnung der neuen *libertas philosophandi* und auch des neu konzipierten, rationalen Naturrechts und seiner deutlicheren Unterscheidung der »weltklugen« Moral von der Religion. Die Grenze der Halleschen Bildungsexpansion wurde offensichtlich in der

12 Vgl. JOSEF NEUMANN/UDO STRÄTER (Hrsg.), Das Kind in Pietismus und Aufklärung, Tübingen 2000; CHRISTINE MAYER, Erziehung und Schulbildung für Mädchen, in: Handbuch der deutschen Bildungsgeschichte (s. Anm. 6), 188–211, hier: 188f.; JULIANE JACOBI, Pietismus und Pädagogik im Konstitutionsprozeß der bürgerlichen Gesellschaft. Historisch-systematische Untersuchung der Pädagogik August Hermann Franckes, Bielefeld 2002; WERNER LOCH, Pädagogik am Beispiel August Hermann Franckes, in: HARTMUT LEHMANN (Hrsg.), Geschichte des Pietismus, Bd. 4. Glaubenswelt und Lebenswelten, Göttingen 2004, 264–308.

Trennung Franckes von Christian Thomasius, mit dem er die Einschätzung der pädagogischen Ausgangslage geteilt hatte, und in der von Pietisten inszenierten Ausweisung des Philosophen Christian Wolff aus Halle 1723.[13]

IV Pietistische Varietäten

Auch wenn die Hallenser Pädagogik viel mehr ist als ein »Akzent« in der Bildungsgeschichte, so kann man doch in ihrem Gefolge und schon in ihrem zeitgenössischen Umkreis zahlreiche »pietistische Bildungsakzente« beobachten. Das in Halle weiterhin blühende »Waisenhaus« veranlasste viele mehr oder weniger erfolgreiche Nachahmungen, und seine unbeabsichtigten Nachwirkungen in der dritten, aus der Repression des »Waisenhauses« sich emanzipierenden Generation sind bekanntlich für die Entstehung der modernen deutschen Literatur und für die aufklärerische Theologie, aber auch für die Bildungsgeschichte überaus wichtig, vor allem im Blick auf die Entstehung der individualisierten, psychologisch reflektierten Autobiographie und der »Erfahrungsseelenkunde«, d.h. der empirischen Psychologie.[14] Als wichtigste pietistische Bildungsinitiative neben den im brandenburg-preußischen Halle sowie in Hessen und Württemberg pädagogisch engagierten Gruppen muss hier der seit 1723 existierende Herrnhutische Pietismus genannt werden.[15]

Graf Zinzendorf korrigierte, auch aufgrund seiner Erfahrungen in Halle, eine ganze Reihe der dort geltenden Grundsätze. Seinen Schulen gab er keine so feste Form, vielleicht schon deshalb, weil er ihnen keine entscheidende Rolle zumaß. Die Akzente, die er gleichwohl in der Beziehung von Religion und Bildung setzte, resultierten aus seinem religiösen Profil. Zum einen verselbständigte er die persönliche, affektive »Herzens-Religion« gegenüber den kirchlichen »Meinungs-Gebäuden«; das bewirkte eine weitere Verflüssigung

---

13 Im einzelnen vgl. WALTER SPARN, Philosophie, in: Geschichte des Pietismus, Bd. 4 (s. Anm. 12), 227–263.

14 Vgl. HORST GUNDLACH, Psychologie, in: Geschichte des Pietismus, Bd. 4 (s. Anm. 12), 309–330, bes. 313 ff.; zur pietistischen Wurzel der Autobiographie vgl. MARTINA WAGNER-EGELHAAF, Autobiographie, Stuttgart ²2005, 132 ff.

15 Gesamtdarstellung bei DIETRICH MEYER, Zinzendorf und Herrnhut, in: MARTIN BRECHT/KLAUS DEPPERMANN (Hrsg.), Geschichte des Pietismus, Bd. 2: Der Pietismus im achtzehnten Jahrhundert, Göttingen 1995, 5–106; zur Pädagogik 74 ff.; DERS.: Zinzendorf und die Herrnhuter Brüdergemeine, Göttingen 2009.

konfessioneller Differenzen zu »Lehrarten« und zielte auf die ökumenische Koexistenz aller Christen im Zeichen der »Bruderliebe«. Zum anderen modifizierte Zinzendorf das repressive, asketische Moment der Frömmigkeit der Hallenser Anstalten durch ein betont fröhliches, singendes, fast sorglos-spielerisches Glaubensleben; die Bedrohlichkeit der Affekte verblasste, und weniger die Vernunft oder das forensische Gewissen als vielmehr das »Gefühl« oder die »Empfindung« wurde zum authentischen primären Organ religiöser Erfahrung. Entsprechend stellte sich die Pädagogik auf Kinder nicht lediglich als noch nicht Erwachsene ein, sondern auf sie als »kleine Majestäten« eigenen Rechts und vorbildlicher Religiosität.[16]

Diese Profilierungen gaben nicht nur der Verbindung von Theologie und Aufklärung wichtige Motive vor, sondern waren über Personen langfristig auch darin wirksam, Frömmigkeit und Erziehung im Konzept der *Bildung* und eines entsprechenden *Milieus* neu und differenziert zu bestimmen. Solche namhaften »Herrnhuter höherer Ordnung«, Friedrich Schleiermacher (von dem diese Selbstbezeichnung stammt) oder Jakob Friedrich Fries, blicken auf die theologische Aufklärung allerdings auch schon hinter sich.

V Das aufklärerisch-theologische Bildungsideal

Die bewusst einer frommen Aufklärung verpflichtete protestantische Theologie, die bald so genannte »Neologie«, die sich seit der Mitte des 18. Jahrhunderts herausbildete und vor allem im friderizianischen Brandenburg-Preußen seit 1763 sowie in Braunschweig zur Blüte und zu weitreichendem kirchen-, schul- und universitätspolitischem Einfluss kam, verkörpert eine nochmals neue Konstellation von *Religion* und *Bildung* – so wurden nun die Begriffe *pietas* und *eruditio* interpretiert und auch terminologisch fixiert.[17] Der spezifische (und spezifisch deutsche) Terminus »Bildung« hat seine wichtigste Wurzel in Friedrich Gottlieb Klopstocks *Messias*, der zwischen 1747

---

16 Vgl. Christin Lost, Kinder in Gemeinschaft bringen, in: Josef Neumann/Udo Sträter (s. Anm. 12), 95–109; Sparn, Bildungsgeschichte im Zeitalter der Aufklärung (s. Anm. 11), 143 f.; Martin Brecht/Paul Peucker (Hrsg.), Neue Aspekte der Zinzendorf-Forschung, Göttingen 2005.

17 Den Stand der (seit einer Generation wieder lebendigen) Forschung repräsentiert das profilierte Kompendium von Albrecht Beutel, Kirchengeschichte im Zeitalter der Aufklärung, Göttingen 2009, Kap. 5: Neologie (112–151).

und 1773 publiziert wurde und bei den Neologen begeisterte Zustimmung fand.[18]

Was die *Religion* betrifft, so transformierte die Neologie den älteren, öffentlich-rechtlichen Begriff durch eine anthropologische Neubestimmung, die bald auch mit dem neuen Wort »Religiosität« bezeichnet wurde und den traditionellen Ausdruck für individuelle Religion, »Glaube«, zurücktreten ließ. »Religion« wird nun nicht mehr als ein bestimmtes Wissen (Dogmatik), auch nicht als ein bestimmtes Tun (Moral) spezifiziert, sondern primär als die affektive Bewegung des je eigenen Herzens, der sich selbst in Beziehung auf das Göttliche erfahrenden und so sich als sie selbst fühlenden Seele; Religion ist daher nicht Observanz, sondern Authentizität. Die zeitgenössischen, auch literarisch allgemeinen Ausdrücke dieser Bewegung heißen »Gefühl« oder »Empfindung«; letzteren Begriff hat Johann Joachim Spalding in dem religionsphilosophischen Grundbuch der theologischen Aufklärung, *Die Bestimmung des Menschen* (1748, ^{11}1794) prominent platziert, ersteren Begriff hat noch Spaldings Schüler F. Schleiermacher in *Über die Religion. Reden an die Gebildeten unter ihren Verächtern* (1799) prominent gebraucht.[19]

Die Neologie knüpft damit sichtlich an pietistische Standards an; viele Neologen kamen aus den Franckeschen Anstalten – um sich zunächst indirekt, bald aber dezidiert von dieser, als niederdrückend erlebten Pädagogik zu trennen.[20] Vom pietistischen Ausdruck »Empfindung« unterscheidet sich der neologische Begriff durch weitgehende Abwesenheit eines agonalen Moments wie des »Bußkampfes«, vor allem aber durch die optimistische Annahme, dass der Mensch in seinen »natürlichen« ästhetischen und moralischen Empfindungen dazu veranlagt sei, sich zur Vollkommenheit seiner Bestimmung zu entwickeln, zu »bilden«. Die innerlich empfundene Bestimmung ist die zur ewigen Glückseligkeit, und eine unbegrenzt perfektible Seele darf, ja muss ihre eigene Unsterblichkeit annehmen. Diese neue Auffassung, in der die ästhetisch codierte Moralphilosophie des Earl of Shaftes-

---

[18] Vgl. GEORG ZENKERT, Art. Bildung, in: RGG^4 1 (1998), 1577–1582, hier: 1577 f.; GERRIT WALTHER, Art. Bildung, in: EdN 2 (2005), 223–242, hier: 223 f., zur Aufklärung 233 ff.

[19] Vgl. die Einleitung ALBRECHT BEUTELS zur Neuausgabe von Johann Joachim Spalding: Die Bestimmung des Menschen, Tübingen 2006 (SpKA I,1), XXI–XLIX; BEUTEL, Kirchengeschichte (s. Anm. 17), 121 ff. 246 ff.

[20] Vgl. MARTIN BRECHT, Der Hallesche Pietismus in der Mitte des 18. Jahrhunderts – seine Ausstrahlung und sein Niedergang, in: Geschichte des Pietismus, Bd. 2 (s. Anm. 15), 319–357, hier: 328 ff.; SPARN, Bildungsgeschichte im Zeitalter der Aufklärung (s. Anm. 11), 145 ff.

bury und die »Natur« und »Gnade« evolutionär verbindende Anthropologie G. W. Leibnizens nachwirken, versteht Religion als *Bildungsaufgabe*: Religion ist ein spezifischer Aspekt lebensgeschichtlicher Bildung zum Menschsein, ein Medium der »Bildung zur Humanität«, wie es, hierin völlig einig mit den Neologen, Johann Gottfried Herder in *Briefe zur Beförderung der Humanität* (1793–1797) formulierte.[21]

Die Bildungsaufgabe, die aus Religion als solcher unabweislich resultiert, musste vorrangig diejenigen Menschen angehen, die mit der Erziehung zur Religion befasst waren, auch jene, die in methodisch reflektierter Form diese Lehrer und Pfarrer für ihren Beruf ausbildeten. In der Tat hatte die neologische Konstellation von Religion und Bildung weitreichende Folgen für das Selbstverständnis der christlichen *Theologie*. Genannt sei hier, erstens, die Platzierung der Theologie nicht mehr in der speziellen Metaphysik und ihrem Gottesbegriff, sondern in einer anthropologisch ansetzenden Religionsphilosophie, in der die geschichtliche Partikularität des Christentums als einer positiven Religion mit dem Wahrheitsanspruch von Religion als Universalie vermittelt werden konnte.[22] Zweitens war die methodische Integration der Bibelhermeneutik in eine allgemeine Hermeneutik wichtig, d. h. die Ausbildung der historisch-kritischen Methode – mit der von Johann Salomo Semler klar erkannten Folge, dass die Theologie für ihre historisch-kritische Aufgabe nicht nur die Dogmen historisieren, sondern den dogmatischen Zaun auch um die Bibeltexte niederlegen muss, deren kanonische Geltung mithin suspendiert (*Von freier Untersuchung des Canon*, 1771/1775).[23] Drittens muss hier die theologie- und wohl auch christentumsgeschichtlich folgenreichste Neuerung erwähnt werden: die von Semler ausgearbeitete kategoriale Unterscheidung von historischer (wissenschaftlicher), statutarischer (staatskirchlicher) und moralischer (per-

---

21 Lesenswert immer noch Emanuel Hirsch, Geschichte der neuern evangelischen Theologie, Bd. 4, Gütersloh 1951, [5]2000, 207–247; Eilert Herms, Art. Herder, Johann Gottfried, in: TRE 15 (1986), 70–95. Zur neueren Forschung vgl. Martin Kessler/Volker Leppin (Hrsg.), Johann Gottfried Herder. Aspekte seines Lebenswerkes, Berlin 2005.

22 Vgl. Walter Sparn, Vernünftiges Christentum. Über die geschichtliche Aufgabe der theologischen Aufklärung, in: Rudolf Vierhaus (Hrsg.), Wissenschaften im Zeitalter der Aufklärung, Göttingen 1985, 18–57; Ders., Bildungsgeschichte im Zeitalter der Aufklärung (s. Anm. 11), 145 ff.; Beutel, Kirchengeschichte (s. Anm. 17), 208 ff. 220 ff. 240 ff.

23 Vgl. Henning Graf Reventlow u. a. (Hrsg.), Historische Kritik und biblischer Kanon in der deutschen Aufklärung, Wiesbaden 1988; Marianne Schröter, Aufklärung durch Historisierung. Johann Salomo Semlers Hermeneutik des Christentums, Berlin/New York 2012; zusammenfassend Beutel, Kirchengeschichte (s. Anm. 17), 130 ff. 212 ff.

sönlicher) Religion; ihr entspricht die nun vollständige methodische Trennung der wissenschaftlichen Theologie von gelebter Religion.[24]

Nicht zufällig arbeiteten viele aufklärerische Theologen nicht an der Universität, sondern als *Pfarrer* in den Städten, als *Lehrer* an den wichtigsten Gymnasien und als *Konsistoriale* in den hauptstädtischen Kirchenleitungen, vor allem in Berlin oder in Braunschweig. Sie waren sämtlich Protagonisten der im Sinne der neu definierten Konstellation von Religion und Bildung nun anstehenden Reformen der kirchlichen und schulischen Erziehung. In der entstehenden bürgerlichen Öffentlichkeit wurde über diese Reformen debattiert, auch darüber, was die neuen Schlagwörter »Kultur«, »Aufklärung« »Bildung« bedeuteten, was »wahre Aufklärung« sei. Das prominente Beispiel für eine solches Diskussionsforum war die von Pfarrern und Lehrern beschickte Berliner »Mittwochsgesellschaft«, die allerdings nicht öffentlich tagte, ihre Themen und Positionen jedoch in der *Berlinischen Monatsschrift* dokumentierte.[25]

Besonders wichtig ist in unserem Zusammenhang die Verschiebung im Anforderungsprofil des *Pfarrers*, dessen Bild durch die Erneuerung des Topos vom Priesterbetrug (David Hume, Hermann Samuel Reimarus) getrübt und dessen ständisch-autoritative geistliche Rolle durch den »Strukturwandel der Öffentlichkeit« im 18. Jahrhundert tiefgreifend verändert wurde. Klar neologisch charakterisierte wiederum J. J. Spalding die veränderten Profile des Pfarrers und der Frommen.[26] Die Veränderung des Pfarrerbildes gegenüber dem orthodoxen und dem pietistischen Modell wurde im öffentlichen Diskurs (z. B. von Gotthold Ephraim Lessing oder Johann Wolfgang Goethe) und, das war neu, auch in Romanen viel gelesener Autoren reflektiert bzw., wenngleich nicht unkritisch, im Sinne der Neologie vorangetrieben. Die Reihe reicht von Friedrich Nicolais *Das Leben und die Meinungen des Herrn Magister Sebaldus Nothanker* (1773/1776) und geht bis zum humoristischen Realismus von Jean Pauls *Des Feldpredigers Schmelzle nach Flätz* (1809).[27]

---

[24] Nach wie vor lesenswert: HIRSCH (s. Anm. 21), 48–89; SPARN, Bildungsgeschichte im Zeitalter der Aufklärung (s. Anm. 11), 158 ff.

[25] Siehe Anm. 1; die Kooperation von Pfarrern und Lehrern in der öffentlichen Diskussion referiert NORBERT HINSKE (s. Anm. 1), XIII–LXIX; vgl. SPARN, Bildungsgeschichte im Zeitalter der Aufklärung (s. Anm. 11), 153 ff.; BEUTEL, Kirchengeschichte (s. Anm. 17), 225 ff.

[26] JOHANN JOACHIM SPALDING, Gedanken über den Werth der Gefühle in dem Christenthum (1761 u. ö.), Tübingen 2005 (SpKA I,2); DERS., Ueber die Nutzbarkeit des Predigtamtes und deren Beförderung (1772 u. ö.), Tübingen 2002 (SpKA I, 3).

Die formale, »kalte« Autorität des geistlichen Amtes sollte transformiert werden durch die Vertrauenswürdigkeit des wohlmeinenden Freundes seiner Pfarrkinder, die »gebessert und zum Himmel tüchtig gemacht«, das hieß: moralisch und religiös aufgeklärt und zu eigener Orientierung befähigt werden sollen. Zentrum dieser Lebensberatung war nach wie vor die *Predigt*, die aber von »theoretischen Religionslehren« entlastet wurde und ganz vom Typ der alten Katechismuspredigt oder der wolffianisch-gottschedischen Demonstrationspredigt abkam: Sie sollte der für »Kopf und Herz« gleichermaßen plausiblen Vergewisserung über das ewige Ziel des irdischen Lebens dienen. Trotz mancher (zeittypischer) utilitaristischer Einseitigkeiten reduzierte diese »heilige Rede« keineswegs, wie oft behauptet, die Religion auf Moral, sondern rückte die Herausforderungen des praktischen Lebens in den Horizont religiösen Gegenwarts- und Zukunftsvertrauens.[28]

Weit über bloße Akzente hinaus ging auch die praktische Erziehungs- und Bildungsarbeit der neologischen Pfarrer, Schulleiter und Konsistorialräte. Dazu gehörte neben liturgischen und ikonographischen Reformen vor allem die Einführung neuer *Gesangbücher*. Sie räumten der neuesten geistlichen Dichtung viel Platz ein und passten den alten Liedbestand nicht nur der aufklärerischen Frömmigkeit, sondern auch neuen sprachlichen und poetischen Standards an. Obwohl sie sich ausgesprochen pädagogisch gaben, z. B. durch ihre Rubrizierungen (»Gebet«, »Achtung und Sorge für die Seele«, »Verpflichtung zur Arbeit«, auch »Weiser und froher Lebensgenuss«) – oder gerade deshalb – traf z. B. das *Berliner Gesangbuch* von 1780 auf Widerspruch konservativer Pfarrer und ländlicher Gemeinden. Aber auch J. G. Herder, der mit den Aufklärern wichtige Annahmen teilte, legte sein *Weimarisches Gesangbuch* (1795) aus sprachtheologischen Gründen und im Blick auf die damit verbundene Frömmigkeit viel konservativer an. Doch setzte sich die Neologie

---

27 Beide Werke sind leicht zugänglich (Ullstein bzw. Insel 2013); zu Attila Schmelzle vgl. Rudolf Bohren, Zwischen Heros und Hasenfuß. Jean Paul als lutherischer Prediger, in: Gerhard vom Hofe u. a. (Hrsg.), Was aber bleibet stiften die Dichter?, München 1986, 181–193. Jean Pauls Romane thematisieren auch die Problematik der Verbindung resp. Trennung von den Ämtern des (Land-) Schullehrers und des (höhergestellten) Pfarrers.

28 Vgl. z. B. Albrecht Beutel, »Gebessert und zum Himmel tüchtig gemacht«. Die Theologie der Predigt nach Johann Joachim Spalding, in: Wilfried Engemann (Hrsg.), Theorie der Predigt, Göttingen 2001, 161–187; Sparn, Bildungsgeschichte im Zeitalter der Aufklärung (s. Anm. 11), 153ff.; Beutel, Kirchengeschichte (s. Anm. 17), 233ff.

weithin kirchlich durch und besetzte auch namhafte Bereiche der populären Erbauungsliteratur.[29]

Das lag nicht zuletzt an der besonders tiefgreifenden Reform der *religiösen Unterweisung*, die seit den 1770er Jahren einsetzte. Der traditionelle Gebrauch des Lutherschen Katechismus (nicht nur für den Erwerb religiösen Wissens, sondern zuerst für Lesen und Schreiben) in den deutschen Schulen war schon im 17. Jahrhundert verbessert worden durch »exponierte«, d. h. in einfacher Weise erklärte Katechismen. Jetzt löste sich die religiöse Unterweisung von der dogmatischen Katechisation als solcher ab und versuchte, durch eine »natürliche, leichte, annehmliche und erbauliche Art«, das hieß: auf der Grundlage der in sokratischem Verfahren erhobenen Universalie »Religion«, den Kindern das Christentum »beizubringen«. So formulierten das schon 1764 Christian Gotthilf Salzmann (*Methodischer Unterricht der Jugend in Religion und Sittenlehre der Vernunft*; *Ueber die wirksamsten Mittel, Kindern Religion beyzubringen* 1780) oder 1772 der erfolgreiche Grundschulkatechismus *Religion der Unmündigen* des Erlanger Theologen Georg Friedrich Seiler – ein Mann, der Kinder ins Kolleg mitnahm, um den Studenten die neue sokratische Religionspädagogik vor Augen zu führen.[30]

Wie viele andere Neologen arbeitete übrigens auch Seiler an einem Bildungskonzept, das die zunächst ja elitäre Aufklärung zur *Volksaufklärung* öffnete. Dies reichte von der Kritik des noch florierenden Aberglaubens bis zur Etablierung einer Populartheologie einerseits, der Integration der religiösen in die allgemeine Kultur andererseits. Neben Seilers die gesamte damalige Lebenswirklichkeit aufrufendem, dickleibigem, aber wohlfeilem und erfolgreichem *Allgemeine[m] Lesebuch für den Bürger und Landmann* (1791) sei das vielbändige *Lesebuch für alle Stände* (1781–1804) des Berliner Pfarrers (und Mitgliedes der Mittwochsgesellschaft) Johann Friedrich Zöllner genannt.[31]

---

29 Vgl. PETER WEBER, Der Berliner Gesangbuchstreit 1781. Aporien der Aufklärung »von oben«, in: URSULA GOLDENBAUM U. A. (Hrsg.), Berliner Aufklärung, Bd. 1, Berlin 1999, 101–119; SPARN, Bildungsgeschichte im Zeitalter der Aufklärung (s. Anm. 11), 156 ff.; BEUTEL, Kirchengeschichte (s. Anm. 17), 225 ff. 237 ff.

30 Vgl. RAINER LACHMANN, Die Religions-Pädagogik Christian Gotthilf Salzmanns, Jena [3]2005; zum Unterricht insgesamt BEUTEL, Kirchengeschichte (s. Anm. 17), 230 ff.; speziell zu Seiler vgl. SPARN, Bildungsgeschichte im Zeitalter der Aufklärung (s. Anm. 11), 161 f.

31 Vgl. Anm. 1; THOMAS K. KUHN, Volksaufklärung und Dorfgeschichten im späten 18. Jahrhundert. Johann Toblers »Idee von einem christlichen Dorf« (1766), in: ALBRECHT BEUTEL/VOLKER LEPPIN (Hrsg.): Religion und Aufklärung. Studien zur neuzeitlichen »Um-

VI Krise und Transformation des neologischen Bildungskonzepts um 1800

So erfolgreich die neologische Aufklärung der protestantischen Theologie in den Kirchen und Schulen bedeutender deutscher Territorien und in der gebildeten Öffentlichkeit war, so wenig kann man sagen, sie hätte sich vollständig und überall durchgesetzt. Zwar verloren das alte orthodoxe und das pietistische Bildungskonzept A. H. Franckes im späten 18. Jahrhundert ihre Plausibilität, aber manche damit verbundene Interessen blieben auf der Tagesordnung und wurden teils im Rückzug aus der neologischen Konstellation von Religion und Bildung fideistisch isoliert, wurden zum größeren Teil aber in differenzierter Kritik jener Konstellation von jüngeren Akteuren in veränderten Kontexten reformuliert.

Dem neologischen Bild vom *Menschen*, der durch religiöse und sittliche Bildung zu seiner Bestimmung vervollkommnet würde, gegenüber formierte sich erneut das überlieferte und pietistisch pointierte Menschenbild, das die Sündhaftigkeit auch des vernünftig-tugendhaften Menschen unterstellte und daher für das wahre Christentum eine dramatische Wende der Lebensgeschichte forderte, eine Bekehrung oder einen »Sprung« in den Glauben, wie das prominent Friedrich Heinrich Jacobi formulierte.[32] Das völlige »Ende der Sünde«[33] trat nicht ein; die pietistische Selbsterfahrung wurde in den aufkommenden »Erweckungsbewegungen«, aber auch von einzelnen »frommen Außenseitern« wie Johann Georg Hamann oder Johann Kaspar Lavater fortgeschrieben. Dies resultierte in eine »supranaturalistische« Diskrepanz von biblischer Offenbarung und vernünftiger Orientierung. Wer dies (und den spiegelbildlichen »Naturalismus«)[34] als Irrweg ansah, musste das zweifellos fromme Motiv in einer veränderten Sicht auf den Zusammenhang von Religion und Bildung zur Geltung bringen. Das geschah vor allem in der Wahr-

---

formung des Christlichen«, Leipzig 2004, 93–105; Überblick bei Sparn, Bildungsgeschichte im Zeitalter der Aufklärung (s. Anm. 11), 158; Beutel, Kirchengeschichte (s. Anm. 17), 146 ff.

32 Vgl. Carmen Götz, Friedrich Heinrich Jacobi im Kontext der Aufklärung. Diskurse zwischen Philosophie, Medizin und Literatur, Hamburg 2008, bes. 35 ff. 434 ff.

33 Für die Entwicklung dorthin vgl. Anselm Schubert, Das Ende der Sünde. Anthropologie und Erbsünde zwischen Reformation und Aufklärung, Göttingen 2002, bes. 172 ff.

34 Die umsichtigste Interpretation des Gegensatzes von Supranaturalismus und Rationalismus bei Hirsch (s. Anm. 21), Bd. 5, Kap. 47 f. (1–144); zusammenfassend Beutel, Kirchengeschichte (s. Anm. 17), 160 ff.

nehmung des sprachlichen und des geschichtlichen Zusammenhangs von Religion und Bildung.

Für die *sprachtheologische* Revision stehen J. G. Hamann und zumal J. G. Herder, der gegen J. J. Spalding das Predigtamt auf die biblische Offenbarung verpflichtete (*An Prediger*, 1774), die Bibel aber nun als älteste, und zwar poetische Urkunde des Menschengeschlechts und so als »Bildungsbuch« verstand, den Predigern daher deren »menschliche« Lektüre verpflichtend machte (*Briefe, das Studium der Theologie betreffend*, 1780/1). Mit seinem Verständnis von Offenbarung initiierte Herder auch eine *geschichtstheologische* Revision des neologischen Bildungskonzepts, in dem das historische Interesse im wesentlichen der Kritik der überlieferten Dogmen galt. In der Konvergenz seines Offenbarungsbegriffs und seiner Unterscheidung des »Geistes des Christentums« von dessen Manifestationen, die je aus ihrer und für ihre Zeit zu würdigen seien, zielte Herder auf eine Theorie der Universalgeschichte, in der die Entwicklung der menschlichen Kultur und in ihr der Religionen und des Christentums als »Erziehung des Menschengeschlechts« durch die göttliche Providenz verstanden wird (*Ideen zur Philosophie der Geschichte der Menschheit*, 1785–1797).[35] Zugleich mit den *Humanitäts-Briefen* gab Herder 1798 *Luthers Katechismus* heraus, für die Schulen in Sachsen-Weimar erklärt: Er verband die Aufgabe »Bildung zur Humanität« mit der Aufgabe der Aneignung historisch-positiver Religion – klarer als G. E. Lessings *Erziehung des Menschengeschlechts* (1780)[36], erst recht als Immanuel Kants *Die Religion innerhalb der Grenzen der bloßen Vernunft* (1793), die darauf zählt, dass der noch nötige Kirchenglaube allmählich der Alleinherrschaft des rein moralischen Religionsglaubens ganz weichen werde.[37]

---

35 Vgl. Herms (s. Anm. 21), 86 ff.; Albrecht Beutel, Herder und Spalding. Ein theologiegeschichtlicher Generationenkonflikt, in: JGNKG 100 (2002), 119–144; Sparn, Bildungsgeschichte im Zeitalter der Aufklärung (s. Anm. 11), 150 ff.; Beutel, Kirchengeschichte (s. Anm. 17), 194 ff. Zum Kontext Andreas Urs Sommer, Sinnstiftung durch Geschichte? Zur Entstehung spekulativ-universalistischer Geschichtsphilosophie zwischen Bayle und Kant, Basel 2006.

36 Zur umstrittenen Deutung vgl. Monika Fick, Lessing-Handbuch, Stuttgart 2000 (^{3}2010), 425 ff.; Hugh Barr Nisbet, Lessing, München 2008, 745 ff. Allerdings darf man nicht unterschlagen, dass Lessing auf dem Theater (»meine Kanzel«) noch andere Möglichkeiten der Konkretion von »Religion« zur Verfügung standen, z. B. in »Nathan der Weise«; vgl. Monika Fick, 402 ff.; Hugh Barr Nisbet, 782 ff.; Christoph Bultmann/Birka Siwczyk (Hrsg.), Tolerant mit Lessing. Ein Lesebuch zur Ringparabel, Leipzig 2013.

37 Zur strittigen Auslegung vgl. Gerd Irrlitz, Kant Handbuch, Stuttgart 2002, 381–404; Werner Thiede (Hrsg.), Glauben aus eigener Vernunft? Kants Religionsphilosophie und

Diese Revisionen wurden allerdings (zunächst) überrollt von der schweren Krise, in die das neologische Bildungskonzept am Ende des 18. Jahrhunderts geriet. Sie bahnte sich an in den Ansätzen der Emanzipation von Erziehung und Bildung aus der *konstitutiven* Beziehung auf kanonische Tradition (»Offenbarung«), d. h. auch aus dem Anspruch der Theologie auf religionshermeneutische Priorität und auf das Ziel, sittlich tüchtige Christen für die Ewigkeit zu erziehen. Die Ablösung hiervon bedeutete eine strikt natürlich-religiöse Unterweisung und eine diesseitig-realistische Orientierung der pädagogischen Methoden und Zielsetzungen in der Rezeption John Lockes und Jean-Jacques Rousseaus; dies nahm seit 1774 in den Philanthropinen auch institutionelle Gestalt an. Es waren neologisch ausgebildete Theologen wie Johann Bernhard Basedow, Ch. G. Salzmann und Johann Heinrich Campe, die auf eine derartige *Allgemeine Revision des gesammten Schul- und Erziehungswesens* (1785/1792) hinarbeiteten und sich damit auch von der konfessionellen Staatskirche distanzierten; das lässt sich in der Abfolge der Katechismen Basedows (1764, 1784), Friedrich Eberhard von Rochows (1772, 1786) und Carl Friedrich Bahrdts (1790) gut erkennen.[38] Die Neologen, die dem aufgeklärten Absolutismus und seiner theologisch-liberalen Theologie- und Philosophiepolitik verpflichtet blieben, konnten dem Wöllnerschen Religionsedikt von 1788 nur persönlichen Protest entgegenstellen – J. S. Semler verteidigte es sogar.[39]

Die Krise des neologischen Bildungskonzepts verschärfte sich in den 1790er Jahren aus zwei Gründen fatal. Zum einen gelang es den Neologen nicht, die bald weitgehende Akzeptanz der erkenntnistheoretischen Revolution Kants und den nachkantischen Idealismus zu verhindern. Jene setzte dem religionshermeneutischen Privileg der Offenbarungstheologie irreversibel ein Ende (und entthronte die Erste Fakultät)[40]; dieser öffnete die Tür zum pantheistischen oder gar atheistischen »Nihilismus«, wie ein neues Wort

die Theologie, Göttingen 2004; JENS WOLFF, Die Anverwandlung der Bibel in Kants Schrift »Die Religion innerhalb der Grenzen der blossen Vernunft« von 1793, in: BEUTEL/LEPPIN (s. Anm. 31), 107–122.

[38] Vgl. HANNO SCHMITT, Die Philanthropine – Musterschulen der pädagogischen Aufklärung, in: Handbuch der deutschen Bildungsgeschichte (s. Anm. 6), 262–277; HERRMANN, (s. Anm. 10), 106 ff.; JÜRGEN OVERHOFF, Art. Philanthropinismus, in: EdN 9 (2009), 1086–1089.

[39] Zusammenfassende Darstellung bei BEUTEL, Kirchengeschichte (s. Anm. 17), 262.

[40] Vgl. WALTER SPARN, Die öffentliche Aufgabe der Theologie – im Sinne Immanuel Kants, in: NOTGER SLENCZKA/WALTER SPARN (Hrsg.), Luthers Erben, Tübingen 2005, 169–192.

pointierte. Zum anderen scheiterte die neologische Formel »Evolution, nicht Revolution« (so der Hallenser Johann August Eberhard) an der historischen Realität der Französischen Revolution von 1789 und der Säkularisation von 1803, in deren Folge religionskritischer Rationalismus und praktische Entkirchlichung die neologische Unterstellung einer (latent christlichen) natürlich-religiösen Homogenität gerade der aufgeklärten Gesellschaft zweifelhaft werden ließ.[41] In dieser Situation löste sich die Neologie als distinkte Formation auf. Viele ihrer Motive erfuhren jedoch eine Transformation in neuen bildungstheoretischen Kontexten, so im nachkantischen Rationalismus und in der frühen Romantik[42], oder in den praktischen Kontexten der Reform der Höheren Schulen und Universitäten.

Neologische Motive finden sich sowohl in Jean Pauls *Levana oder Erziehlehre* (1806) als sogar in Johann Friedrich Herbarts *Allgemeine Pädagogik* aus demselben Jahr 1806. Der Impetus des neologischen Bildungskonzepts ist zwar noch erkennbar in August Hermann Niemeyers *Grundsätze der Erziehung und des Unterrichts* (1796, erweitert 1806), aber bald platzierte dieser Freund F. Schillers, J. G. Herders und F. Schleiermachers (der ja ebenfalls in einer gewissen Kontinuität zu J. J. Spalding steht[43]) das Erziehungsziel »fromm und gut, gut und fromm« in einem idealistischen, nicht weniger ästhetisch als ethisch definierten Horizont und zielte primär auf die innere Bildung der »Persönlichkeit«. Das ist bereits neuhumanistisch gedacht: Die philanthropische Ausrichtung auf die nach außen nützliche Bildung im Bezug auf die lebensweltlichen Realia hat eine geringere Stellung als die nach innen, auf das »Rein-Menschliche« wirkende Bildung im Medium der Humaniora. In diesem Sinn hat dann der in Bayern wirkende Theologe Friedrich Immanuel Niethammer im politisch erhitzten *Streit des Philanthropinismus und Humanismus* (1808) Partei genommen für das sprachlich fokussierte Gymnasium (und darin für die Pflege der christlichen Überlieferung).[44] Im selben Sinn haben

---

41 Vgl. Walter Sparn, Einleitung zum Reprint von Johann August Eberhard: Neue Apologie des Sokrates (1772/1778), Bd. I, Hildesheim 2010, V–XXXIII; vgl. auch Beutel, Kirchengeschichte (s. Anm. 17), 237 ff.

42 Zum Überblick über beide Entwicklungen vgl. Beutel, Kirchengeschichte (s. Anm. 17), 160 ff. 204 ff.

43 Vgl. Albrecht Beutel, Aufklärer höherer Ordnung? Die Bestimmung der Religion bei Schleiermacher (1799) und Spalding (1797), in: ZThK 96 (1999), 351–383.

44 Vgl. Herrmann (s. Anm. 10), 119 ff.; Sparn, Bildungsgeschichte im Zeitalter der Aufklärung (s. Anm. 11), 160 ff.; Bruning (s. Anm. 11), 286 ff.; Gerrit Walther, Art. Neuhumanismus, in: EdN 9 (2009), 136–139.

Wilhelm von Humboldt, Johann Gottlieb Fichte und F. Schleiermacher 1809/10 die neue Berliner Universität projektiert: (Selbst-)Bildung durch Wissenschaft – eine Aufgabe der Philosophischen Fakultät.[45] In beiden Innovationen ist das Bildungskonzept der Neologie des 18. Jahrhunderts aufgehoben, in allen drei Bedeutungen dieses Wortes.

---

[45] Die fünf Grundschriften für die Neugründung sind zusammengestellt bei Ernst Anrich, Die Idee der deutschen Universität, Darmstadt 1964.

Schleiermachers und Hegels Bildungsverständnis

Michael Winkler

Im September 1784 erscheint in der *Berlinischen Monatsschrift* die Antwort von Moses Mendelssohn auf die Frage »Was ist Aufklärung?«. Mendelssohn leitet seinen Beitrag mit den bekannten Sätzen ein: »Die Worte Aufklärung, Kultur, Bildung sind in unserer Sprache noch neue Abkömmlinge. Sie gehören vor der Hand bloß zur Büchersprache. Der gemeine Haufe versteht sie kaum«.[1]

Mendelssohns Überlegungen treffen zu und irren zugleich. Denn der Begriff der Bildung ist schon viel länger bekannt, ein altes Wort, dessen Gebrauch sich eben erweitert,[2] in der Mystik Meister Eckharts schon vertraut und durch Paracelsus auf die Lebenssituation von Menschen bezogen, die so als in der Welt seiend bezeichnet werden.[3] Neu ist nun allerdings um 1800, dass der Begriff populär wird, gewissermaßen aufgenommen in den Talk-Shows der Zeit, in den Salons nämlich, zwischen denen man in Berlin durchaus zappen konnte, wenn man das wollte, in den literarisch-philosophischen Wettbewerben und in den Briefdebatten, die vorweggenommen haben, was heute via Blog oder Twitter geschieht – damals jedoch anregender für das Gespräch der Intellektuellen. Denn der kommunikative Raum der Öffentlichkeit entsteht gerade und wird intensiv genutzt.[4]

---

1 Moses Mendelssohn, Über die Frage: Was heißt aufklären?, in: Berlinische Monatsschrift, hrsg. v. Friedrich Gedicke/Johann Erich Biester, Auswahl, Leipzig 1985, 80–84.

2 Vgl. Rudolf Vierhaus, Bildung, in: Otto Brunner/Werner Conce/Reinhart Koselleck (Hrsg.): Geschichtliche Grundbegriffe. Historisches Lexikon zur politisch-sozialen Sprache in Deutschland, Band 1, A–D, Studienausgabe, Stuttgart 2004, 451–508.

3 Vgl. Ernst Lichtenstein, Zur Entwicklung des Bildungsbegriffs von Meister Eckhart bis Hegel. Pädagogische Forschungen (Veröffentlichungen des Comenius-Instituts 34), Heidelberg 1966, 7.

4 Vgl. Jürgen Habermas, Strukturwandel der Öffentlichkeit, Neuwied/Berlin 1962.

In diesem Zusammenhang kommt dem Bildungsbegriff formal wie inhaltlich die Funktion eines Katalysators zu. Er wird nun aus dem Glaubenszusammenhang gelöst und in ein säkulares Denken eingeführt, um auf mundane Verhältnisse bezogen zu werden. Im Grunde dient er als eine Welterklärungsformel, die aber mit einer Rückversicherung verbunden wird; die eben möglich gewordene und für die Denker ebenso drängende wie unausweichliche Einsicht in die Komplexität der menschlichen Situation, genauer: die Einsicht in die Schwierigkeit solcher Erkenntnis einerseits und die mit ihr verbundenen praktischen Konsequenzen andererseits lassen sich im Bildungsbegriff fokussieren. Der vertraute Begriffsgebrauch erlaubt aber, auf Gott und die Religion zurückzuverweisen – was allzumal bei Schleiermacher dann selbst noch das anthropologische Selbstverständnis erweitert.

Worin besteht nun die Besonderheit der Erkenntnissituation? Man kann sie in der Formel von einer generalisierten Unsicherheit und Ungewissheit zusammenfassen. Peter Watson hat in seiner *History of the German Genius* darauf hingewiesen, dass der Begriff der Bildung als Beiprodukt des Zweifels erfolgreich wird;[5] Bildung hängt mit Skepsis und Ironie zusammen, der Begriff hat durchaus pyrrhonische Züge.[6] Skepsis und Ironie gründen dabei in einer geradezu explosiven Erkenntnissituation, in der beides zugleich passiert, nämlich einerseits die Überwindung von Theologie und Religion als Fundamente des Denkens durch die Philosophie, die andererseits aber sogleich selbst gesprengt wird und sich kaum gegen die Geltungsansprüche der sich ausdifferenzierenden wissenschaftlichen Disziplinen wehren kann. Schelling, erst recht aber Hegel stimmen mit ihren Entwürfen das Ende der philosophischen Systeme an.

Beschränken wir uns auf die anthropologische Debatte, auf die Mendelssohn sich konzentriert, kann man zunächst festhalten, dass sie sofort von einer politischen Dimension überlagert wird. Der Verweis auf Aufklärung als Element des Bildungsbegriffs verdeutlicht dies: Die Frage gilt der Selbstbemächtigung des Menschen. Sie bedeutet, dass er Erzeuger seiner selbst ist, prometheisch oder gottähnlich wenn nicht gottgleich, oder Ausdruck eines göttlichen Wirkens im Menschen, das diesem durch Erkenntnis verfügbar wird. Der Begriff der Humanität, dann vor allem der der *Menschenerziehung*, greift dies auf – wir begegnen ihm bei Lessing, bei Schiller und später bei

---

5 Vgl. PETER WATSON, The German Genius. Europe's Third Renaissance, the Second Scientific Revolution, and the Twentieth Century, London et al. 2011, 88.

6 Vgl. KLAUS VIEWEG, Skepsis und Freiheit. Hegel über den Skeptizismus zwischen Philosophie und Literatur, München 2007.

dem so verkannten Friedrich Fröbel. Der Begriff der Bildung ist insofern aber ein Theoriebegriff, der dem Bereich einer – im weitesten Sinne – anthropologischen Vergewisserung angehört, wie sie sich in unterschiedlichen Akzentuierungen historisch ausprägt, religiös, philosophisch, politisch, um 1800 dann als radikale und konkrete Kritik der humanen Praxis. Und er ist noch weit von aller pädagogischen Konnotation entfernt, die später mit ihm verbunden wird – selbst um 1810 ist der Begriff der Bildung noch keineswegs dem pädagogischen Nachdenken als Kategorie vertraut.[7] Terminologisch zentriert sich dieses noch um Erziehung, wenngleich der Begriff der Bildsamkeit schon als grundlegend verstanden wird, wie Herbart festhält.[8] Allerdings wird der Begriff der Bildung polemisch eingesetzt, um die Verkürzungen des philanthropischen Nützlichkeitsdenkens als »Schulbildung zur Bestialität« zu denunzieren. Gleichwohl wird selbst mit Bezug auf das Schulsystem vom Erziehungs-Unterricht gesprochen, wie Friedrich Immanuel Niethammer das in seiner Untersuchung von 1808 über den *Streit des Philanthropinismus und Humanismus* tut – obwohl die Lektüre des Buches verfolgen lässt, wie der Bildungsbegriff in die Pädagogik einwandert. Den Beteiligten wird zunehmend klar, dass es um Menschenbildung als Bildung des Menschen geht,[9] mithin um die Bildung des Humanen im Individuum, um Humanisierung also – ein Begriffsgehalt, der erst am Ende des 20. Jahrhunderts und zu Beginn des 21. im Zusammenhang der Wendung zur sogenannten empirischen Bildungsforschung verloren geht. Was nun diskutiert wird, hat mit Standards und Tests, hingegen aber ganz und gar nichts mit einem anspruchsvollen Verständnis von Bildung zu tun.

---

[7] Vgl. z. B. HELMUT HEILAND, »Bildung« und »Freiheit« bei Friedrich Fröbel – Fröbels Philosophie des »sphärischen Lebens« (2010), in: DERS., Fröbelforschung aktuell, Aufsätze 2001–2010, Würzburg 2013, 351–367, hier: 358.

[8] Herbart setzt Bildsamkeit aber erst 1835 in seinem Umriss pädagogischer Vorlesungen als ersten Grundbegriff an den Anfang.

[9] Vgl. FRIEDRICH IMMANUEL NIETHAMMER, Philanthropinismus – Humanismus, Texte zur Schulreform, bearbeitet von WERNER HILLEBRECHT, Weinheim/Berlin/Basel 1968, 183. 269.

I Die anthropologische Theorie nach der Revolution

Bildung als Theoriebegriff: Mit dem Begriff der Bildung geht es vorrangig darum, zu begreifen, dass wir es – erstens – bei der Untersuchung der menschlichen Situation zunächst mit Naturphänomenen zu tun haben, mit der Animalität des Menschen, wie Niethammer das beschreibt.[10] Die Provokation, die insbesondere von den frühen Materialisten in Frankreich ausgegangen war, darf nicht unterschätzt werden, weil kaum ein Denker die Impulse aus den Naturwissenschaften ignorieren wollte, trotz ihrer Konsequenzen für das Selbstverständnis des Menschen. Sicher scheint, dass zumindest eine Naturkraft in Rechnung zu stellen ist. Zu bearbeiten war also die Spannung zwischen Natur und Geist, zwischen Determination und Freiheit, die zugleich – zweitens – noch in einer weiteren Dimension auszubuchstabieren war. Nicht erst Herder hat auf das Problem der Geschichtlichkeit der Menschen aufmerksam gemacht.[11] Offen ist daher, ob und wie weit Menschen selbst eingebunden sind in den historischen Prozess, der auf die natürliche *Perfectibilité* bezogen und als Fortschritt gesehen wird, in seinem Ausgang aber doch unbestimmt ist; spätestens mit der französischen Revolution und ihrer Exzesse, allzumal in der Interpretation durch Burke, macht sich Unsicherheit darüber breit, ob nicht hier Skepsis angebracht ist. Zugleich steht – drittens – zur Debatte, in welchem Maße die gesellschaftlichen Verhältnisse selbst Menschen bestimmen und am Ende sogar ihrer Humanität berauben – die ersten Erfahrungen mit noch protoindustriellen Arbeits- und Lebensbedingungen lassen fürchten, dass die mögliche Vollkommenheit von Menschen ihrer Brauchbarkeit und Nützlichkeit aufgeopfert wird. Dahinter steht ein grundlegendes Theorieproblem, das wiederum auf die französische Aufklärung zurückverweist: Das von Helvétius insbesondere in seinem Buch *Vom Menschen, seinen geistigen Fähigkeiten und seiner Erziehung* aufgeworfene Problem, ob nicht die gesellschaftlichen Verhältnisse und die kulturellen Bedingungen das menschliche Leben so weitgehend bestimmen und strukturieren, dass von Freiheit der Entscheidung und des Handelns keine Rede sein kann. Nicht genug mit all diesen eher strukturell angelegten Überlegungen drängt sich eine weitere Perspektive auf: Mit der Annahme der Perfektibilität, des Fortschritts oder der Geschichtlichkeit drängt sich die Frage auf, wie menschliche Entwicklung und menschliches Handeln als *Verlauf* zu theoreti-

---

10 Vgl. Niethammer (s. Anm. 9), 37. 123f.

11 Vgl. auch Lichtenstein (s. Anm. 3), 22.

sieren und zu begreifen sind – allzumal, wenn das Handeln selbst die Bedingungen verändert, welche wiederum Einfluss haben auf die Existenz der Menschen. Wie ist also menschliches Leben im Prozess und als Prozess zu begreifen – und zwar möglicherweise sogar in der Konsequenz, dass dieser historische Prozess sich noch individuell biographisch auswirkt? Und wie ist der Prozess selbst zu fassen? Als Entwicklung hin zu einem guten Ende, als Entelechie, die im göttlich verheißenen Paradies endet? Als Geschehen mit offenem Ausgang, das auch Niedergang bedeuten kann? Was bedeutet das wiederum für die Vernunft? Setzt sie sich durch, kann der Geist auf Vollkommenheit hoffen – oder müssen die Tatsachen resignierend zur Kenntnis genommen werden?

Der Begriff der Bildung wird nun – wie Rudolf Eucken sagt – als Weltbegriff eingeführt und – notabene – theoretisiert seit seinem Auftreten am Ende des 18. Jahrhunderts in durchaus praktischer Absicht,[12] dass in der menschlichen Existenz phylogenetisch wie ontogenetisch irgendwie nichts so bleibt, wie es mal war oder ist. Dabei sind Residuen der Kontinuität festzustellen, die aber selbst zu befragen sind. Menschen bleiben sich gleich und werden doch zugleich andere. Betrifft dies nun allein ihr Äußeres, in den Wandlungen, die uns das Alter beschert, oder geht es weiter, in ihr Inneres? Müssen wir also danach fragen, ob und wie sich ihre Seele und ihr Fühlen verändern? Und wäre dem nicht noch die brisante Frage hinzuzufügen, was denn nun bewirkt, dass sie gleich bleiben oder sich verändern – nämlich sie sich selbst, etwa als Naturwesen, oder die kulturellen sowie sozialen Wirklichkeiten, mit welchen sie zu tun haben, die sich ihrerseits noch entweder aufdrängen oder die sie selbst aufnehmen, aneignen oder umgestalten?

Dies soll und darf nicht bloß abstrakt diskutiert werden; es stellt sich vielmehr als sehr konkretes Problem, das in die individuelle Lebenspraxis und die inneren Selbstverhältnisse hineinreicht, indem es ausmacht, was als das individuell Allgemeine gleichsam objektiv zu fassen und doch von jedem Subjekt reflexiv einzuholen ist.[13] Hier kommen Skepsis und Ironie ins Spiel. Sie werden bekanntlich häufig mit dem Denken verbunden, das epochal als Romantik bezeichnet und in Gegensatz zur Aufklärung gestellt wird. In Wirklichkeit macht die Romantik aufmerksam darauf, dass die sozialen und kul-

---

12 Vgl. a. a. O.

13 Vgl. Manfred Frank, Das individuelle Allgemeine. Textstrukturierung und Textinterpretation nach Schleiermacher, Frankfurt a. M. 1985; Manfred Frank, Was heißt frühromantische Philosophie?, in: Michael Forster/Klaus Vieweg (Hrsg.), Die Aktualität der Romantik, Berlin 2012, 23–45.

turellen Veränderungen, wie sie im Übergang zur Moderne in der Französischen Revolution zum Ausdruck kommen, das Innere der Menschen und somit die Grundlagen ihres Handelns in den Verhältnissen berühren, die als gesellige verstanden werden – im Vorgriff auf den modernen Begriff der Gesellschaft und doch auf eine tieferliegende Ebene konkreter Interaktionen verweisend. Die Frage lautet: Wie kann gelingen, dass Menschen, welche sich auf äußere, starke Regelungsmechanismen nicht mehr beziehen können, die auf sich verwiesen und in einer nachdrücklichen Weise freigesetzt sind, sich doch in einer Weise regulieren, die anderen Menschen in ihrer Individualität und Befindlichkeit gerecht wird, obwohl sie selbst eigentlich unnahbar bleiben? Thematisch wirkt die Revolution der menschlichen Lebenspraxis noch bis in die skandalösen Dimensionen der Geschlechterverhältnisse hinein. Auch hier tritt der Bildungsbegriff ein. Er schließt an Vorstellungen an, die im Pietismus zugänglich wurden, an das Denken der Innerlichkeit also, er nimmt auf, was durch Rousseau und vor allem durch Shaftesbury nahegelegt wird – übrigens im Anschluss an das gesellschaftstheoretisch kluge Denken der schottischen Moralphilosophie, die ihre ökonomisch marktwirtschaftlichen Überlegungen viel weniger naiv entwirft, als dies heute der Fall ist. Eine Wirtschaft jenseits eines basalen Verständnisses von Sozialität, das normativ bedeutend ist, schließt Adam Smith etwa mit seiner Theorie des »moral sentiment« aus – die auf innere Form und Formung verweist. Der eingangs genannte Moses Mendelssohn hat sich übrigens vor seinem Beitrag für die *Berlinische Monatsschrift* intensiv in seinen *Briefen über die Empfindungen* eben damit auseinandergesetzt.

Das umreißt die historisch-praktische wie theoretische Problemlage, die als Hintergrund der spezifischen Konstellation auszumachen ist, welche sich für Hegel in Tübingen und später in Jena stellt, für Schleiermacher schon im Herrnhuter Internat und erst recht in Niesky, wie unglücklich die Zeit für ihn subjektiv dort war. Für beide wird der religiöse Impuls entscheidend, ihr Bildungsdenken erwächst einerseits aus einer theologischen Auseinandersetzung, andererseits aus dem Ringen mit den Problemen des philosophischen Erkennens, die Kant aufgegeben hat; für Hegel ist diese Konstellation mittlerweile detailreich von Dieter Henrich nachgezeichnet worden, für Schleiermacher eher biographisch akzentuiert; materialreich und umfassend hat Dilthey dies schon getan, mit strengerer systematischer Absicht zuletzt Kurt Nowak:[14] Obwohl Hegel und Schleiermacher Bildung als Kernfrage der prak-

---

[14] Vgl. Dieter Henrich, Grundlegung aus dem Ich. Untersuchungen zur Vorgeschichte

tischen Philosophie, mithin mit Blick auf die Konstitution von Sittlichkeit und der Möglichkeit des moralischen Handelns unter der Bedingung von Freiheit sehen, interpretieren sie die Problemlage allerdings in unterschiedlicher Richtung: Hegel greift sie als Erkenntnisproblem auf, der Bildungsbegriff wird von ihm als philosophische Auseinandersetzung mit der Konstitution des subjektiven Selbstbewusstseins im Kontext des objektiven Geistes tragend, bezogen dabei auf das moderne Freiheitsverständnis. Bildung und Freiheit gehen bei ihm eine Verbindung ein, die weit über das hinausgeht, was Humboldt festhält; für diesen ist Freiheit als Defensivbegriff gedacht, politisch liberal und den Staat eher abwehrend, Hegel sieht Bildung als die Verwirklichung der Freiheit. Schleiermacher denkt dagegen anders. Er nimmt den Bildungsbegriff realwissenschaftlicher auf – nicht primär psychologisch, aber historisch-anthropologisch und sozialtheoretisch. Zwar blickt er auf die Verfassung des modernen Menschen, die er aber in ihren Grundlagen rekonstruiert. Freiheit rückt für ihn hinter die Bestimmung der Individualität zurück, die er aus den realen Interaktionsverhältnissen herleitet.

II Die bildende Praxis der Geselligkeit

Es hat nicht nur mit dem bloß äußerlichen Datum der früheren Geburt zu tun, wenn man sich zunächst dem 1768 geborenen Schleiermacher zuwendet. Vielmehr denkt Schleiermacher traditioneller als Hegel, was ihn paradoxerweise aber zugleich uns vertrauter erscheinen lässt, zumindest wenn man das hermeneutisch fragwürdige Argument der Anschlussfähigkeit an aktuelle Theoriebildung in Geltung bringt. Argumentiert man nämlich in dor Sache, betreibt also schon Bildungstheorie im strengen Sinne des Ausdrucks, dann fragt Schleiermacher nach den konstitutiven Voraussetzungen des Bildungsgeschehens; er zeigt die Problemstellung und umreißt, wie Bildung in den Zusammenhängen der historisch-gesellschaftlichen Lebenspraxis eingeordnet werden kann. Hegel setzt hingegen eine Stufe höher ein, um Bildung im Prozess der Vernunftbildung zu analysieren. Er erfasst so die Binnenstruktur des Bildungsgeschehens präziser, um so den normativen Horizont sehr viel deutlicher auszuleuchten, vor dem Bildung gedacht werden muss.

---

des Idealismus, Tübingen – Jena 1790–1794. Zwei Bände, Frankfurt a. M. 2004; KURT NOWAK, Schleiermacher. Leben, Werk und Wirkung, Göttingen [2]2002.

Bildungstheoretisch kann man Schleiermachers Denken auf drei Ebenen untersuchen, die sich genealogisch entwickeln, obwohl sie fast zeitgleich entstanden sind. Er ist sich dabei stets der Krise bewusst, die am Übergang zur modernen bürgerlichen Gesellschaft zu »Zeiten allgemeiner Verwirrung und Umwälzung« geführt hat, »in welchen nichts unter allen menschlichen Dingen unerschüttert bleibt«.[15] Seine Predigten zeigen, dass und wie er diese Situation in die einzelnen Lebenszusammenhänge hinein gedanklich verfolgt und durchaus politisch bewertet.

Die erste Ebene kann man mit Schleiermacher selbst als die der *Prüfungen* bezeichnen. Vor dem Hintergrund seiner Herrnhuter Erfahrungen, unter dem Einfluss von Zinzendorf und der ersten akademischen Tätigkeit stellt er sich der Frage, wie unter den sich faktisch erst abzeichnenden Bedingungen moderner sozialer und kultureller Gegebenheiten ein Ich möglich ist, das ein solches bleibt und sich doch in der Welt bewegt, diese aufnehmend und gestaltend – wie die durchgängig von ihm verwendete Denkfigur besagt. Im Hintergrund steht die Auseinandersetzung mit dem Erlebnis der Religion, mit der religiösen Stimmung, mit frommen Empfindungen, nicht zuletzt der Kontingenz des Religiösen,[16] die sich in christlicher Subjektivität verdichtet,[17] und später Schleiermacher im Blick darauf fasziniert, wie sich die reformierte Kirchengemeinschaft sozial organisiert. Es geht ihm weniger um das erkennende Ich, sondern um die Problematik der praktischen und damit sittlichen bürgerlichen Subjektivität, die ihm in Freiheit eben nicht beschlossen erscheint und so nur unzureichend gedacht wäre, die er aber nicht in Bestimmtheit aufgeben will – u. a. weil er hier gerechtigkeitstheoretische Einwände erheben muss. Wie kann also der Einzelne seinen Platz in der Menschheit finden, fragt er in den *Monologen*, die er als eine ganz eigene literarische Form der Selbstvergewisserung kultiviert – und seine Antwort nutzt schon den Begriff der Bildung, durchaus in seiner ironischen Brechung:

> »Wer sich zu einem bestimmten Wesen bilden will, dem muss der Sinn geöffnet sein für Alles was er nicht ist. Auch hier im Gebiet der höchsten Sittlichkeit regiert dieselbe genaue Verbindung zwischen Thun und Schauen. Nur wenn der Mensch im gegenwärtgen Handeln sich seiner Eigenheit bewusst ist, kann er sicher sein, sie auch im Nächsten nicht zu verlezen; und nur wenn er von sich be-

---

15 Friedrich Schleiermacher, Monologen (1800), in: Ders., KGA Abt. 1, Bd. 12, 249.

16 Vgl. Franziska Bartel, Die Entstehung des Erziehungsdenkens bei Schleiermacher, Würzburg 2012, 62 f.

17 Vgl. a. a. O. 108.

ständig fordert die ganze Menschheit anzuschauen und jeder andern Darstellung von ihr sich und die seinige entgegen zu sezen, kann er das Bewusstsein seiner Eigenheit erhalten: denn nur durch Entgegensezung wird das Einzelne erkannt. Die höchste Bedingung der eigenen Vollendung im bestimmten Kreise ist allgemeiner Sinn. Und dieser, wie könnt er wol bestehen ohne Liebe?«[18]

Schleiermacher insistiert mithin auf Individualität, die jedoch das Allgemeine in sich birgt, freilich durch das Subjekt selbst und aus Freiheit angeeignet, gewissermaßen in einem – um Isaiah Berlin und Charles Taylor zu folgen – positiven Freiheitsverständnis gedacht und mithin im Handeln verfügbar, wie sich in den letzten Passagen der *Monologen* andeutet;[19] in diesen erwartet er eben das von Bildung, die er im Duktus des Mitstreiters im *Athenäum*, Friedrich Schlegel, explizit gegen Erziehung stellt, die in ihrer – wie der von ihm vielfach benutzte Ausdruck lautet – »Sklaverei«[20] und »frevelnd«[21] das Subjekt unter »die Herrschaft fremder Meinung«[22] bringt und einer Gemeinschaft unterwirft, in welcher »der junge Geist, statt freien Spielraum zu gewinnen, und Welt und Menschheit in ihrem ganzen Umfang zu erbliken, nach fremden Gedanken beschränkt und früh zur langen Sklaverei des Lebens gewöhnt wird«.[23]

Der später entstandene *Versuch einer Theorie des geselligen Betragens*, der den Einfluss von Garve und Knigge zeigt sowie auf die schottische Moralphilosophie zurückweist, greift erneut die Grundproblematik des Individuell-Allgemeinen auf, nun stärker akzentuiert auf die Mechanismen, welche das Soziale bestimmen und allerdings die Gefahr in sich bergen, das Individuum zu überformen.[24] Schleiermacher prüft dem gegenüber, wie die »freie Geselligkeit der Gesellschaft« in einer Weise begriffen werden kann, dass das individuelle Subjekt ihr angehört und doch für sich bleibt und seine Frei-

---

18 SCHLEIERMACHER, Monologen (s. Anm. 15), 349.

19 Vgl. a. a. O. 375; ISAIAH BERLIN, Freiheit. Vier Versuche, Frankfurt a. M. 2004, bes. 197 ff., CHARLES TAYLOR, Negative Freiheit? Zur Kritik des neuzeitlichen Individualismus, Frankfurt a. M. 1992.

20 SCHLEIERMACHER, Monologen (s. Anm. 15), 40.

21 A. a. O. 108.

22 A. a. O. 351.

23 A. a. O. 86.

24 Vgl. FRIEDRICH SCHLEIERMACHER, Versuch einer Theorie des geselligen Betragens, in: DERS., Texte zur Pädagogik, Bd. 1, hrsg. v. MICHAEL WINKLER/JENS BRACHMANN, Frankfurt a. M. 2000, 22.

heit bewahrt; die Figur von der »Geselligkeit der Gesellschaft« verweist auf eine moderne Lösung des Problems, die sich deterministischer Konzepte enthält, wie sie sich in der Soziologie Durkheimscher Provenienz hundert Jahre später durchsetzen. Schleiermacher geht hingegen von Interaktionsverhältnissen in der Praxis aus – später analysiert seine Ethik diese in Anspielung auf Aristoteles als Gütergemeinschaften. Diese wirken durch die Aktivitäten der Beteiligten hindurch, vergleichbar einem Skript, dem ein Schauspieler folgt, in den Wechselwirkungen der Beteiligten zu erkennen, die zugleich Freiheit signalisieren.[25] Gelingen kann dies nur, wo die Geselligkeit der Gesellschaft freiwillig zustande kommt, nicht wo sie erzwungen ist – was wiederum auf Bildung verweist, obwohl das Wort Liebe nicht vergessen sein sollte, weil es als Antidot gegen die zerstörerische Nützlichkeit wirkt: Bildung bringt in Erinnerung, dass menschliches Leben mit Emotionen und Affekten zu tun hat, die der Verstand zu erkennen, aber nicht einzuholen vermag.

Was noch in den *Monologen* und dem *Versuch über Geselligkeit* in Spannung und Widerspruch zueinander steht, bringt Schleiermacher – so eine zweite Ebene – in *Über die Religion. Reden an die Gebildeten unter ihren Verächtern* in einen durchkomponierten Zusammenhang, der als einer der aufregendsten, fast verstörenden Beiträge zur Theorie der Bildung gelesen werden kann. Die *Reden* adressieren unmittelbar die Gebildeten, freilich nicht die Gelehrten.[26] Schleiermacher will nicht mit den Blindgläubigen ins Gespräch kommen, sondern mit jenen, die gute Gründe haben, um sich von Religion abzuwenden. Seine Absicht ist, wie er selbst die erste Rede überschreibt, eine Apologie der Religion, die allerdings ein rationales Argument vortragen möchte: Religion ist für ihn wichtig als Moment eines aufgeklärten Erkenntnisprozesses, schon darin, erst recht aber in sittlich-moralischer Hinsicht ein Grundelement des Zusammenhangs und Zusammenhalts in einer freien bürgerlichen Gesellschaft. Die Reden formulieren eine Theorie der Bildung, die gegen jede Verkürzung darauf hinweist, dass und wie Religion eine – buchstäblich – radikale Grundlage und Voraussetzung der Moderne darstellt. Schleiermacher negiert keineswegs die Kritik durch die Aufklärung. Ganz im Gegenteil: Religion ist ihm wichtig, weil sie zum Ausdruck bringt, was unbedingt und notwendig für das bleibt, was man als soziale Kohärenz

---

25 Vgl. Schleiermacher, Versuch (s. Anm. 24), 19.

26 Vgl. Fred Lönker, Religiöses Erleben. Zu Schleiermachers zweiter Rede »Über die Religion«, in: Dieter Burdorf/Reinhold Schmücker (Hrsg.), Dialogische Wissenschaft. Perspektiven der Philosophie Schleiermachers, Paderborn u. a. 1998, 53–68, hier: 54 Anm. 4.

und kulturelle Identität nennen kann, aber ohne Religion unreflektiert bliebe. Er verteidigt die Religion als faktische Grundlage, nämlich als Gefühl der Abhängigkeit, mithin als eine anthropologische Konstante, die aber durch die ausgesprochene Religion, durch den Ritus, zu Bewusstsein gebracht wird. Religion ist erkannte *Re-ligio*, also Rückbindung; insofern verbürgt sie dem Gebildeten Freiheit und ermöglicht Kritik. Sie gewährt Sicherheit und bringt zugleich das Denken in Gang. Es geht Schleiermacher um Einsicht in eine präreflexive Bindungserfahrung, die Sicherheit und damit Autonomie ermöglicht, im Denken und Handeln, vor allem in dem, was Schleiermacher als »Divination« bezeichnet und wir heute als »Möglichkeitssinn« bezeichnen würden.

Bildung ist damit in drei Richtungen bestimmt. Sie hat einerseits mit Voraussetzungen zu tun, die nicht verfügbar sind – weder ontogenetisch noch phylogenetisch. Es gibt eine elementare Bindung des Menschen und seine Einbettung in eine vorgängige historische Praxis, die paradoxerweise selbst noch Freiheit in sich birgt. Andererseits aber hat Bildung mit einer – letztlich vielleicht spirituellen – Erweiterung zu tun, die – ebenfalls paradoxerweise – mit historischem Fortschritt und Überschreiten des Gegebenen einhergeht. Beides aber lässt sich nicht von Erkenntnis trennen, die auf eine sittliche Praxis gerichtet ist. Schleiermacher vollzieht also eine Mundanisierung von Religion hin zu einem Religiösen, wobei dieser Denkweg Spuren von Spinoza aufweist und sich zu einem anthropologischen Pantheismus neigt. Die *Reden* tasten dabei mit einer anstrengenden Intensität das Feld der menschlichen Natur-Vernunft-Bildung aus, um das komplexe, eben niemals eindimensionale Zusammenspiel zu erkennen, in welchem sich Menschen und ihre moralische Handlungsfähigkeit konstituieren. Zugleich wird für ihn die Religion ein reflexives Korrektiv gegenüber einer selbstverständlich gewordenen Freiheit, die – so muss man den Gedanken fortsetzen – in der Praxis zu pervertieren droht; die *Reden* nehmen in den einschlägigen Stellen übrigens fast wörtlich die kritische Gesellschaftsdiagnose auf, die Schiller in seinen Briefen über die ästhetische Erziehung festgehalten hat. Religion stellt eine zwingende Voraussetzung für vernünftige Erkenntnis dar,[27] befreit dabei den Sinn für das Gefühl der Abhängigkeit und zur Anschauung des Universums. So erst können sich Menschen ihrer selbst vergewissern, das macht ihre Bildung aus und ermöglicht, dass diese voranschreitet – weil man sich seiner Abhän-

---

[27] Vgl. FRIEDRICH SCHLEIERMACHER, Über die Religion. Reden an die Gebildeten unter ihren Verächtern (1799), in: DERS., KGA Abt. 1, Bd. 12, 191.

gigkeit ebenso bewusst wird wie der Möglichkeit, diese zu überwinden. Das hat Züge einer psychoanalytischen Therapie.

Schleiermacher entwirft damit die anthropologische Grundsituation von Bildung, wobei er besonders abhebt auf die Struktur wechselseitiger Durchdringung von Lebensbedingungen einerseits, auf Bildung als Prozess andererseits. Dem Geschehen liegen zwei Triebe zugrunde, die das Geschehen vorantreiben; immer ist eine Spannung zwischen Aneignung und Entäußerung zu unterscheiden, ihnen korrespondieren die für Bildung zur Religion maßgebenden Aspekte Gefühl und Anschauung: Der eine Trieb will sich alles zu eigen machen, der Gestaltungstrieb hingegen will alles »durchdringen, alles mit Vernunft und Freiheit erfüllen, und so geht er gerade aufs Unendliche und sucht und wirkt überall Freiheit und Zusammenhang, Macht und Gesetz, Recht und Schicklichkeit«.[28] In jeder menschlichen Äußerung schlägt sich dabei eine doppelte Bestimmung nieder, sie drückt die menschliche Natur aus und ist doch »Erzeugnis der Zeit und Geschichte«[29]; die Ethik spitzt das noch in der Formulierung zu: »Der Mensch gehört der Welt an, die er machen half, diese umfasst das Ganze seines Wollens und Denkens, nur jenseits ihrer ist er ein Fremdling«.[30] Der Gebildete kann als solcher nur gelten, wenn er sich in den Zusammenhang der Konstitution der Gattung einbettet, in diesem praktischen Zusammenhang der Humanität, der Menschlichkeit organisiert und symbolisiert, um in der Arbeit am höchsten Gut mitzuwirken. Für Schleiermacher steht daher fest, dass die Menschen nur in ihrem Bilden zu erkennen sind, in der von ihnen bestimmten Auseinandersetzung zwischen Geist und Natur, so dass die Menschheit nur in ihrem »Werden« betrachtet werden kann. Sie ist Geschichte mit der überraschenden Konsequenz, dass Menschen sich in ihren Zeugnissen selbst betrachten – und das gilt auch für die Religion: »Geschichte im eigentlichsten Sinn ist der höchste Gegenstand der Religion, mit ihr hebt sie an und endigt mit ihr«.[31] Es liegt auf der Hand, dass Feuerbach diesen Gedanken dann zugespitzt hat, der aber schon bei Schleiermacher selbst ein wenig skandalös klingt: Religion regt an, muss am Ende jedoch von den Menschen selbst niedergelegt werden. »Nicht der hat Religion, der

---

28 SCHLEIERMACHER, Über die Religion (s. Anm. 27), 192.

29 A. a. O. 198.

30 FRIEDRICH DANIEL ERNST SCHLEIERMACHER, Monologen nebst den Vorarbeiten, Dritte Auflage, Kritische Ausgabe, hrsg. v. FRIEDRICH MICHAEL SCHIELE, erw. und durchges. v. HERMANN MULERT, Hamburg 1978, 61.

31 SCHLEIERMACHER, Über die Religion (s. Anm. 27), 232f.

an eine heilige Schrift glaubt, sondern welcher keiner bedarf, und wohl selbst eine machen könnte«.[32]

Bildung gründet auf einem Gefühl der Abhängigkeit und somit auf einer existenziellen Gewissheit. Sie geht auf Aneignung einer Geschichte gewordenen Praxis zurück und ermöglicht Produktivität; dies zu erkennen und zu begreifen kann als die eigentliche erste Bildungsleistung bezeichnet werden; Emotion, Affekt und Kognition lassen sich nicht trennen, auch nicht die motorische Dimension, die mit der Leiblichkeit einhergeht, die auf das Handeln in der Welt dann wieder ausgeht. Diese Lage des Subjekts macht den Inhalt »Glauben« aus, der darin – wie Schleiermacher irritierend festhält, zur Anregung wird – übrigens in jeder Bedeutung, die dem Ausdruck zukommt. Aus dem religiösen Gefühl heraus, mit der Ahnung eines Gottes, »mit Religion, nicht aus Religion« können wir uns der Tatsache der objektiven physischen Welt stellen und in den Prozess der Einigung von Vernunft und Natur eintreten, in der wir uns als Menschen bilden. Religion wahrt dabei in einer Welt mit »Tendenz auf das Nützliche«[33] die Unverfügbarkeit des Subjekts – auch wenn diese durch die sozialen und kulturellen Verhältnisse gefährdet ist, wie Schleiermacher drastisch die »Erniedrigung unter dem Druck mechanischer und unwürdiger Arbeiten« beschreibt,[34] auch wenn eine auf das Nützliche gerichtete Welt mit ihrer Sklaverei[35], allzumal einer »verständige[n] und praktische[n] Erziehung«[36] die Interaktionen der Menschen so überformt, dass sie in diesen nicht mehr sich selbst finden und als Subjekt zu konstituieren vermögen.

Hier wird Religion pädagogisch normativ. Sie fordert die ältere Generation auf, nicht mehr träge die jüngere sich selbst zu überlassen;[37] dies wird dann zur Grundfigur der Pädagogik Schleiermachers. Religion, seine Ethik fordert, soziale und kulturelle Verhältnisse zu schaffen, die dem Einzelnen überhaupt erst erlauben, die unbegrenzte Freiheit des Sinns zu finden.[38] Das verlangt eine Praxis, verlangt Handlungsformen, Interaktionen, die den Einzelnen achten, ihn anerkennen – wobei auch dieses Geachtetwerden zunächst als Gefühl zugänglich wird.

---

32 A. a. O. 242.

33 Schleiermacher, Über die Religion (s. Anm. 27), 36.

34 A. a. O. 290.

35 A. a. O. 108.

36 A. a. O. 260.

37 Vgl. a. a. O. 290.

38 Vgl. a. a. O. 297.

Die späteren Werke Schleiermachers stellen – so die dritte, hier nur noch angedeutete Ebene – den in den Reden entworfenen Ansatz in einen weiteren Zusammenhang und systematisieren ihn. Schleiermacher entwickelt zwei Grundfiguren einer sozialphilosophischen und historisch-anthropologischen Vergewisserung, die er als Ethik bezeichnet. Ethik hat bei ihm keinen normativen Sinn, sie ist theologisch nur dort, wo er sie als christliche Sittenlehre diskutiert – die er dann ebenfalls an eine Untersuchung realer Verhältnisse der christlichen Sitte bindet. Seine methodologischen und methodischen Erörterungen gehen dem voraus, die Abhandlungen und Vorlesungen über Politik und Pädagogik schließen sich als Kunstlehren an, die ihre Aufgabe darin sehen, die jeweiligen Handlungsfelder in ihren Gegensätzen aufzuspannen und zu diskutieren – auch hier könnte man eine Bildungsabsicht erkennen, weil es ihm darum geht, professionelles Handeln im modernen Sinne des Ausdrucks zu ermöglichen. Seine Ethik ist jedenfalls deskriptiv angelegt, beschreibend, und unternimmt die Analyse der Handlungsmöglichkeiten des Menschen, wie sie im praktischen Lebensprozess entstehen, in welchem sich zum einen die menschliche Gattung konstituiert. Wieder steht Bildung im Zentrum der Überlegung. Denn die Ethik untersucht zum einen die Bildung der menschlichen Gattung in der Einigung von Vernunft und Natur, im Organisieren und Symbolisieren, im Aneignen und Gestalten, mithin in einem Prozess, der die Welt verändert und zugleich die menschliche Gattung; umstritten ist, ob Schleiermacher darin ein Telos oder gar eine Eschatologie gesehen hat. Zum anderen aber hat Schleiermacher mit seiner Güterethik ein Modell entworfen, das zeigt, wie die Subjekte in einer modernen, horizontal und vertikal, nämlich entlang der biographischen Entwicklung ausdifferenzierten Gesellschaft sich zu sich selbst bilden können. Wiederum setzt er die Natur in ihrer Eigenheit voraus, in doppelter Wirksamkeit, nämlich als Rezeptivität und Spontaneität, bei der aber doch zugleich feststeht, dass die gesellschaftlichen Verhältnisse sie modifizieren. Und wiederum müssen die Subjekte selbst aus den Interaktionen in den Praxen der Gütergemeinschaften, aus Familie und Schulen, aus Staat oder Politik, Wissenschaft, Glaube und Geselligkeit heraus – und in sich hinein –bilden, was als Gesinnung und Fertigkeit sie ihrem Handeln dann wieder zugrunde legen können. Und in all dem spielt eine entscheidende Rolle, dass sie zu einem höheren Bewusstsein ihrer selbst kommen, weil dieses nämlich die Voraussetzung dafür darstellt, den eigenen Bildungsprozess so mit dem der Gattung zu verbinden, dass ein Fortschritt des Ganzen zumindest möglich wird.

III DIE ARBEIT DER VERNUNFT

Noch einmal: Schleiermacher denkt traditioneller als Hegel, zumindest ausgleichender, harmonischer, weniger radikal, weniger revolutionär. Selbst wenn man konzedieren mag, dass beide Bildung in den Zusammenhang einer Theorie des geschichtlichen Fortgangs stellen, Hegel übrigens optimistischer als Schleiermacher, springt der zentrale Unterschied unmittelbar ins Auge: Schleiermacher argumentiert im Rahmen eines offenen Vermittlungsdenkens, das unentschieden lässt, wie die Einigung zwischen Geist und Natur ausgeht; er benutzt das Bild von den Parallelen, die sich im Unendlichen treffen. Dieser Zugang deckt zwar Interaktionen und die diesen zugrunde liegenden subtilen Formen auf, bleibt aber metaphysisch. Er knüpft an spirituelle Erfahrung an, die funktional, aber nicht inhaltlich analysiert werden kann; Demut macht ein entscheidendes Element des gebildeten Gläubigen aus, der so Gott findet und fühlt. Die Differenz zu Hegel könnte nicht schärfer ausfallen: Schleiermacher bindet den Bildungsprozess an seine Grundlage im Gefühl zurück, der – wie Ernst Bloch ihn despektierlich nennt – »Kirchenmann«[39] Hegel aber stellt ihn in einen Zusammenhang mit dem Fortschritt des Geistes und der Vernunft. Vor allem aber: Hegel führt den Begriff der Arbeit ein, mit dem er zugleich eine Differenz zwischen Geist und Natur, zwischen Subjekt und Welt setzt. Schleiermacher unterstellt eine Art vorgängige Gemeinsamkeit, die den fortschreitenden Einigungsprozess ermöglicht und flankiert, Hegel reißt diese Welt auseinander, sieht den Konflikt im Zentrum und als bewegendes Element. Arbeit und Bildung werden von ihm verknüpft im Konzept einer Aufhebung, die immer schon den Unterschied voraussetzt. Paradoxerweise öffnet genau dies den Weg des Bildungsdenkens in den scholaren Zusammenhang, weil Hegel damit den Gegenstand des pädagogischen Geschehens, den Gegenstand des Unterrichts allzumal in seiner Bedeutung für den Bildungsprozess thematisieren kann. Schleiermacher begreift zwar das Umfeld des pädagogischen Geschehens, muss aber dunkel bleiben, wenn es darum geht zu begreifen, wie die äußere, dingliche Welt vom Subjekt angeeignet wird. Mit dem Arbeitsbegriff kann Hegel eben diesen Prozess geradezu durchdeklinieren, gleich ob er sich auf die Dimension des moralischen Handelns oder auf die Welterkenntnis bezieht – wobei deren Unterschied systematisch gar nicht so bedeutend ist. Denn die für Sittlichkeit relevanten Verhältnisse sind nicht minder solche der objektiven Welt, des objektiven Geistes, erzeugt im historischen Prozess, letztlich durch Arbeit hervorgerufen.

---

39 ERNST BLOCH, Tübinger Einleitung in die Philosophie, Frankfurt a. M. 1977, 86.

Wieder ist ein Durchgang möglich, bei dem mehrere Ebenen abzuschreiten sind, wobei die Chronologie der Werkentstehung verdreht wird. Der Blick richtet sich nämlich zuerst – ein wenig didaktisch motiviert – auf die *Nürnberger Gymnasialreden*, weil sie das Hegelsche Bildungsverständnis durch ihren pragmatischen Kontext zunächst besser verdeutlichen als der komplizierte Denkzusammenhang der *Phänomenologie des Geistes*. Ohne Zweifel: in dieser entwirft Hegel die Theorie der Bildung in aller Komplexität. Die Theorie geht also, wenn man so will, den praktischen Zusammenhängen voraus – sie soll auf einer zweiten Ebene skizziert werden, wobei eine dritte Ebene sich andeutet, auf der es um einen wiederum größeren Zusammenhang des Hegelschen Bildungsdenkens gehen müsste, wie er etwa in seiner Philosophie des Rechts zu finden ist; sie soll aber nur Erwähnung finden.

Erste Ebene. Die Auseinandersetzung vorrangig mit Hegels Nürnberger Gymnasialreden hat einen Vorteil: Obwohl kein Zweifel daran besteht, dass Hegel die Konzeption der Phänomenologie hier schulwirklich werden lässt, spricht er doch gewissermaßen philosophisch voraussetzungslos von Bildung. Insbesondere kann man die lange Linie der Auseinandersetzung mit Religion außer Acht lassen, die Hegel in Tübingen, Bern und Frankfurt führt, die sich dann mit Werner Hamacher zum »Geist des Christentums« verdichten lässt.[40] Die frühen Schriften machen neben dem treibenden Moment der Auseinandersetzung mit Kant und Fichtes Offenbarungslehre deutlich, wie Hegel in der Überwindung volksreligiöser Vorstellungen zu einer Klärung des Monotheismus kommt, die ihm wiederum dann erlaubt, die Idee der Vernunft auszuarbeiten; nur der Verstand ermögliche die Entfaltung einer objektiven Religion, welche dann als Form des Geistes zu betrachten sei – wobei Hegel Bildung als den Entwicklungsprozess der Seele[41] versteht, der – so seine Philosophie der Religion – das Sittliche zur zweiten Natur mache,[42] wobei Bildung »Erhebung des Menschengeistes zu Gott« bedeute.[43] Doch das fundamentale

---

[40] Vgl. Georg Wilhelm Friedrich Hegel, »Der Geist des Christentums«. Schriften 1796–1800, hrsg. und eingel. v. Werner Hamacher, Frankfurt a. M./Berlin/Wien 1978.

[41] Vgl. Georg Wilhelm Friedrich Hegel, Enzyklopädie der philosophischen Wissenschaften im Grundrisse, in: Ders., Werke in 20 Bänden, hrsg. v. Eva Moldenhauer/Karl Markus Michel, Bd. 9, Frankfurt a. M. 1970, 494.

[42] Vgl. Georg Wilhelm Friedrich Hegel, Vorlesungen über die Philosophie der Religion, in: Ders., Werke in 20 Bänden, hrsg. v. Eva Moldenhauer/Karl Markus Michel, Bd. 17, Frankfurt a. M. 1969, 107.

[43] Hegel, Vorlesungen über die Philosophie der Religion (s. Anm. 42), 356.

Anliegen Hegels wird in dem Fragment sichtbar, das als ältestes Systemprogramm des deutschen Idealismus überliefert ist und schon die Grundideen ausspricht, die Hegels Bildungsdenken leiten: »Die Frage ist diese:«, so schreibt er, »Wie muß eine Welt für ein moralisches Wesen beschaffen sein?« Und einige Zeilen später fallen die zwei entscheidenden Begriffe: »Von der Natur komme ich aufs *Menschenwerk* [...]. Nur was Gegenstand der *Freiheit* ist, heißt *Idee*«.[44] Bildung ist also im Zusammenhang von Geschichte zu sehen, die aus menschlicher Arbeit als Überwindung der Natur entsteht, zu begreifen ist, wie das Subjekt zu einer Moralität gelangt, die aus Freiheit entsteht und Freiheit wahrt.

Rund dreizehn Jahre später nimmt Hegel das gleichsam curricular auf, nämlich in der *Rechts-, Pflichten und Religionslehre für die Unterklasse* des Nürnberger Gymnasiums neben der Egidienkirche, das später nach Melanchthon benannt wird. Dieser kleine Lehrplan formuliert die Bildungstheorie im Hegelschen Verständnis: »Gegenstand dieser Lehre«, so lautet der erste Paragraph, »ist der menschliche Wille, und zwar nach dem Verhältnis des besonderen Willens zum allgemeinen Willen. Als Wille verhält der Geist sich praktisch« – wodurch Welt hervorgebracht wird.[45] Die Aufgabe besteht nun darin, dass das Ich zu einem Bewusstsein seiner selbst komme, was nur durch Objektivierung, vorrangig durch eine Sprache gelingen kann, die auf das Objektive und Allgemeine gerichtet sei, mithin zu einem Begriff der Sache führt. Und das heißt: zu einem Selbstbewusstsein, das aus der Entfremdung von der eigenen Natur in ihrer Triebhaftigkeit gefunden wird, nicht als Vorstellung, sondern im Denken, das uns eigentlich erst mit dem Geist vertraut macht, der wiederum erlaubt, dass wir die eigene Natur und ihre Triebe selbst als vernünftig zu erkennen und zu behandeln vermögen – was Hegel prosaisch als Sorge um die eigene Gesundheit sieht.[46] Sich selbst zu begreifen, vollzieht sich durch Handeln und in diesem, das Hegel als »Vereinigung des Inneren und Äußeren« bestimmt, als ein »Aufheben vom Äußerlichen«.[47] Das Handeln folgt den Trieben, der Bedürftigkeit und Notwendigkeit, die aber als reflektierte subjektiv, dem Menschen zugehörig werden,

[44] Georg Wilhelm Friedrich Hegel, Frühe Schriften, in: Ders., Werke in 20 Bänden, hrsg. v. Eva Moldenhauer/Karl Markus Michel, Bd. 1, Frankfurt a. M. 1971, 234.

[45] Georg Wilhelm Friedrich Hegel, Nürnberger und Heidelberger Schriften 1808–1817, in: Ders., Werke in 20 Bänden, hrsg. v. Eva Moldenhauer/Karl Markus Michel, Bd. 4, Frankfurt a. M. 1970, 204.

[46] Vgl. a. a. O. 216.

[47] A. a. O. 217.

der sich nun selbst bestimmt. Das eröffnet den Horizont zum moralischen Handeln, wie es aus Freiheit möglich wird, wenn der Mensch sich gleichermaßen zu sich selbst und zur Allgemeinheit hin reflexiv verhält, sofern er um das Allgemeine und um sich selbst weiß. Hier hält Hegel den Ort der theoretischen Bildung fest. Zu ihr

> »gehört außer der Mannigfaltigkeit und Bestimmtheit der Kenntnisse und der Allgemeinheit der Gesichtspunkte, aus denen die Dinge zu beurteilen sind, der Sinn für die Objekte in ihrer freien Selbständigkeit, ohne ein subjektives Interesse«.[48]

Freie Selbständigkeit gegründet im Selbstbewusstsein des Subjekts in Freiheit – das markiert das Kernanliegen von Bildung. Kann man das wirklich ernst nehmen, allzumal im Kontext des Schulunterrichts? Die *Gymnasialreden* Hegels behaupten das zumindest. Bildung in diesem Sinne sei möglich an der Schule, wenn und sofern sich diese in ihren Stoffen nicht – um es vorsichtig zu formulieren – vorrangig von den Bedürfnissen der Gegenwart und der Nützlichkeit leiten lasse. Zwar konzediert Hegel, dass die Geistestätigkeit an jedem Stoffe geübt werden kann.[49] Aber Schule muss institutionalisierte Differenz sein, weil sie nur so die Logik des Bildungsprozesses in einer Weise zu realisieren vermag, die der Freiheit des selbstbewussten Subjekts gerecht wird; Hegel wählt sogar eine Formulierung, in der deutlich wird, dass und wie der Bildungsprozess ein Geschehen ist, das sich selbst vollzieht, gewissermaßen die Subjekte und die Gegenstände sich unterwerfend.[50] Das kann gelingen, wenn die Unterrichtsstoffe selbst sowohl aus der Verwertbarkeit herausgenommen sowie ihrer Geschichtlichkeit insofern entkleidet sind, als mit ihnen keine Legitimation der Gegenwart und für diese möglich ist. Sie gelten nur für sich und verschaffen so der jungen Seele das nötige »geistige Bad«.[51]

Anders gesagt: Der Bildungsprozess setzt Gegenstände voraus, die schon ideal geworden sind – die klassischen Autoren in ihren Sprachen leisten das. Diese Gegenstände zeichnet aus, dass sie uns fremd geworden sind. Entfremdung macht den Kern des Bildungsgeschehens aus, Fremdheit und Befremden bedeuten den – notabene – leichteren Schmerz in der Anstrengung, sich mit

---

48 A. a. O. 259.

49 Vgl. a. a. O. 318.

50 Vgl. a. a. O. 320.

51 A. a. O. 317.

etwas auseinanderzusetzen, das nicht vertraut ist.[52] Hegel denkt vorzugsweise an die Grammatik der alten Sprachen. Ihm ist klar, dass der Bildungsprozess vom Subjekt auszugehen hat, es muss sich auf diesen aktiv einlassen, sich dem Studium überlassen, das so seine Eigendynamik entwickelt, wenn und sofern es die schmerzhafte »Wirkung auf den Geist« initiiert, »ihn von sich selbst zu trennen«. Dieses Einlassen auf das Bildungsgeschehen begründet die sittliche Qualität des Menschen; er entwickelt nämlich so die Disziplin, die er für das moralische Handeln benötigt. Das verlangt, die Schule selbst als sittlichen Raum zu gestalten, dessen Prinzipien reflexiv dem Selbstbewusstsein zugänglich werden – was nur gelingt, wenn die Schule als eine »Mittelsphäre« ausgestaltet ist, distanziert schon gegenüber der Familie, die zu zerstören dem Subjekt in seiner Entwicklung auferlegt ist, wie die *Rechtsphilosophie* vermerkt, aber auch in Distanz gegenüber dem, was als bürgerliches Leben in der Gesellschaft heteronomen Zwängen unterliegt. Nur in dieser Mittelsphäre kann zumindest die Form einer freien Existenz gewonnen werden, wenn und sofern die Pädagogik unterstützend erfahren wird. Selektion und Allokation, Employability haben im Bildungsprozess der Schule nichts zu tun, sie gehören der Bildung eigentlich nicht an.

Die Logik der Bildung: Hegel hat diese in seiner *Phänomenologie des Geistes* entworfen, was als zweite Ebene wenigstens kurz zu bedenken wäre. Die *Phänomenologie des Geistes* untersucht im Kern die Bedingung der Möglichkeit und die Realisierung des vernünftigen Wesens, allzumal die Aufhebung des klassischen, seit Descartes bestehenden und von Kant geradezu festgeschriebenen Dualismus zwischen Erkenntnissubjekt und Objekt, dem Ding an sich. Hegel will bestimmen, was Wissen auszeichnet – und damit die ihm formal erscheinenden Überlegungen Kants überwinden, um zu verstehen, wie die Welt in uns kommt, wie wir zugleich die Welt bestimmen; und er will dies mit Gewissheit fassen, als Wahrheit jenseits des bloßen Meinens, jenseits auch einer nicht begreifenden Sinnlichkeit. Hegel will die Differenz zwischen theoretischer und praktischer Vernunft überwinden, weil ihm Sittlichkeit und Moralität nicht jenseits von Vernunft zu denken sind; es muss ein Handeln geben, das seinem Begriff gerecht wird, es muss Verhältnisse geben, die dem entsprechen, was Vernunft über sie aussagt – ansonsten gilt jenes geflügelte Wort: Umso schlimmer für die Tatsachen. Hegel zielt auf die Transparenz der Vernunft selbst, wobei diese nicht beschränkt sein soll auf das formale Erkenntnisvermögen, sondern in ihrem Inhalt gefasst und so auf den

---

52 Vgl. a. a. O. 321.

Begriff ihrer selbst gebracht sein soll – und dieses systematische Anliegen wird noch eingebettet in eine Rekonstruktion der Genealogie des Wissens; Hegel will noch zeigen, wie der Geist zu sich kommt, in der Arbeit an der Welt, die ihn mit Bestimmungen verbindet, in welchen er sich dann selbst fassen kann.

All das klingt abstrakt und ist doch, wie Hegel in einer kleinen Schrift selbst schon anmeldete, eigentlich höchst konkret, freilich so umfassend, komplex und differenziert gedacht, dass man bis heute Schwierigkeiten hat, den Gedankengang abschließend zu entdecken. Er überrascht immer wieder mit Neuem. Die größte Schwierigkeit bereitet bis heute der – wenn ich es recht sehe – *nicht-anthropologische* Ansatz, mit dem sich Hegel deutlich von Schleiermacher unterscheidet, übrigens noch bis in die Konsequenz hinein, dass die Grundkonstruktion bei Hegel manchem religiöser erscheint, als dies bei Schleiermacher der Fall ist. In der Bewegung des Geistes, allzumal im Rekurs auf diesen als Bestimmung klingt für viele göttliches Wirken nach.

Doch: was bewegt Hegel? Indem er den Geist untersucht, will er die Moderne begreifen. Sie hat für ihn ihr fundamentales Prinzip im Erkennen, in der Überwindung der Vorformen des Begreifens, der Unbestimmtheit sinnlicher Erfahrung ebenso wie des bloßen Meinens, sie hat ihr Prinzip in Vernunft und Wissen, darin also, dass sie sich selbst begreift. Er will zeigen, wie sie sich historisch entwickelt hat, zunehmend zu sich selbst kommt, um sich schließlich als Vernunftwelt zu begreifen. Diesen Weg fasst er als den Weg des Geistes, der von seiner Gestalt als subjektiver hin geht zum objektiven Geist, um endlich im absoluten Geist, als Weltgeist seiner selbst bewusst und alles durchdringend die Wirklichkeit zu einer vernünftigen hat werden lassen. Die entscheidende Pointe dabei besteht darin, dass dieser Gedankengang nicht totalitär ist, wie etwa Karl Raimund Popper vermutet hat. Für Hegel bedeutet der Weg zum absoluten Geist die Verwirklichung der eigentlichen Substanz des Geistes, nämlich die Realisierung von Freiheit. Wenn die Welt vernünftig ist, dann hat sie Not, Nötigung und Fremdbestimmung überwunden und kann durch die vernünftigen Subjekte vernünftig gelebt werden.

Man kann dies als idealistisch schelten, vor allem als optimistisch. Die Perversionen des 20. Jahrhunderts nehmen einem schließlich das Vertrauen in die Theorie. Allerdings muss man doch festhalten, dass und wie wir in allem, was wir tun, uns doch auf Vernunft beziehen, dass noch die schärfste Kritik, die wir an sozialen und kulturellen Verhältnissen üben, sich auf die Maßstäbe der Vernunft und auf den mit ihr verbundenen Begriff der Freiheit bezieht, einschließlich auch auf den der Menschenwürde. Wir stecken in der

Vernunftfalle, die uns die moderne Welt beschwert hat – und insofern sind wir ganz gut beraten, auf Hegel zumindest zu hören. Und vor allem empfiehlt sich das, wenn wir verstehen wollen, was der Geist und die Vernunft mit uns anstellen. Eben das führt uns wieder zum Thema Bildung, die Analyse und die Theorie kann verdeutlichen, was eben die Logik der Bildung ausmacht. Das Kapitel über Bildung steht daher keineswegs zufällig im Zentrum der *Phänomenologie*, vor allem ihres Abschnitts über den Geist.

Bildung ist für Hegel eingebettet in den Zusammenhang der begründeten sozialen Verhältnisse, welche die Freiheit ordnen und organisieren – ihnen geht unvermeidlich voraus, dass die Individuen schon ihr vernünftiges Selbstbewusstsein verwirklicht haben, was Hegel in der Arbeit erkennt, die er als Weltgestaltung durch den Geist versteht.[53] Und Bildung lässt sich aus dem Zusammenhang der Aufklärung nicht lösen. Die Aufklärung hat überhaupt erst Erkenntnis und Wissen gebracht, zwingt uns daher, auf Wahrheit uns einzulassen; sie ist nicht mehr zu hintergehen – außer im Verzicht auf Aufklärung. Bildung wird also möglich nur unter der Bedingung, dass der Geist als wahrer sich zu entfalten beansprucht und dann über die Naturerkenntnis hinaus gesetzgebend agiert. Die Autonomie des Geistes ist also vorgegeben, welche damit zugleich die Individuen in ihrer Existenz als solche bestimmt. Das aber bedeutet nun, dass die menschliche Existenz dann selbst also solche vernünftig werden muss, der wahre Geist also für die Menschen in der Sittlichkeit zu finden ist. Dies aber gelingt nur darin, dass sich die Menschen ihrer selbst entfremden, ihre natürliche Partikularität aufgeben, um so um die vernünftigen Regeln des Handelns zu wissen und diese geltend machen zu können. Als vernünftiger Geist zeigt sich die Sittlichkeit eines Volkes, die in ihrer Lebendigkeit die Wahrheit des Geistes ausspricht, gebrochen durch die einzelnen Sphären, durch welche der Mensch sich in seiner Entwicklung durcharbeiten muss, sich in seinem Selbstbewusstsein bereichernd, durchaus allerdings um den Preis, dass er die Sphären aufheben muss, die ihn ermöglicht haben.

Bildung bedeutet Preisgabe des unmittelbar Eigenen, wie es der Gattung oder dem Individuum von Natur gegeben scheint. Sie ermöglicht, wie Hegel in der *Differenzschrift* gegenüber der Dichotomie von Subjekt und Objekt anführt, zur Auf-hebung der Entzweiung, wie sie die Erkenntnistheorie und

53 Vgl. Georg Wilhelm Friedrich Hegel, Phänomenologie des Geistes, in: Ders., Werke in 20 Bänden, hrsg. v. Eva Moldenhauer/Karl Markus Michel, Bd. 3, Frankfurt a. M. 1970.

Philosophie beherrscht hat.[54] Das ist die ungeheure Chance, welche für die Vernunft in der Moderne entstanden ist. Wir können wirklich und wahrhaft erkennen. Aber in der Bildung und durch sie müssen wir selbst die Kraft aufbringen, um uns in einem schmerzhaften Prozess an das zu entäußern, was der Geist hat denkbar werden lassen. Entfremdung ist unvermeidlich, die durch das Denken hindurch geht; sie ist unvermeidlich, weil wir uns an die universalen Einsichten der Vernunft ausliefern müssen, um das wahre Wissen um die Dinge ebenso wie um unsere sozialen Verhältnisse so zu gewinnen, dass wir über sie verfügen können; darin können wir erst als Freie handeln. Bildung und Freiheit gehören insofern intrinsisch zusammen. Das aber bedeutet, dass Bildung nur im Konflikt zustande kommt. Das Wissen um die Welt, um die sozialen Verhältnisse allzumal entsteht krisenhaft, in schmerzhaften Prozessen, in welchen wir die Lebensverhältnisse aufklären – das berühmteste Beispiel dafür bildet Hegels Untersuchung vom Herrn und Knecht, die in dialektischer Beziehung aufeinander verwiesen sind, mit der revolutionären Pointe, dass der Knecht sehr wohl die Macht des Herrn überwinden mag, der Herr aber ohne Knecht nicht bestehen kann. Das macht einen weiteren Zusammenhang auf, den Hegels Bildungsverständnis freilegt: Bildung hat mit politischen Zusammenhängen zu tun, die Moralität, zu der wir im Gang durch die Bildung gelangen, ist eine der politischen Verhältnisse selbst, wenn und sofern sich diese als solche der Vernunft in Freiheit haben bilden lassen.

IV Bildung weiter denken

Es bleibt nach diesem anstrengenden Durchgang, der gleichwohl nur skizzenhaft bleiben kann, angreifbar für Schleiermacherianer ebenso wie Hegelianer, die bange Frage danach, was uns dies alles nun zu lehren vermag. Sind wir nun gebildet? Die Anstrengung war ja groß genug, Fremdheit und Befremden plagen wahrscheinlich. In der Tat klingt das dreifache Ergebnis ein wenig trivial, zumindest für den, der nicht aus purer Lust sich mit dem Denken beschäftigt. Zum ersten: Ein Bruch im Bildungsdenken – der Bildungsbegriff wird ein analytischer, eben ein Theoriebegriff, der verstehen

---

[54] Vgl. Georg Wilhelm Friedrich Hegel, Differenz des Fichteschen und Schellingschen Systems der Philosophie (1801), in: Ders., Werke in 20 Bänden, hrsg. v. Eva Moldenhauer/Karl Markus Michel, Bd. 2, Frankfurt a. M. 1970, 21–23.

will, wie Menschen zu Menschen werden. Er verliert seinen Pragmatismus und seine Normativität. Zum zweiten lautet der Befund, dass ein Verständnis von Bildung nicht mit einem Wort, nicht mit der einfachen Definition zu erlangen ist, schon gar nicht mit einer, die das Geschehen auf Schule, Zertifikate, testfähige Kognitionen beschränkt. Anders, polemisch formuliert: Wenn heute über Bildung gesprochen wird, dann geschieht dies selbst dort nur alltagssprachlich und politisch wie medial nützlich pointiert, wo eigentlich fachliches Denken verlangt wäre. Denn der Begriff der Bildung gilt einem komplizierten und komplexen Sachverhalt, der nur in umfassender Theorie zu entfalten ist – zumindest wenn wir Schleiermacher und Hegel folgen wollen, die den Horizont der Reflexion sichtbar gemacht haben, mehr wohl sogar als Humboldt. Der dritte Befund zielt indes auf ein Weiterdenken: Schleiermacher wie Hegel haben zwei Optionen entworfen, um Bildung zu begreifen: beide sehen sie im historischen Prozess, beide begreifen das Ineinander zwischen diesem, der menschlichen Lebenspraxis und der individuellen Entwicklung. Die Differenz liegt weniger im Grad des Optimismus, den beide für den geschichtlichen Fortgang entwickeln; der ist so eindeutig nicht, das Berühren der Parallelen von Geist und Natur im Unendlichen ist ebenso fragwürdig wie die mögliche Implikation des Hegelschen Gedankens, dass der Fortschritt mit dem absoluten Weltgeist im Vernunftzustand zu Ende kommt. Marx hat da ja schnell die Überlegung hervorgezaubert, dass die Menschheit dann erst in die wirkliche Geschichte eintritt. Die Differenz liegt vielmehr darin, ob wir uns mit Hegel auf die Vernunft verlassen und auf die mit ihr gegebene Freiheit oder mit Schleiermacher auf die Rück-Bindung setzen, bei dieser vor allem auf die Liebe vertrauen. Selbst wenn ich persönlich zu letzterem tendiere, wird die Entscheidung wohl von der Diagnose abhängen, mit der die gesellschaftlichen und kulturellen Verhältnisse der Gegenwart bestimmt werden.

Bildung und Kulturprotestantismus

Anspruch und Grenzen eines Programms

Christian Albrecht

Das *protestantische Bildungspathos* ist sprichwörtlich geworden, auch auf dieser Tagung. Und wenn es nach dem Willen der Veranstalter jetzt um »Bildung und Kulturprotestantismus« gehen soll, dann ist damit keine geringere Frage gestellt als die nach Ursprung und Anspruch jenes Bildungsgeistes, der traditionell zur Grundausstattung protestantischen Selbstbewusstseins gehört. Zeigen wird sich dabei allerdings auch, dass es Gründe gibt, das Loblied auf dieses protestantische Bildungspathos gegenwärtig nicht allzu vollmundig zu singen.

Es ist bekanntlich nicht einfach, die beiden Größen »Bildung« und »Kulturprotestantismus« präzis zu bestimmen. Vorläufig kann man vielleicht sagen, dass der Ausdruck »Bildung« ein Strukturbegriff ist, der weniger auf fest umrissene, substanzielle Inhalte weist, sondern eher ein Prinzip der Lebens- und Weltgestaltung bezeichnet.[1] Und auch der Ausdruck »Kulturprotestantismus« ist eher ein solcher Strukturbegriff, als dass er auf materiale Gehalte verwiese; er bezeichnet eine modernitätsoffene Gestalt der protestantischen Religion, in der tradierte religiöse Gehalte in die selbstreflexive, rationale Konstruktion von Idealen autonomer Lebensführung und Persönlichkeitsbildung überführt werden, um das Auseinandertreten von christlicher Religion und säkularer Wissenschaftskultur zu verhindern.[2]

Beide Begriffe also sind bekanntlich weder ganz leicht zu fassen noch einfach inhaltlich zu bestimmen. Aber umso deutlicher ist, dass sie in einem engen Verhältnis zueinander stehen, ja, dass sie einander wechselseitig aus-

---

[1] Vgl. dazu Christian Albrecht, Bildung in der Praktischen Theologie, Tübingen 2003, 20–22.

[2] Vgl. Friedrich Wilhelm Graf, Art. Kulturprotestantismus, in: RGG^{4} 4 (2001), 1850–1852.

legen und einander geradezu wechselseitig erfordern. Begriffsgeschichtliche Untersuchungen zeigen, dass die Entwicklung des neuzeitlichen Bildungsbegriffs aufs engste zusammenhängt mit der Lebenshaltung und Welteinstellung des neuzeitlichen Christentums, insbesondere des neuzeitlichen, kulturoffenen Protestantismus. Und darum soll im folgenden danach gefragt werden, in welchem Verhältnis das im modernen Bildungsparadigma ausgedrückte Strukturprinzip der Lebens- und Weltgestaltung zu dem im neuzeitlich-protestantischen oder kulturprotestantischen Strukturprinzip des Selbst- und Weltumganges steht. Dabei wird der Begriff des Kulturprotestantismus so bemüht, wie er in dem vorgeschlagenen Vortragstitel wohl gemeint war, nämlich in seiner allgemeinsten Gestalt: als Beschreibung einer Form des Protestantismus, in der Glaube und Vernunft, Frömmigkeit und modern-kulturelle Weltbemächtigung miteinander vermittelt sind, mithin als ein Begriff der Unterscheidung von konservativen, lutherisch-konfessionalistischen Formen des Protestantismus und auch von römisch-katholischen Konfessionskulturen. In diesem allgemeinen und ganz entspannten Sinne wird der Begriff des Kulturprotestantismus in Anspruch genommen und gemeint sind entsprechend kulturoffene Formen des Protestantismus auch dort, wo im folgenden nur vom protestantischen Bildungsbegriff die Rede ist und nicht vom kulturprotestantischen.

In einem ersten Teil soll das Bildungsprogramm des kulturellen Protestantismus in seiner Entfaltung durch ausgewählte Autoren umrissen werden. Daraus werden im zweiten Teil systematische Aspekte des protestantischen Bildungsbegriffs zusammengestellt. Im dritten Teil werden Tendenzen einer gewissen gegenwärtig wahrnehmbaren Abkehr von diesem protestantischen Bildungsideal diskutiert.

I PROTESTANTISCHE BILDUNGSIDEALE

Trutz Rendtorff hat 1998 nach dem Kern des neuzeitlichen Bildungsbegriffs gefragt und diesen Kern im Begriff der Umbildung gesehen: Bildung ist »im Sinne ihres neuzeitlichen Bedeutungsgehalts aus der Umbildung dogmatisch festgeschriebener Gehalte des Christentums in die Ansprüche an die individuelle Lebensführung hervorgegangen.«[3] In der Tat lässt sich zeigen, dass

---

3 TRUTZ RENDTORFF, Die permanente Reformation. Protestantismus als neuzeitliches Bildungsprogramm, in: EK 31 (1998), Heft 1, 31–34, hier: 32.

»Umbildung« eine Tiefenstruktur kulturprotestantischer Bildungsprogrammatik bezeichnet. Das soll im folgenden versucht werden.[4]

Eine Schlüsselfunktion nimmt der Begriff der Umbildung etwa ein in der Analyse der sittlichen und sozialen Bedeutung des modernen Bildungsstrebens, die Adolf Harnack im Jahre 1902 auf dem evangelisch-sozialen Kongress vortrug.[5] Harnack beschreibt hier einleitend unter anderem das Verständnis von Bildung, das sich im Blick auf den Menschen innerhalb der Geschichte und als Glied der Menschheit ergibt und formuliert:

> Hier sei »Bildung das Vermögen, alles Menschliche mit Verständnis und Teilnahme aufzunehmen und wieder zurückzustrahlen, die eigene Seele offen zu halten und die anderen Seelen zu öffnen, Verstand und Herz zu feinen Organen auszubilden, die dort sehen und hören, wohin die Sinne nicht mehr reichen, sich an vielen Orten heimisch zu machen und sich doch nirgends einzuschließen, innerhalb des Wechsels der Dinge das Leben dauerhaft und würdig zu gestalten und inmitten des Einförmigen und Abstumpfenden ihm Gehalt zu geben, Selbstbeherrschung und Geduld zu gewinnen gegenüber dem Allzumenschlichen und Ehrfurcht zu behaupten vor dem Menschlichen und Göttlichen.«[6]

»Bildung« ist in Harnacks Augen also erstens geschichtlich verfasst, zweitens reflexiv verfasst und drittens dynamisch verfasst, oder, wie man auch sagen könnte, prozessual verfasst. Diese Aspekte nimmt Harnack dann wieder auf, wenn er wenige Sätze später den Begriff der Umbildung einführt: »Alle tiefere Bildung [ist] Umbildung [...], schmerzliche, aber befreiende Umbildung: es muß etwas Altes untergehen und etwas Neues wachsen und werden.«[7] Und Harnack schließt seinen Vortrag, indem er dieses Konzept prozesshafter Umbildung in Beziehung setzt zu einer (die bloße Anhäufung von Wissen überschreitenden) Selbstverfeinerung menschlicher Individualität:

> »Alle Entdeckungen, alles Wissen, im Momente so berauschend, wird rasch trivial und wirkungslos; wenn es aber zugleich den inneren Sinn vertieft und belebt, ihn umbilden hilft zu einem höheren Sein, so hat es ewiges Leben in sich.«[8]

---

4 Vgl. zum folgenden auch Albrecht, Bildung (s. Anm. 1), 31–45.

5 Adolf Harnack, Die sittliche und soziale Bedeutung des modernen Bildungsstrebens. Vortrag, gehalten am 22. Mai 1902 auf dem evang.-sozial. Kongreß zu Dortmund, in: Ders., Reden und Aufsätze, Bd. 2, Gießen 1904, 77–106.

6 A. a. O. 86.

7 A. a. O. 102.

8 A. a. O. 106.

Harnack trägt den Umbildungsbegriff mithin als Schlüsselbegriff zur Beschreibung und zum Verständnis des modernen Bildungsstrebens ein. Acht Jahre vor Harnack, im Jahre 1894, hatte der junge Ernst Troeltsch in einem größeren Aufsatz nach dem Umgang der christlichen Weltanschauung mit ihren Gegenströmungen gefragt und dargelegt, dass das neuzeitliche christliche Prinzip in der Auseinandersetzung mit Grundbegriffen und Grundstimmungen entstanden ist, die durch die im Entstehen begriffene neuzeitlich-moderne Gestalt der europäischen Wissenschaft freigesetzt worden waren.[9] Troeltsch hält also fest, dass jene Entstehung des christlichen Prinzips »nicht innerhalb der engen Mauern der Theologie, sondern auf dem großen freien Felde des allgemeinen wissenschaftlichen Denkens«[10] sich abgespielt habe, und er mahnt die Theologie dazu, sich selbst auf die Höhe dieser Diskussionslage zu bringen. Denn der Befund »nötigt uns […] zu der Anerkennung, daß eine gründliche Umbildung der Theologie unvermeidlich ist«[11]. Umbildung erscheint hier also nicht, wie bei Harnack, primär als Schlüsselbegriff der Bildungstheorie, sondern als Ziel- und Prozessbegriff der wissenschaftsorganisatorischen Selbststeuerung der Theologie. Dass der Begriff aber überhaupt in diesen Kontext eintreten kann, ist darin begründet, dass »Umbildung« ihrerseits auch das Strukturprinzip der Selbstentfaltung der christlichen Religion abgibt, wie Troeltsch etwa in einem handschriftlichen Zusatz in seinem Handexemplar der Erstauflage der *Absolutheitsschrift* von 1902 formuliert.[12] Und 1909 bezeichnet Troeltsch den Vorgang der Umbildung als Entstehungsgrund und Strukturprinzip des modernen Protestantismus. Denn dieser verdanke sich einer Entwicklungsrichtung, die

> »auf die wesentlichen Ideen und praktischen Gestaltungen des modernen Lebens eingeht, den Protestantismus nach der Seite seiner Verwandtschaft mit diesen Neubildungen fortentwickelt und darüber die alten paulinisch-augustinischen Grundlagen Stück für Stück zurückstellt, auflöst oder umbildet. Hier entsteht

---

9 Ernst Troeltsch, Die christliche Weltanschauung und ihre Gegenströmungen (1894), in: Ders., Gesammelte Schriften, Bd. 2: Zur religiösen Lage, Religionsphilosophie und Ethik, Tübingen 1913, 227–327.

10 A. a. O. 326.

11 A. a. O.

12 Ernst Troeltsch, Die Absolutheit des Christentums und die Religionsgeschichte (1902/1912) mit den Thesen von 1901 und den handschriftlichen Zusätzen, hrsg. v. Trutz Rendtorff in Zusammenarbeit mit Stefan Pautler (Ernst Troeltsch, Kritische Gesamtausgabe, Bd. 5), Berlin/New York 1998, 111.

überhaupt erst der neue Begriff des Protestantismus, daß er nicht bloß Erneuerung der reinen vorpäpstlichen Bibelreligion, sondern eine neue Formation des Christentums sei und daher eine eigentümliche, begrifflich erst zu definierende historische Gestaltung, einen neuen Fortschritt des Christentums, darstelle.«[13]

Das sich selbst umbildende Potential des Protestantismus wird dabei von Troeltsch zum Grund der Entstehung einer spezifisch protestantischen Ausprägung der Bildungsreligion erklärt;[14] zugleich wird diese Selbstumbildungskraft doch auch, ganz ähnlich wie schon 1902, zurückgeführt auf das religiöse Prinzip der Umbildung[15] – und sie wird, ganz ähnlich wie schon 1894, ergänzt um die Forderung nach einer theologischen Einlösung der durch die religiösen Umbildung aufgegebenen Forderungen, die auf den Verlust religiöser Eindeutigkeiten reagiert, ohne den Wahrheitsanspruch des Christentums aufzugeben.[16]

---

13 ERNST TROELTSCH, Protestantisches Christentum und Kirche in der Neuzeit (^{2}1909), hrsg. v. VOLKER DREHSEN in Zusammenarbeit mit CHRISTIAN ALBRECHT, in: Ernst Troeltsch, Protestantisches Christentum und Kirche in der Neuzeit (1906/1909/1922) (Ernst Troeltsch, Kritische Gesamtausgabe, Bd. 7), Ernst Berlin/New York 2004, 426.

14 Vgl. a. a. O. 425–451.

15 »Das Christentum ist nicht tot und nicht ausgelebt, die religiösen Kräfte brechen immer wieder hervor, wie sie es jederzeit getan haben. Aber es bewegt sich auf einem völlig anderen Boden, als der seiner ganzen bisherigen Geschichte war, und es unterliegt kirchlich-soziologisch, dogmatisch-ethisch und ethisch-praktisch überall den stärksten Umbildungen, steht überall den mannigfachsten Gegensätzen gegenüber. So bleibt es für den Charakter der modernen Welt bei dem Ergebnis des ersten Eindruckes: die moderne Welt ist kein einheitliches Prinzip, sondern eine Fülle zusammentreffender oder auch sich stoßender Entwickelungen, für die bei der Ausgelebtheit der alten Welt Raum geworden ist. Der Eindruck eines einheitlichen Prinzips rührt ganz überwiegend von diesem Gegensatze her, während sie positiv in die verschiedensten Strebungen auseinandergeht. Ihr Geist ist der Geist der Autonomie, aber die Inhalte des autonom Entwickelten und Angeeigneten sind grundverschieden. Der Rationalismus, der glaubte, alle zum gleichen Ergebnis durch die übereinstimmende Vernunft zu führen, war eine Anfangstäuschung. So ist sie auch nicht ein einfacher Gegensatz gegen die kirchliche Ideenwelt oder ein einfacher Abfall von ihr. Sie ist vielmehr deren Nachfolgerin und Erbin, die nur den Zwang theologischer Autorität zerbrochen hat, im übrigen aber das Erbe mannigfaltig fortgebildet, Neues und Gegensätzliches dazu erworben hat und die nun all das in tausend Mischungen und Kreuzungen zu einem relativ einheitlichen Ganzen zusammenlebt, dessen Spannungen und Gegensätze doch überall kenntlich sind und immer von neuem aufspringen.« (A. a. O. 319 f.).

16 »Eine Religion, der die Objektivität ihres Lehrausdrucks genommen ist, hat keine Autorität mehr der sie die Welt äußerlich unterwerfen kann, sie mag im übrigen über die

Bei Troeltsch bezeichnet der Umbildungsbegriff also ein aus der Geschichte der Selbstentfaltung der christlichen *Religion* abgelesenes Strukturprinzip, das nun in die Form eines Prinzips der Gemäßheit der *Theologie* im Verhältnis zur je zeitgenössischen Kultur umgeschmiedet werden muss. Etwas weniger trennscharf, dafür aber in noch grundsätzlicherer (und übrigens auch pathetischerer) Weise hatte bereits in der Mitte des 19. Jahrhunderts Richard Rothe den Umbildungsbegriff eingesetzt. Für Rothe steht die Umbildungsfigur im engen Zusammenhang seiner Geschichtstheorie und seiner Protestantismusdeutung, ja: »Umbildung« ließe sich geradezu als der programmatische Schlüsselbegriff dieser Konzeption des Zusammenhangs von Geschichtstheorie und Protestantismusdeutung lesen. Denn nach Rothes Auffassung liegt die permanente Selbstmodifikation des Christentums in dessen heilsgeschichtlicher Logik, und der Protestantismus repräsentiert die heilsgeschichtlich konsequenteste Überwindung historisch überlebter Zustandsformen des Christentums.

Den Ausgangspunkt von Rothes Gedankengang bildet eine christentumsgeschichtliche Beobachtung. Es liege, so Rothe, in der geschichtlich manifesten Tendenz des Christentums, sich immer wieder seiner ausschließlich religiös bestimmten Gestalt zu entäußern und sich zu inkulturieren. Der historischen Betrachtung unübersehbar sei, so Rothe, auch die Richtung jener Inkulturation, nämlich die »längst in der Geschichte liegende Tendenz des Christenthums, sich aus der kirchlichen Form in die religiös-*sittliche*, in die *weltliche* oder politische umzubilden.«[17] Den dabei fallenden Begriff der Umbildung erläutert er folgendermaßen:

> Darunter verstehe er die »*Umbildung* des Überlieferten in *neue* Formen, nämlich in solche, die sich dem neuaufgetretenen Geschlecht als *wirkliche* Formen für den in sie hineingelegten Gehalt erproben, als klar verständliche und in sich bestandhaltige.«[18]

Übernatürlichkeit und Göttlichkeit ihres praktischen Gehaltes denken, wie sie will, sie mag der inneren überführenden Kraft ihres geistigen Kernes so viel zutrauen als sie will. Sie wird nur über freiwillige Zustimmung herrschen können und herrschen wollen und im eigenen Schoße die Notwendigkeit beständiger theologischer Umbildungen tragen.« (A. a. O. 317).

17 Richard Rothes Vorlesungen über Kirchengeschichte und Geschichte christlich-kirchlichen Lebens, 2 Bde., hrsg. v. Hermann Weingarten, Heidelberg 1875, Band II, 330.

18 Richard Rothe, Das Bedürfnis der Teilnahme an den wissenschaftlich-theologischen Arbeiten der Gegenwart für den praktischen Geistlichen. Vortrag, gehalten beim Zusam-

In dieser Beschreibung wird deutlich, dass der Vorgang der Umbildung dabei als ein stets sich wiederholender, im historischen Entwicklungsprozess fest angestammter Vorgang betrachtet wird. Allerdings repräsentiert der Protestantismus für Rothe die christentumstheoretisch reinste Form der Umbildung. Denn zum einen besteht der Protestantismus seinem substantiellen Gehalt nach überhaupt nicht anders als in der Struktur der Umbildung – der Protestantismus stellt die auf historische Dauer gestellte Struktur der Umbildung dar, die christentumsgeschichtliche Institutionalisierung der Umbildung. Zum anderen besteht der Protestantismus aber auch seiner Zielrichtung nach als Umbildung mit dem Ziel der Inkulturation des Christentums, der Versittlichung des Christentums.

Zur Veranschaulichung dieser These beschreibt Rothe eine Reihe solcher historisch einschlägigen Umbildungsvorgänge.[19] Nicht nur die Reformation selbst wird genannt, sondern auch darüber hinaus etwa die in der neuzeitlichen Protestantismusgeschichte wahrnehmbaren Tendenzen zur Umbildung von Kirchlichkeit in Christlichkeit, zweitens die allmähliche und sich erst im Eschaton vollendende Umbildung der Kirche in den sittlichen Kulturstaat (eine These, die teils als Marotte, teils als Selbstpreisgabe des Christentums missverstanden worden ist), drittens die Umbildung des Katholizismus in den Protestantismus und viertens die Umbildung des reformatorischen Protestantismus in den nachaufklärerischen Protestantismus. Diese Umbildungsvorgänge sollen hier nicht weiter verfolgt werden.

Denn im vorliegenden Zusammenhang kommt es allein auf deren Struktur an. Betrachtet man sie genauer, so zeigt sich, dass all den genannten Vorgängen eine einheitliche Tendenz zugrunde liegt. Sie lässt sich als Richtung auf die sittliche Durchdringung der Welt beschreiben, deren Wirkung darin besteht, einen Beitrag zum Aufbau der modernen Kultur zu leisten. Die umfassende Bedeutung der Umbildungsvorgänge besteht darin, dass sie das die Neuzeit konstituierende Bewusstsein der Mündigkeit des Individuums[20] und

---

mentritt des badischen wissenschaftlichen Predigervereins zu Karlsruhe am 19. April 1865, in: Gesammelte Vorträge und Abhandlungen Dr. Richard Rothes aus seinen letzten Lebensjahren, eingeleitet v. Friedrich Nippold, Elberfeld 1886, 169–181, hier: 171.

19 Dazu Christian Albrecht, Historische Kulturwissenschaft neuzeitlicher Christentumspraxis. Klassische Protestantismustheorien in ihrer Bedeutung für das Selbstverständnis der Praktischen Theologie (BHTh 114), Tübingen 2000, 180–189.

20 Vgl. Richard Rothes Vorlesungen (s. Anm. 17), 408 f. – Ders., Ein geschichtlicher Blick auf die Lehre von der Person Jesu Christi (1866), in: Gesammelte Vorträge (s. Anm. 18), 148–168, hier: 161 f. – Ders., Rede zur dreihundertjährigen Todesfeier Philipp Melan-

das Prinzip der Subjektivität[21] in die moderne Kultur eintragen bzw. in ihr stärken.[22] Dabei schwankt Rothe zwischen der Auffassung, es sei die Moderne ein unmittelbares Produkt der protestantischen Reformation und der Auffassung, es sei die protestantische Reformation nur eine mittelbare und vor allem: nicht die einzige Wurzel der Moderne.[23] Fest steht für Rothe indessen, dass die fortschreitende sittliche Durchdrungenheit der modernen Kultur sich zu wesentlichen Teilen den durch das protestantische Christentum initiierten oder durch es geprägten geschichtlichen Umbildungsvorgängen verdankt. Und diese protestantische Wurzel der modernen Kultur sichert zugleich deren christliche Legitimität.[24]

---

chthons, gehalten am 19. April 1860 in der Aula der Universität Heidelberg, Heidelberg 1860, 4. – Richard Rothes nachgelassene Predigten. Bde. 1 und 2, hrsg. v. Daniel Schenkel, Elberfeld 1868, Bd. 3 hrsg. v. Johannes Bleek, Elberfeld 1869, hier: Bd. II, 49. 68f. – Vgl. dazu auch Hans-Joachim Birkner, Spekulation und Heilsgeschichte. Die Geschichtsauffassung Richard Rothes (FGLP 10. Reihe, Bd. XVIII), München 1959, 80: Der Begriff der Mündigkeit gewinnt für Rothe »seinen Sinn aus seinem Gesamtverständnis der abendländischen Kirchengeschichte, er ist Bestandteil eines heilsgeschichtlichen Deutungsschemas. Wo Mündigkeit ist, da war vorher Unmündigkeit; wo Unmündigkeit ist, da ist Pädagogie.«

21 Vgl. Richard Rothe, Theologische Ethik, 5 Bde., Wittenberg ^{2}(1867/)1869–1871. Fotomechanischer Nachdruck Waltrop 1991, Bd. IV, 239. Der Begriff taucht, soweit ich sehen kann, in emphatischer Bedeutung nur an dieser Stelle auf. Auffällig ist einerseits seine enge Verknüpfung mit dem Begriff individueller Mündigkeit; andererseits die Tatsache, dass die Idee der Subjektivität zum Prinzip der modernen Zeit in toto wird.

22 Am ausführlichsten entfaltet Rothe dies in: Theologische Ethik, Bd. IV (s. Anm. 21), 238 247.

23 Dazu ausführlich Birkner, Spekulation und Heilsgeschichte (s. Anm. 20), 79f.

24 »Der hier behauptete geschichtliche Zusammenhang liegt ja ohnehin auch äußerlich zutage – in dem Umstande, daß diese moderne Moralität oder (denn dem Leser pflegt der unbestimmtere Ausdruck der mundgerechtere zu sein) diese moderne Kultur ausgesprochenermaßen eine wesentlich *protestantische* ist. *Geschichtlich* betrachtet, ist sie ein Erzeugnis der Reformation in ihrem Zusammenwirken mit dem *weltlichen* Kulturleben (in erster Reihe den humanistischen Studien), welches ungefähr gleichzeitig mit ihr in der europäischen Menschheit aufging, und dem nach der *einen* Seite hin ihre Wurzeln entsprossen sind. Die Reformatoren (wie sie auf Erden lebten) würden diese Frucht ihrer Arbeit zürnend verleugnen; aber dies ändert an dem Sachverhalte nichts. Die größte und bleibendste geschichtliche Wirkung, die bis jetzt von der Reformation ausgegangen ist, d. h. von der Neubelebung der Anschauung Christi, von der neuen Aufhellung seines Bildes und der in seinem Angesicht leuchtenden Idee Gottes, welche das eigentliche Wesen dieses großen Geschichtsereignisses bildet, das wir Protestanten die Reformation nennen, ist eben diese unsere so übel beleumdete moderne Kultur. *Darin* trägt sie die urkundliche

Umbildung ist für Rothe mithin der Schlüsselbegriff für eine im protestantischen Geist motivierte Durchmusterung überlieferter Kulturformationen, ihrer selbständigen Aneignung, Durchdringung und Umgestaltung in Formen, die als adäquat empfunden werden. Die Struktur dieser Umbildung entfaltet Rothe zwar als Strukturgesetz der geschichtlichen Größen »Christentum« bzw. »Protestantismus«. Es ist aber dieses Strukturgesetz selbst nur dem Entwicklungsgesetz des Individuums abgeschaut. Rothe erläutert diesen Zusammenhang unter Zuhilfenahme einer christologischen Klammer. Denn die fortwährenden und ganz konkret vorgestellten Wirkungen der Stifterfigur des Christentums garantieren die Identität des Christentums im Wechsel der Zustände, gerade so wie jedes Individuum im Wechsel seiner Zustände mit sich selbst identisch bleibt:

> »Er selbst, Christus der Herr, bleibt der er ist in alle Zukunft, dagegen liegt es ausdrücklich im Begriffe seines Werks, des Christentums, daß es *nicht* so bleibt, wie es anhebt. Weil Christus *fortwährend* geschichtliche Wirkungen auf die Welt ausübt, wird das Christentum notwendig fortwährend *anders*. Es wird *anders*, aber freilich nicht etwa *ein anderes*: so wenig als das menschliche Individuum ein anderes wird unter der beständigen Abwandelung, der es bei seinem Gange durch das Leben unterliegt. [...] Das Christentum *kann* folglich nicht bleiben, wie es in irgend einem geschichtlichen Momente gerade ist.«[25]

Diesen Zusammenhang zwischen allgemeiner und individueller Struktur der Umbildung hatte Rothe auch schon in seinem Hauptwerk, der seit 1845 erschienenen *Theologischen Ethik* hervorgehoben. Dort stand dies nun ausgerechnet in dem Zusammenhang, in dem Rothe in der Lehre vom moralischen Gut seine Theorie der Bildung entfaltet. Bildung wird von Rothe, ganz im Sinne des Idealismus, als unendlicher Prozess fortschreitender Versittlichung menschlicher Individualität verstanden. Die natürlich gegebene Individualität unterliegt im Bildungsprozess einer Annäherung an das Ideal menschlich-kultivierter Humanität. Diesen Prozess beschreibt Rothe, zunächst ganz grundsätzlich, folgendermaßen:

> »Es wird eine vorgängige *Umgestaltung* der *natürlichen* Individualität in dem menschlichen Einzelwesen auf *moralischem* Wege erfordert, eine *Berichtigung*

Legitimation über ihre *christliche* Abkunft und ihr Kindesrecht im Hause Christi.« RICHARD ROTHE, Zur Debatte über den Protestantenverein (1864), in: Gesammelte Vorträge (s. Anm. 18), 92–128, hier: 98f. (Hervorhebung im Original).

25 A. a. O. 94.

> (Korrektion, Rektifikation) derselben, nämlich vermöge ihrer *Richtigstellung* (Regulirung) *nach dem Begriffe des Menschen an sich*, m. a. W. nach dem *universellen* Menschen oder (wie wir uns forthin ausdrücken werden) *nach der universellen Humanität.*«[26]

Und dieser Vorgang selbst, der übrigens nach Rothes Auffassung nur im Zusammenhang einer moralischen Gemeinschaft gelingen kann, dieser Vorgang selbst also, der der Kern des Bildungsvorganges ist, er wird von Rothe nun mit dem Programmbegriff der Umbildung bezeichnet:

> »Nimmt nun innerhalb der moralischen Gemeinschaft mit dem menschlichen Einzelwesen seine individuelle Persönlichkeit angegebenermaßen die Richtung auf die Nachbildung der universellen menschlichen Persönlichkeit in sich [...], so ist die berichtigende Umbildung ihrer Natur durch sie möglich. Nämlich vermöge der Vollziehung des *sittlichen* Processes. Denn dieser ist ja ein Prozeß der *Umbildung* der materiellen menschlichen Natur, und zwar näher der Transsubstantiation derselben in eine geistige.«[27]

Damit hält Rothe das Ergebnis dieses Prozesses der Umbildung natürlich gegebener, materieller Individualität in die versittlichte, nach dem Ideal der Humanität sublimierte Individualität fest:

> »In ihrer bloßen Natürlichkeit ist die Individualität die *Partikularität.* Ihre Bemeisterung durch die universelle Humanität mittelst ihrer eben beschriebenen Richtigstellung ist die *Bildung* (die *Kultur* im eigentlich ethischen Sinne dieses Worts), d. i. die Herausarbeitung der universellen Humanität aus der unmittelbaren *bloß* individuellen, aus der Partikularität in der jene von Natur vergraben und gefangen gehalten liegt. Das Ergebnis derselben ist die *Gebildetheit.*«[28]

So viel zum Zusammenhang zwischen dem geschichtlichen Strukturgesetz »Umbildung« im Protestantismus und »Umbildung« als Struktur der Entwicklung des Individuums.

Bildung im protestantischen Sinne ist, so könnte man vorläufig sagen, das Vermögen der Bewältigung von Differenzerfahrungen. Sie ist Ausdruck der produktiven Verarbeitung von Differenzerfahrungen des neuzeitlichen

---

26 RICHARD ROTHE, Theologische Ethik (s. Anm. 21), Bd. I, 538. (Hervorhebung im Original).

27 A. a. O. 541.

28 A. a. O. 542.

Menschen, etwa der Differenz zwischen historischer Überlieferung und gegenwärtiger Erfahrung, zwischen christlichen Überzeugungen und neuzeitlich-modernem Wahrheitsbewusstsein, zwischen Allgemeinheit und Individualität, zwischen Sein und Sollen, zwischen Rationalität und Kontingenz. Gebildet ist, wer beide Perspektiven zu vermitteln vermag, genauer: wer beide Perspektiven aus der Richtung der je anderen zu sehen vermag. Gebildet ist, wer *mit* diesen Perspektivendifferenzen und den aus ihnen resultierenden Ambivalenzzumutungen zu leben vermag – oder dies immerhin versucht. Und ungebildet ist, wer in der Illusion lebt, diese Differenzen auflösen, überwinden, ignorieren oder sonstwie negieren zu können.

II Systematische Aspekte eines protestantisch grundierten Bildungsbegriffs

Im folgenden soll der Versuch unternommen werden, die Strukturen des vermittlungstheoretisch grundierten, protestantisch geprägten, spannungsvollen Bildungsbegriffs zusammenzufassen.[29] Grundsätzlich ist zu sagen: der protestantische Bildungsbegriff ist ein – auf den einzelnen Menschen als ganzen Menschen bezogener – Strukturbegriff. Er lässt sich inhaltlich kaum hinreichend bestimmen, sondern ist ein Metabegriff.

> »Kein bestimmtes Wissen und keine einzelne Wissenschaft, keine politische Haltung oder soziale Vorgabe, kein konfessionelles Bekenntnis und keine religiöse Bindung, keine weltanschauliche Option oder philosophische Präferenz, auch keine spezifische ästhetische Neigung in Kunst und Literatur reichen hin, um ›Bildung‹ zu kennzeichnen. Bildung ist im Hinblick auf alle konkreten Bestimmungen in der Lebenswelt ein Metabegriff, der die empirischen Bedingungen seiner eigenen Ermöglichung ständig in sich einholt. Bildung läßt sich nicht über bestimmte Bildungsgüter oder konkretes Bildungswissen hinreichend definieren. Wenn es gleichwohl gemeinsame, idealtypische Grundzüge gibt, so sind sie in jener Lebensführung enthalten, die immer unterwegs ist auf dem Weg der Selbstfindung.«[30]

---

[29] Vgl. zum folgenden auch ALBRECHT, Bildung in der Praktischen Theologie (s. Anm. 1), 45–49.

[30] REINHART KOSELLECK, Einleitung – Zur anthropologischen und semantischen Struktur der Bildung, in: Bildungsbürgertum im 19. Jahrhundert. Teil II: Bildungsgüter und Bildungswissen, hrsg. v. DERS. (Industrielle Welt Bd. 41, Teil II), Stuttgart 1990, 11–46, hier: 23f.

Selbstreferentialität und Metareflexivität sind also die ersten beiden grundsätzlichen Strukturmerkmale des protestantisch grundierten Bildungsbegriffs. Das dritte dieser grundsätzlichen Merkmale heißt: Der Bildungsbegriff ist, seiner Struktur nach, spannungsvoll verfasst. Bildung vollzieht sich »im Prozeß des Von-sich-Absehens und des Aneignens, das zugleich ein Zu-sich-selber-Kommen des Menschen ist«, so Rudolf Vierhaus.[31] Gebildet ist, wer diese Differenz wahrnimmt und sich an ihr abzuarbeiten vermag, um Wirklichkeit und Selbstbewusstsein zu vermitteln.

Neben diesen drei Grundmerkmalen der Metareflexivität, der Selbstreferentialität und der spannungsvollen Verfasstheit können weitere Strukturmerkmale gestellt werden, die freilich alle als Implikate jener Hauptmerkmale gelten müssen. Sie sollen trotzdem in aller Kürze angesprochen werden, weil sie noch einmal veranschaulichende und zusammenfassende Funktion haben. Erstens, der protestantische Bildungsbegriff ist *reflexiv* verfasst. Ihm ist das kritische Rationalitätsbewusstsein in unhintergehbarer Weise zu eigen.[32] Zweitens, der protestantische Bildungsbegriff ist *historisch* verfasst, genauer gesagt: Bildung verfährt in geschichtlicher Reflexion. Gegenstände und Produkte der Bildung sperren sich gegen eine historisch bewusstlose Einpassung in die Gegenwart ebenso wie gegen eine ungeschichtliche Identifizierung mit

---

31 RUDOLF VIERHAUS, Art. Bildung, in: GGB 1 (1972), 508–551, hier: 535.

32 »Sie [sc.: die Menschen der Antike] waren bloß, was sie waren. Wir wissen auch, was wir sind, und blicken darüber hinaus. Wir haben durch Reflexion einen doppelten Menschen aus uns gemacht«, so WILHELM VON HUMBOLDT am 30. April 1803 an Friedrich Schiller, in: Briefwechsel zwischen Friedrich Schiller und Wilhelm von Humboldt, hrsg. v. SIEGFRIED SEIDEL, Bd. II, Berlin 1962, 232–241, hier: 234. Trutz Rendtorff interpretiert: »Diese Wendung von dem ›doppelten Menschen‹ als Metapher für den Prozeß der Selbstreflexion ist insofern ›modern‹, als sie einen Schnitt legt zwischen die Unmittelbarkeit der Wahrnehmung dessen, was wir immer schon sind, und der bewußten Stellungnahme zu dem und der Gestaltung dessen, was wir sind. Was wir sind, wahrgenommen in ontologischen Kategorien oder in solchen des historischen Gewordenseins, das ist keine abschließende Definition des Menschen und seiner Wirklichkeit. Hinzu tritt die bewußte und reflektierte Stellungnahme, die dem, was wir sind, seine Notwendigkeit und abschließende Normativität nimmt. Die Wendung bei Humboldt ›wir blicken darüber hinaus‹ beansprucht eine Offenheit nach vorne, in die Zukunft, mit der die Stellungnahme nicht nur Rechenschaft abzulegen hat vor den Ansprüchen der Herkunft, der Antike, der Autorität der Geschichte, sondern sich selbst als Stufe zum Neuen, eben als Fortschreiten und Weitergehen, als neue Selbstgestaltung der Wirklichkeit des Menschen erfaßt.« (TRUTZ RENDTORFF, Theologie in der Moderne. Über Religion im Prozeß der Aufklärung, Gütersloh 1991, 279).

historischen Vorläufern.[33] Gebildet ist, wer in Zusammenhängen denkt und Kontexte sucht. Drittens, Bildung ist nicht statisch, sondern *dynamisch* verfasst. Bildung ist, als *forma* wie als *formatio*, ein prozessualer Zustand, der ständigen Veränderungen unterworfen ist. Das macht den Bildungsbegriff zum einen produktiv und in immer wieder wandelnden Formen einsetzbar als Deutungsmuster, weil der Bildungsbegriff sich etwa sozialen, politischen oder weltanschaulichen Festlegungen einerseits entzieht, andererseits in diesen Hinsichten abrufbar ist.[34] Zum anderen macht die dynamische Verfasstheit den Bildungsbegriff resistent gegen sein eigenes Obsoletwerden, ja: es enthebt ihn nicht der historischen Gesetzmäßigkeit des Vergehenmüssens, sondern macht ihn gerade zum Motor eben dieser historischen Gesetzmäßigkeit. Eng verknüpft mit dieser dynamischen Verfasstheit ist der an vierter Stelle zu nennende Punkt: Der protestantische Bildungsbegriff ist strukturell *selbstdistanziert* oder selbstkritisch verfasst, indem er das Bewusstsein seiner eigenen Grenzen ebenso konstant wachhält wie die Aufforderung, diese Grenzen zu überwinden.[35] Schließlich fünftens ist zu sagen: der protestantische Bildungsbegriff ist seiner Struktur nach vermittelnd oder *integrativ* verfasst. Diese integrative Funktion erfüllt er in enzyklopädisch-wissenschaftsorganisatorischer Weise – etwa dort, wo er als Voraussetzung für den Zusammenhalt verschiedener Wissenschaftstypen fungiert,[36] darüber hinaus gilt diese integrative Funktion aber auch in einem kulturell umgreifenden Sinne, indem der Bildungsbegriff differente Sphären der Kunst und Kultur miteinander in Beziehung setzt, ohne sie zu hierarchisieren.[37]

---

33 Wir haben die Bildung, »als hätten wir sie nicht, so lange wir nicht durch eigene Arbeit sie erworben, sie als das, was sie ist, als das Ergebnis unablässiger Arbeit derer, die vor uns waren, erkannt haben«: JOHANN GUSTAV DROYSEN, Erhebung der Geschichte zum Rang einer Wissenschaft, in: DERS., Historik. Vorlesungen über Enzyklopädie und Methodologie der Geschichte, hrsg. v. RUDOLF HÜBNER, München/Berlin ²1943, 386–405, hier: 395.

34 Vgl. dazu GEORG BOLLENBECK, Bildung und Kultur. Glanz und Elend eines deutschen Deutungsmusters, Frankfurt am Main ²1994.

35 »Ein gebildeter Mensch weiß zugleich die Grenze seiner Urteilsfähigkeit«: GEORG WILHELM FRIEDRICH HEGEL, Texte zur Philosophischen Propädeutik, in: DERS., Werke, Bd. 4: Nürnberger und Heidelberger Schriften (1808–1817), hrsg. v. EVA MOLDENHAUER/KARL MARKUS MICHEL, Frankfurt a. M. 1975, 260.

36 Dazu KOSELLECK (s. Anm. 30), 35 f.

37 A. a. O. 36: »Bildung vermittelt weiterhin die angeblich getrennten Kulturen, aber hierarchisiert sie nicht«.

Damit sind die wesentlichen und die abgeleiteten Strukturmerkmale beisammen. Sie lassen eine Signatur des protestantischen Bildungsprogramms erkennen, das offen ist für jede Form der historischen, soziologischen oder politischen Kritik, ohne sich in der Aufnahme dieser Kritik selbst preisgeben zu müssen. Dieses Bildungsprogramm ist zunächst einmal relativ schwer überbietbar, weil es die Fähigkeit zur Aufnahme von Kritik, die Fähigkeit zur Selbstmodifikation in sich aufgenommen hat. Protestantische Bildung als institutionalisierte Aufdauerstellung von Umbildung lebt aus der religiös begründeten Idee der Autonomie der Individualität. Dabei fungiert das metareflexive, selbstreferentielle und spannungsvoll verfasste Programm der Bildung als Gegenentwurf zu jedweden Autoritätsansprüchen von Wahrheiten des Glaubens und der Erkenntnis.[38] Bildung im Sinne ihrer protestantischen Wurzeln ist selbst aus der Umbildung dogmatisch festgeschriebener Gehalte des Christentums in Ansprüche an eine individuell einzuholende und zu verantwortende Lebensführung hervorgegangen.

III GEGENWÄRTIGE GRENZEN DES PROTESTANTISCHEN BILDUNGSIDEALS

Nun ist offensichtlich, dass mit der voranstehenden Beschreibung eines Ideals protestantischen Bildungsbewusstseins umgehend die Frage nach dessen realem Vorkommen aufgeworfen ist. Wo findet man das Beschriebene – vor allem aber: wo vermisst man es?

So wenig sich einerseits bestreiten lassen dürfte, dass es protestantische Milieus und Frömmigkeitsformen gibt, in denen der beschriebene Zusammenhang von Bildung, Frömmigkeit und Lebens- sowie Weltgestaltung das Zentrum und den Kern der Frömmigkeit bildet, so wenig wird man andererseits ignorieren können, dass zahlreiche Lebensäußerungen des gegenwärtigen kirchlichen Protestantismus sich an einem solchen Bildungsideal gerade nicht orientieren. Man kann auf der einen Seite feststellen, dass es zahlreiche protestantische Menschen gibt, für die die mit dem Stichwort der Bildung beschriebene Haltung ein konstitutives Moment ihrer Frömmigkeit ist, ohne dass sie deswegen gleich eine elitäre Bildungsreligiosität pflegen würden, ja: ohne dass der Begriff der Bildung in ihrer Frömmigkeitssprache überhaupt auftauchen würde. Es ist eine Haltung der Nachdenklichkeit, der Selbstdis-

38 Vgl. RENDTORFF, Die permanente Reformation (s. Anm. 3), 32.

tanz, der Skepsis gegenüber Eindeutigkeiten und schlichten Alternativen; vieles andere ließe sich wiederholen, das braucht hier nicht zu geschehen. Auf der anderen Seite muss man sagen, dass der gegenwärtige kirchliche Protestantismus sich eben vielfach gerade nicht als Ort der Sammlung und Beförderung dieser Formen der Frömmigkeit anbietet. An zwei Punkten sei das abschließend verdeutlicht – und zwar nicht in kulturpessimistischer oder verfallstheoretischer Absicht, sondern als Versuch der Beschreibung und Erläuterung eines Problems.

Ein erstes Feld, auf dem dieses Problem wahrgenommen werden dürfte, ist dasjenige der Predigt. In der Vielfalt der protestantischen Predigttraditionen hat sich doch spätestens seit den Tagen Schleiermachers und bis in die vergangene Generation hinein stets auch ein Anspruchsstrang protestantischer Predigt durchgehalten, demzufolge Predigten die gedankliche Reflexion zu pflegen hätten und zu einer solchen gedanklichen Reflexion einladen sollten. Eben darin unterschied dieser Typus der Predigt sich von bloßen religiösen Affirmationen, trivialen Moral-Appellen oder schulmeisterlicher Belehrung. Die reflexive Gestalt steht dabei im Dienst der Predigtabsicht: Die Predigt erreicht ihren Zweck, die Erbauung, dadurch, dass sie sich des Mittels der Reflexion bedient. Ihren reflexiven Charakter gewinnt diese Predigt dadurch, dass sie als religiöse Rede zu einer zusammenhängenden Folge von Gedanken wird, mithin durch die Klarheit der Gedankenführung, durch die treffsichere Anordnung der einzelnen gedanklichen Schritte. Das Ziel besteht darin, dem Hörer die Fähigkeit zur Selbsterschließung und Selbstdeutung der je individuellen Lebensumstände des einzelnen Menschen im Horizont des Allgemeinen zu überstellen. Insofern stellen diese Predigten eine signifikante, von Fall zu Fall individualisierte Bildungshilfe dar.

»Bildung« ist hier durchaus spezifisch gemeint: Die in den Predigten vermittelte Bildung des einzelnen Hörers besteht nicht in der Beförderung von Wissen oder in der Anstiftung zum Handeln. Sondern die in ihnen vermittelte Bildung besteht zunächst in der Zustellung selbständiger Urteilsfähigkeit über die unverfügbaren Bedingungen jedes Wissens und jedes Handelns. Das wäre ein erstes Merkmal. Die Bildung, die solche Predigten vermitteln, besteht zweitens als Bewusstsein über die Möglichkeitsbedingungen und die Geltungsgrenzen menschlich-geschichtlicher Erfahrung überhaupt. Und diese Bildung besteht schließlich drittens als Fähigkeit zum ambivalenzbegabten und ambivalenzertragenden, konstruktiven Umgang mit den Differenzerfahrungen des neuzeitlichen Menschen – beispielsweise mit der Differenz zwischen historischer Überlieferung und gegenwärtiger Erfahrung, zwischen christlichen Überzeugungen und neuzeitlich-modernem Wahrheitsbewusstsein, zwischen dem allgemein-Menschlichen und dem individuell-Besonderen. Mit diesen drei Aspekten steht die spezifische Bildungshilfe der Predigt ganz offensichtlich nicht im Gegensatz zu ihrem erbaulichen Zweck, sondern erfüllt diesen gerade.

Dieser Tradition gegenüber scheint nun aber insbesondere in den letzten Jahren doch ein gewisser Funktionswandel der Predigt eingetreten zu sein. Und noch einmal sei betont: die Schilderung dieses Eindrucks versteht sich eher als eine Beschreibung denn als eine auf Untergang gestimmte Klage über einen Verlust. Sowohl hinsichtlich der Erwartungen der Gottesdienstbesucher als auch im Blick auf den Anspruch der Prediger scheint aber die Bedeutung eines solchen reflexiven Gehaltes der Predigt abgenommen zu haben. An Bedeutung zugenommen hat dagegen die Erwartung, es solle in der Predigt eine irgendwie als kirchlich-offiziell identifizierbare oder wahrnehmungsfähige Position zu dem spezifischen Thema, das die Predigt behandelt, zum Ausdruck kommen. Das wiederum hat zu tun mit einem sich gegenwärtig verstärkenden Auseinandertreten zwischen einer kirchlich vertretenen und kirchlich artikulierten Form des evangelischen Christentums – und der je persönlichen Frömmigkeit. Und der Funktionswandel der Predigt scheint darin zu liegen, dass die Predigt immer weniger als kirchlich angebotene, reflexive Begleitung der Ausarbeitung dieser persönlichen Frömmigkeit wahrgenommen wird, sondern als Ort, an dem diejenige, gleichsam kirchlich-»offizielle« Position artikuliert wird, zu der die persönliche Frömmigkeit sich in irgendein mehr oder weniger distanziertes, jedenfalls individuelles Verhältnis setzt. Zugespitzt gesagt: Die Predigt ist immer weniger ein Instrument, das die Ausarbeitung individueller Frömmigkeit begleitet, dafür immer mehr ein Ort, an dem dasjenige artikuliert wird, von dem man erwartet, dass es kirchlicherseits gesagt wird, ohne dass man sich deswegen schon das Gesagte in irgendeiner Weise zu eigen machen würde. Die Reflexion richtet sich, wenn überhaupt, auf die Frage des Verhältnisses zwischen dieser kirchlich-»offiziellen« Sicht der Dinge und der eigenen frommen Auffassung.

Man hat es dabei aber gerade nicht mit einem Rückgang des Bedarfs an religiöser Orientierung zu tun. Im Gegenteil: der Bedarf ist groß, und die entsprechenden Erwartungen an die Predigt sind hoch. Aber die Erwartung zielt eben immer weniger darauf, dass die Predigt eine Vermittlung von institutioneller und individueller Überzeugung leisten sollte, sondern darauf, dass die kirchliche Position erwartbar formuliert wird. Die Predigt soll das Christentum deutlich machen, ohne die individuelle Überzeugungsbildung damit aktiv beeinflussen zu wollen.[39]

Ein zweites Feld protestantisch-kirchlicher Lebensäußerungen, auf dem man eine etwas zurückgehende Bereitschaft zur Orientierung an einem protestantischen Bildungsparadigma beobachten kann, ist das Feld kirchenleitender Stellungnahmen zu ethisch prekären Streitfragen. Das kirchliche Engagement im Bereich ethischer Streitfragen zeichnet sich, immer schon, durch zwei Interessen aus, die mitunter nicht so einfach in Einklang zu bringen sind. Zum einen möchte man klare Position beziehen in ethischen Debatten – und zum anderen möchte man sich als geeigneter Moderator ethischer Debatten anbieten. Zum einen also tritt man auf als Stakeholder, glaubt, sich als Anwalt bestimmter Interessen in ethischen Debatten präsentieren zu müssen, zum Beispiel als Anwalt der Armen und der Benachteiligten, als Anwalt der Zweifler und der Skeptiker, als Anwalt von Perspektiven globaler Gerechtigkeit und so weiter. In diesem Sinne werden Positionen vertreten, mit Nachdruck vertreten: so und nicht anders sollte dieser oder jener ethische Konflikt gelöst werden. Zum anderen aber fühlen sich protestantische Kirchentheologen zu Recht in besonderer Weise verpflichtet, ihre hermeneutischen Kompetenzen in den Dienst der Deliberation zu stellen, in den Dienst einer rationalen und reflexiven Aushandlung der ethischen Streitfragen dadurch, dass die im Konflikt liegenden Beteiligten sich in den Prozess vermittelnder und ausgleichender Kommunikation über unterschiedliche Perspektiven, Voraussetzungen und Interessen begeben.

Wenn nicht alles täuscht, nimmt gegenwärtig die kirchliche Neigung etwas zu, sich als Hüter und Wahrer von Positionen zu präsentieren und die Bereitschaft zur schnellen, öffentlichen Festlegung von Seiten der Kirchenleitungen auf eine massive Ablehnung von Forschungsprozessen anstelle einer Beteiligung an aufklärender und differenziert urteilender Begleitung. Das mag damit zu tun haben, dass die Adressaten solcher kirchenleitenden Stellungnahmen sich unmerklich gewandelt haben. Kirchliche Positionsbezüge sind doch vielfach weniger in irgendeine diffuse gesellschaftliche Öffentlichkeit hinein adressiert, sondern richten sich implizit an die Kirchenmitglieder selbst. Der Bischof sagt zur Grünen Gentechnik das, was nicht nur die Gesellschaft leicht prognostizieren kann, sondern sagt damit auch das, was insbesondere die Kirchenmitglieder von ihm zu erwarten scheinen. Im Hintergrund dieses Wandels der Adressaten dürfte eine ähnliche Tendenz stehen, die vorher mit Blick auf die Predigt beschrieben wurde: Kirchenmitglieder

[39] Die einzige Ausnahme bilden die sogenannten Hochverbundenen, für die aber ohnehin gerade charakteristisch ist, dass sie eine Differenz zwischen dem kirchlich vertretenen Christentum und dem individuellen Christentum als problematisch ansehen.

erwarten von den Voten ihrer Kirchenleitung zunehmend weniger eine Anwaltschaft für die Überführung von Protest in Kommunikation, sondern vielmehr, dass die Kirchen ihre Position erwartbar formulieren und damit die ihnen von den Kirchenmitgliedern im öffentlichen Diskurs zugedachte Funktion erfüllen. Zugespitzt ließe sich diese Erwartung des Kirchenchristen folgendermaßen formulieren: Die Kirche soll der Gesellschaft das sagen, von dem der Kirchenchrist glaubt, dass die Kirche es der Gesellschaft sagen muss, auch wenn der Kirchenchrist selbst sich in seiner persönlichen Meinung davon schnell zu distanzieren vermag. Die Ausarbeitung einer eigenen Überzeugung zu diesem oder jenem ethischen Konfliktthema ist davon insofern unterschieden, als für diesen Ausarbeitungsprozess die begleitende Vermittlung der Kirchen gar nicht erwartet wird. Sie sollen diejenigen erwartbaren institutionellen Positionen formulieren, in deren Relativierung sich die individuelle Überzeugung bildet.

Zum Schluss sei kurz zusammengefasst. Das Bildungsideal eines kulturoffenen Protestantismus zeigt sich aufgrund der Konzeption des Bildungsgedankens als eines strukturellen und dynamischen Konzepts als relativ unverwüstlich. Es dürfte auch für die Ausarbeitungen individueller protestantischer Selbst- und Weltzuwendung faktisch eine unverändert hohe Bedeutung haben – auch dort, wo dies als solches gar nicht gewusst wird und wo das Individuum keinen expliziten Gebrauch vom protestantischen Bildungsbegriff oder vom protestantischen Bildungsprogramm macht. Denn das protestantische Bildungsideal herrscht faktisch überall dort, wo Individuen den kritischen Umgang mit den präskriptiven, normativen und autoritativen Ansprüchen überlieferter, nicht weiter zu überprüfender Wahrheiten pflegen. Es herrscht dort, wo Individuen auf die kreative Potenz menschlicher Vernunft setzen gegen alle Versuche, diese Vernunft im Namen etwelches Dogmatismus zu domestizieren. Bildung im Sinne ihrer protestantischen Wurzeln ist selbst aus der Umbildung dogmatisch festgeschriebener Gehalte des Christentums in Ansprüche an eine individuell einzuholende und zu verantwortende Lebensführung hervorgegangen. Dass dieses Prinzip gegenwärtig auf zwei Feldern, die einmal zentral waren für das protestantische Bildungsinteresse, nämlich die kirchliche Predigt und die kirchliche ethische Reflexion, weniger hoch im Kurs steht, spricht nicht schon gegen seine Geltung. Es zeigt aber die stete Gefährdung dieses protestantischen Bildungsideals und dämpft ein wenig die Neigung, allzu vollmundig das protestantische Bildungspathos zu preisen.

Philosophisch-naturwissenschaftliche Kritik am protestantischen Bildungspathos

Anmerkungen zum Umgang mit dem Religiösen im Kontext einer sich etablierenden Naturwissenschaft

Olaf Breidbach

Das protestantische Bildungsbürgertum war nicht erst ab dem beginnenden 19. Jahrhundert staatstragend für den Bereich des preußischen Herrschaftsraumes. Er war dies nicht einfach »nur« im Sinne einer intellektuell-ideologischen Formation, sondern als reale Struktur. Über seine landeskirchliche Organisation war der Protestantismus sehr direkt in die jeweiligen »lokalen« Gesellschaften eingebunden. Er war damit strukturell gleichsam geerdet. Im Prozess der Nationalisierung war diese Zuordnung von wechselseitigem Vorteil – sowohl für den Staat wie für den Protestantismus. Anders als ein Katholik, der in seinem Bezug auf den Papst der nationalstaatlichen Autorität immer suspekt sein musste, war im Protestantismus Loyalität auch in den religiösen Strukturen immer lokal und damit auch mit den jeweiligen politischen Strukturen verzahnt oder zumindest verzahnbar. Bildung – mit Melanchthon von vornherein als eine humane, und damit auch seitens des Staates zu übernehmende Grundverankerung einer zivilisierten Gesellschaft verstanden[1] – war zudem in direkter Form mit der Ausbildung von Religiosität verknüpft begriffen. Die Modelle Herders und nur wenig später Schleiermachers zeigten, wie dann im endenden 18. und beginnenden 19. Jahrhundert die Idee einer umfassend gebildeten Intelligenz sich direkt und unmittelbar mit den Möglichkeiten auch der modernen Wissenschaften verschweißte.[2] Dass Herder dann die mathematische Ausbildung deshalb einforderte, weil

---

[1] Vgl. etwa Heinz Scheible, Melanchthons Bildungsprogramm, in: Ders., Melanchthon und die Reformation, Mainz 1996, 99–114; Günter R. Schmidt, Philippus Melanchthon (1497–1560), in: Henning Schröer/Dieter Zillessen (Hrsg.), Klassiker der Religionspädagogik, Frankfurt 1989, 23–34.

[2] Vgl. Eilert Herms, Menschsein im Werden. Studien zu Schleiermacher, Tübingen 2003, 227–240.

hier in besonders einsichtiger Weise Disziplin und Ordnungsvorstellung zu lernen seien, zeigt dabei dann die auch umgekehrte Vereinnahmung des Wissenschaftlichen durch die auf Moral und Sitte ausgerichteten Erziehungsideale des Protestantismus.[3]

In der Mitte des 19. Jahrhunderts löst sich diese enge Verzahnung aber zusehends auf. Nach Königgrätz ist im mitteleuropäischen Raum die Vormacht des protestantisch geführten Preußen zwar unhintergehbar, doch wird im Verlauf des 19. Jahrhunderts der Staat zusehends säkularisiert. In der Endphase des Jahrhunderts geben hier die Katholiken, mit den Entwicklungen des Vatikans, einen Anstoß, auf den der Staat mit seiner protestantischen Intelligenz reagiert: In der mit der Dogmatisierung der Unfehlbarkeit angestoßenen, auch politischen Entwicklung, in der mit dem Kulturkampf der preußische Staat sich als Vertreter der gebildeten Intelligenz gegen eine als überkommen dargestellte Leitkultur des Katholischen aufstellt, wird diese Gegenstellung denn auch in juristischer Form kodifiziert. Langfristig trifft diese Gegenstellung von Staat und Katholizismus dann allerdings die Formationen des Religiösen insgesamt und verändert so auch das Verhältnis von Protestantismus und Staat.

Es war der liberale Mediziner Rudolf Virchow, der am 17. Januar 1873 diese Entwicklung mit dem Term des *Kulturkampfs* auf die höhere Ebene eines Kampfes der Rationalitäten meinte heben zu müssen.[4] Dabei sind die hier eingeleiteten Veränderungen dann allerdings umfassend und nicht etwa nur in ihrer direkten Wirkung auf den Katholizismus zu begreifen. Das Verbot der Predigt zu politischen Zwecken war hier ein erster Schritt.[5] Es folgte – gezielt gegen die katholische Fraktion – 1872 das Verbot der Jesuiten, aber eben auch das Schulaufsichtsgesetz, das sich zunächst wieder einmal gegen katholische Lehrkräfte richtete. 1873 wird die Staatsaufsicht über alle kirchlichen Ausbildungsstätten durchgesetzt, und zwei Jahre später ist mit Einführung der Zivilgesetzgebung in Preußen der Staat, der Geburt, Ehe und

3 Vgl. Johann Gottfried Herder, Vom Fortschreiten einer Schule mit der Zeit (1798), in: Albert Reble (Hrsg.), Johann Gottfried Herder. Schulreden, Bad Heilbrunn/Obb. 1996, 119.

4 Virchow gehörte von 1862 bis 1902 dem Preußischen Abgeordnetenhaus an. Hier prägte er 1873 den Begriff des Kulturkampfes als Befreiung der Kultur vom Einfluss der Kirche, Rede gehalten am 17. 1. 1873, in: Verhandlungen im Preußischen Abgeordnetenhaus 1873 I. Berlin 1873, 629 ff.

5 Vgl. Manuel Borutta, Antikatholizismus. Deutschland und Italien im Zeitalter der europäischen Kulturkämpfe, Göttingen 2011.

Tod begleitet.[6] Der seinerzeitige Kultusminister von Falk benannte all dies ausdrücklich als Maßnahmen des Kulturkampfes. Es ist so nicht nur das Katholische, es ist die Kirche insgesamt, die gegenüber dem Staat zurücktritt.

Ende der 1880er Jahre musste dann aber auch Falk seine liberalen Vorstellungen zurücknehmen und dem Lehrer Herrmann Müller in Lippstadt verbieten, den Darwinismus und damit eine der Schöpfungslehre des *Alten Testamentes* vordergründig widersprechende naturwissenschaftliche Auffassung zu lehren.[7] Falks avancierte Ideen zu einer liberalen wissenschaftlich bestimmten Ausbildung waren nur bedingt umzusetzen; was blieb, waren aber seine den Staat auch in der Ausbildung vor die Religion setzenden Regeln. Es sind nun diese mit dem Kulturkampf einhergehenden Veränderungen, die mittelfristig auch das Verhältnis des Protestantismus zum erstarkenden Staat neu bestimmten. Bald schon zeigten sich die Folgen einer zunehmenden Verstaatlichung von Bildung: Die sich zunehmend nach den Gesetzen des Staates bestimmende Regelung gesellschaftlichen Zusammenlebens war auf eine Säkularisierung hin angelegt, die die Religion zunehmend als ein Element der staatlich bewirtschafteten Angebote von Sitte und Humanität verstand, die insoweit als Momente in einer dann staatlich vorgegebenen Ordnung verortet wurden. Die damit verbundenen Ordnungsvorstellungen sind in Preußen zwar protestantisch verankert, doch lösen sich schon um 1900 die neu geschaffenen Strukturen zusehends aus traditionellen Vorgaben. Insoweit war die Gesellschaft im endenden 19. Jahrhundert auch für den Protestantismus aus den Fugen geraten.

Es waren die neuen sozialen Modelle, die Abgründe einer sich noch formierenden industriell bestimmten Sozialordnung, vor denen der Protestantismus vergleichsweise hilflos dastand. Von Wichern und Bodelschwingh mit ihren Reaktionen auf diese Situation blieben – wie im Katholischen Kolping und von Ketteler[8] – Einzelfiguren. Die von ihnen angestoßenen Entwicklun-

---

6 Nach 1874 ist vor dem Gesetz nur noch die Eheschließung des Standesamtes, d. h. die Zivilehe, gültig. Die standesamtliche Trauung wird zugleich zur Voraussetzung der kirchlichen Trauung.

7 Vgl. PHILIPP DEPDOLLA, Hermann Müller-Lippstadt (1829–1883) und die Entwicklung des biologischen Unterrichts, in: Sudhoffs Archiv 34 (1941), 261–334; M. MORKRAMER, Der »Lippstädter Fall« – Hermann Müller und der Kampf um die Lippstädter Schule, in: H. MÜNZ/M. MORKRAMER (Hrsg.), Hermann Müller-Lippstadt (1829–1883). Naturforscher und Pädagoge, Rangsdorf 2010, 113–129.

8 Vgl. KARL BREHMER, Wilhelm Emmanuel von Ketteler (1811–1877) – Arbeiterbischof

gen, das gilt insbesondere für den Protestantismus, gewannen gesellschaftspolitisch wenig Konturen und brachten sich denn auch kaum offensiv in einer politischen Diskussion ein. Die Gründung des »Evangelischen Bundes zur Wahrung der deutsch-protestantischen Interessen« von 1886 spricht hier für sich.[9] Ergebnis war ein Minimalprogramm politischer Gesinnungsausrichtung, das gesellschaftspolitisch nur einen Status quo zu sichern suchte, und damit schon von seinem Ansatz her letztlich ineffektiv blieb. Gegenüber diesem Schweigen der vormaligen Wertorientierungsinstanzen waren es nun die Vertreter der neuen positiv ausgerichteten Wissenschaften, bei denen diejenigen, die von solch weltanschaulicher Perspektivlosigkeit des Protestantismus enttäuscht waren, Gehör fanden.

Dies zumal, als sich diese Wissenschaften dann, wenn sie aus ihrer disziplinären Sicht auf das neu einzustellende gesellschaftliche Wertgefüge hin ausgriffen, unmittelbar aus vorgegebenen tradierten Wertvorstellungen lösen können. Sie verwiesen auf neue Einsichten und stellten sich darin bewusst außerhalb tradierter Positionen.[10] Dabei gewannen sie ihre Perspektivierungen nun allerdings jeweils in einer methodisch eingeschränkten, disziplinären Sicht. Die insoweit immer begrenzte Rationalität der Naturwissenschaften musste derart mit ihrer immer begrenzten Einsicht jede umfassende, auf einen weitgespannten kulturgeschichtlichen Rahmen aufbauende Ordnungsvorstellung torpedieren. Das Religiöse hat in solch einer Ausrichtung letztlich dann auch nur mehr im Bereich des Emotionalen, nicht aber in vordergründig abzufragenden Bildungsinhalten seinen Platz.

---

und Sozialethiker. Auf den Spuren einer zeitlosen Modernität, Regensburg 2009; Hans-Joachim Kracht, Adolph Kolping: Priester, Pädagoge, Publizist im Dienst christlicher Sozialreform. Leben und Werk aus den Quellen dargestellt, Freiburg 1993; Martin Gerhardt, Johann Hinrich Wichern. Ein Lebensbild, 3 Bde., Hamburg 1927–1931; Ders., Friedrich von Bodelschwingh. Ein Lebensbild aus der deutschen Kirchengeschichte, 2 Bde., Bethel 1950–1955; zur Einordnung: Thomas K. Kuhn, Religion und neuzeitliche Gesellschaft. Studien zum sozialen und diakonischen Handeln in Pietismus, Aufklärung und Erweckungsbewegung (BHTh 122), Tübingen 2003, 5f.

9 Vgl. Friedrich Nippold, Die zwei ersten Jahrzehnte des Evangelischen Bundes und seine Leitung durch Graf Wintzingerode, Leipzig 1906 sowie im Weiteren Walter Fleischmann-Bisten, Der Evangelische Bund in der Weimarer Republik und im sogenannten Dritten Reich, Frankfurt a. M. 1989.

10 Vgl. Olaf Breidbach, Monismus, Positivismus und »deutsche Ideologie«, in: Walburga Hülk/Ursula Renner (Hrsg.), Biologie, Psychologie, Poetologie. Verhandlungen zwischen den Wissenschaften, Würzburg 2005, 55–70.

Im endenden 19. Jahrhundert verdichtete sich der Anspruch einer europäischen Wissenschaft, nicht nur den Menschen in seinen Funktionen, sondern eben auch in seinen Ansprüchen, Wünschen und Möglichkeiten bewerten zu können. Die Anfang des 19. Jahrhunderts formulierte Idee eines Franz Joseph Gall,[11] die ihm der seinerzeitige, nicht gerade als Fortschrittsfreund bekannte Kaiser Franz II. als Gottlosigkeit auslegte, und ihn in Konsequenz dann auch aus dem Habsburgerreich verbannte, war: den Menschen in seinem Geist und in seiner Moralität anhand seiner Schädelknochen vermessen zu können. Solch eine Materialisierung des Denkens und damit verbunden von Geist und Bildung war keineswegs eine Randerscheinung.[12] Europaweit wurden Schulen und Krankenhäuser nach diesem Prinzip strukturiert.[13] Die wissenschaftliche Anthropologie beschrieb den Menschen als Reflexwesen; und Victor Hugo umriss in der Geschichte seiner *Misérables*, was geschähe, wenn ein phrenologisch bestimmter – d. h. an Gall geschulter – Strafrechtler die Menschen nach ihrem Hirnvermögen einteile.[14] So war diese Idee von einer Materialisierung des Ichs innerwissenschaftlich Ende des 19. Jahrhunderts denn auch keineswegs verhallt. Im Rahmen einer Neo-Phrenologie – einer Neu-Schädelkunde – nahm noch der große Sherrington – der Doktorvater von Sir John Eccles – diese Idee einer Schädelvermessung des Geistigen zum Ansatz seines neuen neurophysiologisch geführten Vermessungsprogramms des Intellektes.[15] Noch das Konzept unserer IQ-Bemessungen, das vielerorts ja selbst die Schulpraxis mitbestimmt, ist in der Tradition dieser frühen Materialisierungsideen formuliert.[16] Wie denn auch – so mit Forel in Zürich oder Flechsig in Leipzig um 1900 – die Neurophysiologie der Seele umfassend thematisiert wurde.[17]

---

[11] Vgl. Sigrid Oehler-Klein, Die Schädellehre Franz Joseph Galls in Literatur und Kritik des 19. Jahrhunderts, Stuttgart/New York 1990; M. Hagner, Homo cerebralis. Der Wandel vom Seelenorgan zum Gehirn, Berlin 1997.

[12] Vgl. insgesamt Olaf Breidbach, Die Materialisierung des Ichs. Zur Geschichte der Hirnforschung im 19. und 20. Jahrhundert, Frankfurt a. M. 1997.

[13] Vgl. etwa Roger Cooter, Phrenology in the British Isles: An Annotated Historical Biobibliography and Index, London 1989.

[14] Victor Hugo, Les Misérables, Paris 1862.

[15] Charles Scott Sherrington, The Integrative Action of the Nervous System, New York 1906.

[16] Vgl. Nicholas John MacKintosh, IQ and Human Intelligence, Oxford 1998.

[17] Paul Flechsig, Gehirn und Seele, Leipzig 1896; Auguste Forel, Gehirn und Seele, Stuttgart 1911.

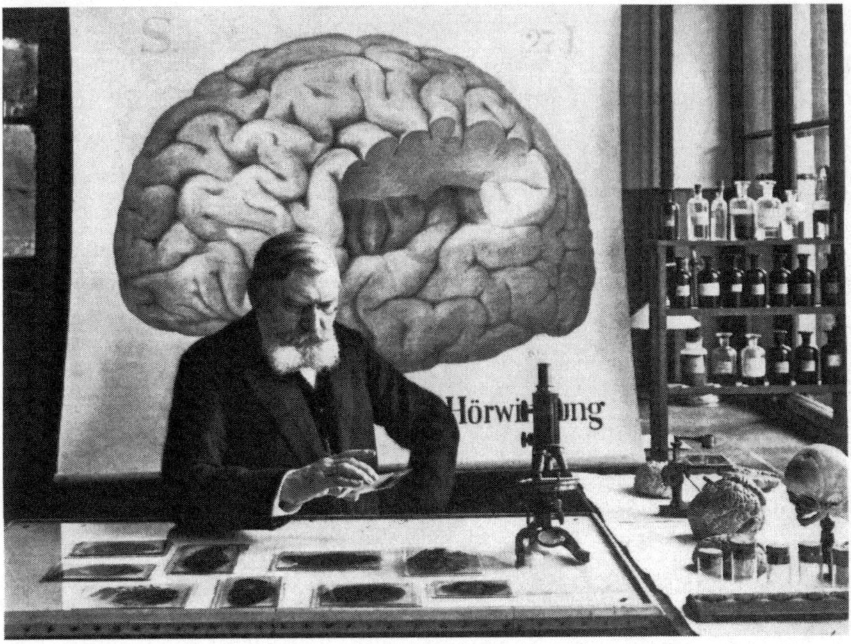

Paul Flechsig[18]

Ja, Flechsig empfahl seine Wissenschaft der Decodierung von Verhaltensleistungen mittels der Funktionsanalyse des Hirnes ausdrücklich auch für den Preußischen Staat. Ging es doch – so Flechsig, seinerzeit auch Rektor der Universität Leipzig – im Kopf des Physiologen zu, wie es nach den Strukturmarkierungen von dessen Anatomie zu erwarten war: strikt hierarchisch und damit in der Art, die für eine Monarchie im Ideal zu erwarten war.[19] Und so wären dann im deutschen Kulturgefüge die Erscheinungen der Intelligenz und mithin auch deren Ausbildung schon 1894 idealiter eben nach solchen physiologischen Prinzipien zu schreiben.

Der Wiener Sigmund Exner, Physiologe, Hirnforscher und Lehrer von Freud, benötigte in dem seinerzeit breit rezipierten *Entwurf zu einer physiologischen Erklärung der psychischen Erscheinungen* von 1894 nur wenige Zeilen, Entstehung etwa von Liebe reflexphysiologisch zu deuten.[20] Schließlich haben

18 Monatsschrift für Psychiatrie und Neurologie 26 (1909), Suppl.1, I–IV.

19 Vgl. BREIDBACH, Die Materialisierung des Ichs (s. Anm. 12), 220–228.

20 SIGMUND EXNER, Entwurf zu einer physiologischen Erklärung der psychischen Erscheinungen, Wien 1894, 346.

sich im Kampf um das Dasein – so Exner – all die Eigenschaften ausgebildet, die der Erhaltung des Individuums dienen,[21] und so eben auch die Regeln, nach denen Sozietäten zusammenzuhalten waren. Derart ist dann das, »was wir Pflicht und Tugend nennen«, der Effekt eines evolutionsbiologisch nachzuzeichnenden Optimierungsprogramms zur Verbesserung von Überlebenswahrscheinlichkeiten. Entsprechend beruhen »die Begriffe von Gut und Schlecht, von Tugendhaft und Lasterhaft [...] auf Empfindungen, die den socialen Instincten der Menschen angehören«.[22] So ist dann »naturgeschichtlich untersucht«, wie Moral entstanden ist.[23] Folglich ersteht dann letztlich auch die Vorstellung Gottes als Moment einer Strategie zur Abstimmung von Verhaltensmustern eines sich abstimmenden Sozialverbandes,[24] einer komplizierten, in Verhaltensabstimmungen organisierten Sozietät. Gott – und damit die Religion – war hier nichts als ein Epiphänomen, das biologisch enttarnt und physiologisch zu decodieren war.

Ein Bildungsideal, das die Wissenschaften in eine religiös bestimmte Ordnung einband, war hier somit selbst in dem vormals katholisch bestimmten Wien gänzlich verlassen. Franz Serafin Exner öffnete hier als Bildungspolitiker schon um 1850 das Habsburger Universitätswesen und tat so das seine, solch eine Art von Wissenschaft und damit die Modernität der neuen Wissenskulturen zu fördern.[25] In Preußen entsprach diesem der Kultusminister Falk, der in seinem Versuch, die Realschule als eine explizit die moderne Wissenschaftsentwicklung aufnehmende Bildungsanstalt neben das klassische Gymnasium zu setzen, noch weit über die Personalpolitik seines österreichischen Kollegen hinausging.[26] Sein Ziel war, Preußen für die Anforderungen der Moderne zu rüsten. Seine Idee war, den klassischen auf Sittlichkeit, Tradition und – damit verbunden – die Inhalte des protestantischen Bildungsideals insgesamt ausgerichteten Schultyp des Gymnasiums durch eine modernere Wissensvermittlungsinstitution, in der nun die Natur-

---

21 Vgl. a.a.O.

22 A.a.O. 350.

23 A.a.O. 355.

24 Vgl. a.a.O. 364.

25 Franz Serafin Exner war um 1850 maßgeblich an der Umorganisation des Universitätsbetriebes beteiligt, die sich vornehmlich mit der Lehr- und Lernfreiheit und der Verbindung von Forschung und Lehre befasste. Um die Nachhaltigkeit und Dynamik der Projekte nicht zu gefährden, lehnte er mehrfach das Angebot eines Ministerpostens ab.

26 Vgl. ERICH FOERSTER, Adalbert Falk – Sein Leben und Wirken als Preußischer Kultusminister, Gotha 1927.

wissenschaft nicht einfach nur als Moment einer sittlichen Anstalt, sondern an sich Interesse finden sollte, zu ersetzen.

Das geschah nun in einem Moment der Geistesgeschichte, in dem die ihrerseits schon klassischen physiologischen Vorstellungsmuster, die den Menschen – wie bei Sigmund Exner – in der ihn bestimmenden Mechanik einer nur in sich bestimmten Existenz charakterisierten,[27] sich noch einmal ausweiteten. Schließlich war die mechanische Existenz einer geschaffenen Struktur auch im tradierten philosophischen Muster – etwa im Sinne eines Descartes oder eines Leibniz – durchaus denkbar. Und so war denn auch die mit solchen Vorstellungen einhergehende Idee eines Demiurgen als eine Art von avanciertem Uhrmacher keineswegs – wie es uns heute Dawkins glauben machen will[28] – von vornherein gegen das religiöse Humanitätsideal gestellt. William Paley, aber vor ihm noch Fénelon, setzten, wie im Übrigen auch Swammerdam, in der Einsicht in die Perfektibilität der so geschaffenen Mechanik das erste Argument für ihre philosophisch fundierte Darstellung einer eben auch die Wissenschaften mit umfassenden Religion.[29]

Mit Darwins 1859 publizierter Idee einer Evolution war das etwas anderes. Der Zweckbezug der Schöpfung wurde hier durch die Idee einer blind laufenden Mechanik ersetzt, in der Werte zufällig entstanden, Geschichte nur eine Aneinanderreihung von Einzelaktionen darstellte – und ein Sinn, ein Ganzes in und von Welt als bloße Konstruktion eines sich in der Unsicherheit seines bloß evolvierenden Seins Unterschlupf suchenden Wesens Mensch enttarnt schien.[30] Die Tradition selbst stand so in Frage. Die Geschichte hatte weder einen Anfang, und damit keinen Ursprung, noch ein Ziel. Sie war heillos. Und so verwundert es nicht, dass Darwin selbst in der Ansicht seines Entwurfes alles andere als frohsinnig wurde. Wir wissen, dass Darwin selbst angesichts der Konsequenzen seiner Ideen schlicht krank wurde,[31] was in einer sehr eigenen Weise auf die auch im evolutionsbiologischen Denken zu gewinnende Sittlichkeit verweist. Doch ist dies ein hier selbst nicht interessierender Punkt.

---

27 Vgl. KATJA REGENSPURGER/TEMILO VAN ZANTWIJK (Hrsg.), Wissenschaftliche Anthropologie um 1800?, Stuttgart 2005.

28 RICHARD DAWKINS, Der blinde Uhrmacher, München 1990; vgl. auch DERS., Der Gotteswahn, Berlin 2007.

29 WILLIAM PALEY, Natural Theology, Or, Evidences of the Existence and Attributes of the Deity: Collected from the Appearances of Nature, London 1811.

30 Vgl. PETER J. BOWLER, Evolution: The History of an Idea, Berkeley 2009.

31 Vgl. ADRIAN DESMOND/JAMES MOORE, Darwin, Reinbek 1994.

Allerdings markieren solche Biologen wie Darwin, solche Physiologen wie Exner, und die Vielfalt der sich an ihnen gegen Ende des 19. Jahrhunderts orientierenden Philosophen, Psychologen und Ästheten nur einen Strang in den Entwicklungen, die um 1900 im Philosophischen zwischen Bergson, Dilthey, Max Weber und den Positivisten – um nur die Extreme der seinerzeitigen Positionen zu benennen – oszillierten.[32] Gemeinsam war all diesen dabei – auch denen, die den hier skizzierten Entwicklungen kritisch gegenüberstanden – um 1900 eins: sich immer wieder neu an dieser soeben etablierten Naturwissenschaft abzuarbeiten.

Seinerzeit bestimmend war – zur Überraschung des in der Distanz sehr viel kritischer zurückblickenden Wissenschaftshistorikers – die Abwehrhaltung gegen eine von ihrer sozialen Positionierung und inhaltlich noch kaum gefestigten Naturforschung. Diese kompensierte ihr theoretisch mangelndes Fundament in ausgreifenden Anspruchshaltungen, und blieb hiermit, trotz ihres immer wiederkehrenden Scheiterns in technischer und eben auch moralischer Hinsicht – man denke an Liebigs Fleischextrakt – der nach allem Vorschub, statt die Heermassen versorgen zu können, bloß noch als Speisewürze anzubieten war – man denke an sein gescheitertes Projekt eines alle Böden verbessernden Universaldüngers und man denke an die umfassenden Versuche einer Chemie, sich mit der Entwicklung neuer, furchtbarer Kampfstoffe nach 1900 nunmehr definitiv als staatstragende Institution zu adeln.[33] Deutlich wird, wie hier hinsichtlich der Versprechungen der modernen Naturwissenschaften zunächst ein bloßer Scheinriese – im Sinne von Michael Ende[34] – aufgebaut war. Doch war mit diesem Bild einer Anwendungssegnungen versprechenden Naturwissenschaft, die sich in der Produktion der ersten Impfstoffe dann um 1900 auch in deren industrieller Produktion glänzende Zukunftsaussichten vor Augen führte, eben nicht auch konzeptionell so ohne

---

32 Siehe etwa: UWE BARRELMEYER, Geschichtliche Wirklichkeit als Problem. Untersuchungen zu geschichtstheoretischen Begründungen historischen Wissens bei Johann Gustav Droysen, Georg Simmel und Max Weber, Münster 1997; BERNHARD PLÉ, Die »Welt« aus den Wissenschaften. Der Positivismus in Frankreich, England und Italien von 1848 bis ins zweite Jahrzehnt des 20. Jahrhunderts. Eine wissenssoziologische Studie, Stuttgart 1996.

33 Vgl. ANTONIO SALTINI, Storia delle scienze agrarie. Teil III: L'età della macchina a vapore e dei concimi industriali, Bologna 1989; GEORG SCHWEDT, Liebig und seine Schüler. Die neue Schule der Chemie, Berlin 2002.

34 MICHAEL ENDE, Jim Knopf und Lukas der Lokomotivführer, Stuttgart 1982.

Weiteres zu arbeiten.[35] Die eingehende Analyse zeigte die Rahmenkonzeptionen der modernen Naturforschung noch brüchig. Die sich nach Hilberts Programm nunmehr deutlich strukturierende Mathematik eröffnete mit neuen Anwendungen ihrer Formalismen ein ganz neues Feld naturwissenschaftlicher Beschreibungen.[36] Die Physik stand mit Maxwell, Planck und Einstein vor einem umfassenden Umbruch.[37] Die Biowissenschaften hatten sich in der Diskussion um einen auch sozial anzuwendenden Darwinismus neu aufzustellen. In der Chemie waren mit der Entdeckung der Transurane die eben gewonnenen Ordnungsvorstellungen von der Organisation der Materie neu zu begründen.[38] Es galt hier zunächst in Einzelheiten den Grund zu finden. Das Mikroskop, als Instrument der Sichtung und Ordnung des alles Große fundamentierenden Kleinen, wird zum Symbol solcher Vorgehensweise.[39]

Der Blick auf das Detail erschließt nicht nur neue Horizonte, sondern sichert, geführt in den methodischen Rahmen der Disziplinen, deren auch über diese Einzelheiten ausgreifende Argumentation. Es ist nicht die unmittelbare Einsicht in die so erschlossenen Zusammenhänge, es ist der unter solchen Zusammenhängen möglich erscheinende Einblick in derartige Detaillierungen, in dem sich die naturwissenschaftlichen Weltanschauungen sichern. In diesen Detaillierungen konturiert sich ein neues Bild von Welt, in dem Sinn und Bedeutung schlicht in solchen Einzelheiten demonstriert erscheinen. Die damit gefundenen Bilder konturieren eine Alternative zu den traditionellen, philosophisch und religiös gesicherten Wert- und Sinnzusammenhängen. Geblendet durch die derart von den Wissenschaften neu gesetzten Bilder, verlegt sich die Philosophie und mit ihr die Religion auf Rückzugsgefechte, die angesichts der neu entstehenden Probleme einer sich zusehends technisch bestimmenden Gesellschaft, im Blick auf die Umschichtungen des sozialen Gefüges und in den damit verlorenen Traditionen, kaum mehr Positionen zu sichern und auszubauen vermögen.[40]

---

35 Vgl. Hans Schadewaldt, Die Anfänge der Immunologie. Emil Behrings Serumtherapie, in: Heinz Schott (Hrsg.), Meilensteine der Medizin, Dortmund 1996, 375–380.

36 Vgl. Constance Reid, Hilbert, Berlin ²1972.

37 Etwa: Jules Leveugle, La Relativité, Poincaré et Einstein, Planck, Hilbert: Histoire véridique de la Théorie de la Relativité, Paris 2004.

38 Vgl. Milorad Mlađenović, History of Early Nuclear Physics (1896–1931), Singapore 1992.

39 Vgl. die Einleitung von Matthias Jacob Schleiden in: Ders., Grundzüge der wissenschaftlichen Botanik nebst einer methodologischen Einleitung als Anleitung zum Studium der Pflanze, 2 Tle., Leipzig 1842/1843, 30–76.

Nach 1914 wird im *Brain drain* der auf den Schlachtfeldern verblutenden Intellektuellen die kognitive Substanz für eine vielleicht doch noch neu ansetzende Überlegung der sich mit allen Möglichkeiten der seinerzeitigen Technologien zernichtenden Gesellschaften definitiv verschleudert. Nach 1918 fehlt dann schlicht »Reaktionsmasse«, um mehr als das unmittelbar Erforderliche zu leisten. Die Geschichte der Kultur der Weimarer Republik kann dann vielleicht auch unter diesem Aspekt und nicht allein in Blick auf die Nabelschau einer mit sich im Unreinen seienden, physisch, intellektuell und spirituell unterfütterten Gesellschaft geschrieben werden. Konzeptionell bewegt sich denn auch im Letzten nur mehr das fort, was schon vor 1914 angeschoben war, die Vernichtung der Wertgefüge. Die Frage der im Moment nötigen Reorientierung überdeckt zunächst Vieles in einer mit sich so fundamental im Unreinen seienden Kultur. Festzuhalten scheint so etwas Gewisses, wie das Neuronale, das Biologische, ja das Naturwissenschaftliche insgesamt, nach dem dann Gehlen und später Plessner ihr Menschenbild zeichneten.[41] Die Geschichte war vor diesen naturgesetzlich bestimmten Phänomenen schlicht zu vergessen, was in der historischen Situation dieser sich neu besinnenden Moderne alles andere als abträglich schien.

Umrissen ist damit die Kontur einer weltanschaulichen Re-Positionierung, in der nunmehr die vormaligen Autoritäten ersetzt und neue Orientierungen formuliert sind. Sehr schnell schlägt dieses Reorientieren dann auch um und formiert sich nun selbst, wie dies exemplarisch die Grabesgruft von Louis Pasteur im Institut Pasteur in Paris zeigt, nach den alten Mustern. Dieser Kult der Rationalität, in dem sich der Fortschrittsglaube der Aufklärung in einer neuen Form von Kirchlichkeit einbindet, hat dabei seine Wurzeln in den ersten Formierungen solch eines Kults der Vernunft, wie er schon um 1790 seine Botschaft offerierte.[42]

Daran an schließt sich der Positivismus, der die Geschichte über die Stufen ihrer rationalen Entfaltung seinerseits zum Glauben führt und hier – etwa in Brasilien – dann auch noch um 1900 einen expliziten Kult offeriert, in dem Christus zur Vernunft und Maria zur Rationalität metamorphosiert erscheint.

---

40 Vgl. HANS-ULRICH LESSING, Die Idee einer Kritik der historischen Vernunft. Wilhelm Diltheys erkenntnistheoretisch-logisch-methodologische Grundlegung der Geisteswissenschaften, Freiburg/München 1984.

41 Vgl. JOACHIM FISCHER, Philosophische Anthropologie. Eine Denkrichtung des 20. Jahrhunderts, Freiburg 2009.

42 Vgl. MONA OZOUF, La fête révolutionnaire, Paris 1976.

Tempel des Positivismus in Porto Alegre[43]

Ganz ähnlich – und das muss uns im Weiteren noch einmal interessieren – offeriert dann auch der aus dem Wissenschaftsgefüge erwachsene Monismus nicht nur eine Theorie, sondern eine lebensweltliche Realisierung einer praktizierten Welterfahrungslehre.

Die Geschichte der Wissenschaft führt im 19. Jahrhundert aus der Entgegensetzung gegen einen umfassenden Systematisierungsversuch zu einer pragmatischen Haltung. Die Verwerfungen einer säkularisierten Wissenschaft, die die Philosophie um 1800 durch eine umfassende Systematisierung alles Denkbaren zu überwinden sucht, sind für sie ihrerseits überholt.[44] Der Forderung zu systematisieren setzen sie die Hoffnung auf eine Praxis entgegen, in der theoretisch noch wenig geschlossene Aussagenkonvolute der Wissenschaften zumindest zu nutzen wären. Auch solche Nutzung blieb aber weitgehend *Science fiction*, und so fand auch diese Wissenschaft dann aus sich – und in ihrer nunmehr methodologisch eingegrenzten Sicht – Ende des 19. Jahrhunderts zurück zu einer Religion nunmehr des Wissens.[45]

---

43 Tempel des Positivismus, Eugenio Hansen, OFS, 2010; CC Share Alike 3.0 unported; <http://commons.wikimedia.org/wiki/File:Templo_Positivista_em_Porto_Alegre_.JPG>.

44 Vgl. Olaf Breidbach, Schleidens Kritik an der spekulativen Naturphilosophie, in: Ders. (Hrsg.), Schellings und Hegels Verhältnis zur Naturwissenschaft von M. J. Schleiden (1844). Schriften zur Naturphilosophie, Weinheim 1988, 1–56.

45 Vgl. Olaf Breidbach, Monismus um 1900. Wissenschaftspraxis oder Weltanschauung? In: Stapfia 56, Ausstellungskatalog *Welträtsel und Lebenswunder*, Linz 1998, 289–316.

Karte des Deutschen Monistenbundes (DMB)[46]

Im Konzept der sich neu formierenden Monisten, die die Welt nach dem Muster einer Wissenschaft zu erklären suchten, blieb es dann nicht nur bei einem theoretischen Entwurf. Diese sich um 1900 als Glaubenslehre formierende Wissenschaft schuf in den alten Formen des Ritus auch eine wissenschaftsreligiöse Lebensform, wie sie sich dann nicht allzu weit von Jena in einer monistischen Lebensgemeinschaft eben auch lebenspraktisch aus dem Raum des Alltäglichen abzusetzen suchte.[47]

Die Konturen der seinerzeitigen Diskussionen, die im Kontext der sogenannten Lebensreformbewegungen in einen gemeinsamen Horizont gestellt schienen, reagierten dabei nicht nur auf wissenschaftliche Entwicklung, sondern auf ein massives Defizit in der Rekonturierung von Wertmaßstäben in den tradierten religiös-kulturellen Strukturen. Die Lebensreformbewegung markiert insoweit nicht nur einen Aufbruch, sondern vor allem auch eine Krisis der alten Sinnbewältigungsstrategien. Die neue Welt, mit ihren drastisch veränderten sozialen Strukturen, mit der nun unmittelbar möglichen Erfahrung auch des Fremden, wie sie in Zeitungen, Broschüren und zunehmend im allgemeinen Erleben auch außerhalb der politisch intellektuellen Eliten erfahrbar war, zeigte nicht nur die Grenzen der alten Beschreibungs-

46 Copyright Ernst-Haeckel-Archiv der FSU Jena.

47 Wilhelm Ostwald beschreibt solch eine Monistische Lebensgemeinschaft in seiner 74. Sonntagspredigt. Wilhelm Ostwald, Monistische Sonntagspredigten III, Leipzig 1917, 169.

und Bewertungsformen auf. Sehr deutlich war auch, dass die traditionellen, religiös caritativen Vorstellungen und die nach ihnen ausgerichteten Einrichtungen mit den Problemen der sich umfassend verändernden Gesellschaft auch praktisch nicht klarkamen und so in den sich rasant verändernden sozialen Rahmenbedingungen kaum mehr Orientierungen zu geben vermochten: In der sozialen Frage waren auch die caritativ organisierten alten Glaubensgemeinschaften zunächst weitgehend hilflos. Sie liefen einer Entwicklung hinterher, die sie weder verstanden hatten noch gar in ihren alten Handlungsmustern in irgendeiner Form einzufangen vermochten. So verdichten sich in dieser Situation eine ganze Reihe von Motiven, die, nach dem massiven Verlust an Deutungskompetenz, den rein materiellen Verlusten einer sich sozial noch kaum neu verstanden habenden Gesellschaft, die Frage, wie das Religiöse in solch einer Welt zu formieren wäre, massiv bestimmen. Die Idee, ein innerreligiöses Erleben neben solch praktisch anzupackendes Geschehen zu stellen, gab auf die Probleme solch einer Praxis keine Antwort. Eine neue religiös bestimmte Sicht auf die Gesellschaft oder gar eine realistische Version einer Ausrichtung der neuen Entwicklungen fehlte. Kirche als Organisation war hier – anders als in der Mitte des 19. Jahrhunderts – gesellschaftlich schlicht marginalisiert. Sie stand nicht in den Diskussionen um die Entwicklung der Moderne, sondern lief diesen hinterher. Sie hatte es nicht geschafft, nach der Ausgrenzung aus den Strukturen der staatlichen Verwaltung der Bürger in Folge des Kulturkampfes (Schule, Ehe, Tod) neue, an sie selbst gebundene Strukturen zu schaffen. Entsprechend erscheint sie als Struktur obsolet. Dies resultiert dann nach 1900 in einer sich immer massiver ausformenden Kirchenaustrittsbewegung.[48] Das Leben selbst schien in der an ihm möglichen Anschauung hier mehr an Perspektiven zu bieten als die alten Formen tradierter Religionsgemeinschaften. Und so gewann die Lebensreformbewegung dann weiteres Profil. Dabei trafen sich diese Entwicklungen mit der in eigenen Reihen formulierten Kritik der Religionen, die insbesondere ein absolut unzureichendes Bildungsangebot monierte, in der dann auch der Religionsunterricht in die Kritik geriet, da er auch nicht näherungsweise auf die modernen Entwicklungen Bezug zu nehmen vermochte. Der Bremer Domprediger Kalthoff formuliert dies um 1900 sehr eindringlich.[49] Es schien, als ob nunmehr nur noch in der Anschauung der Natur selbst das

---

48 Vgl. Jochen-Christoph Kaiser, Sozialdemokratie und »praktische« Religionskritik. Das Beispiel der Kirchenaustrittsbewegung 1878–1914, in: AfS 22 (1982), 263–298.

49 Albert Kalthoff, Schule und Kulturstaat, Leipzig 1905.

Erhabene in seiner unmittelbaren Anschauung wirksam werden konnte. Die Wissenschaft und nicht die Religion hätte so den Blick auszurichten. Nicht im Verdikt gegen das Neue dieser Wissenschaften, sondern im Mitgehen der durch sie eröffneten Wege wäre so in die Moderne zu finden. Das war zumindest die Aussage von Kalthoff.

Ernst Haeckel fragt Giordano Bruno, wohin er ginge. Antwort: »Nach Rom, es ist Zeit, mich wieder einmal verbrennen zu lassen.« Karikatur aus den Lustigen Blättern von 1907.[50]

Er schloss hiermit an bekennende Wissenschaftler wie Haeckel, Forel und Ostwald an, die er eben nicht als a-religiös, sondern nur bloß anti-klerikal denkende Bildungsbürger verortete. Diesen nun aber war – Kalthoff zufolge, mit dieser Ablehnung der überkommenen pastoralen Vermittlungsmuster – ein Weg zu den Arbeitern hin offen. Und so tauschte er aus der klerikalen Perspektive den Ritus gegen die Bildung einer unmittelbaren Einsicht eines in der Natur verborgenen Gottes.[51] Bildung im Sinne traditioneller Erzählungen und überkommener Riten war demnach durch eine moderne Bildung zu ersetzen, die konsequenterweise auch nicht mehr die Kirche, sondern nur mehr der Staat anzubieten und zu tragen hatte.

All die in diesem Essay noch nebeneinandergesetzten Aussagen zu Momenten der Situation um 1900 konturieren zunächst nur erste Spuren der

---

[50] Lustige Blätter 22 (1907), Bayerische Staatsbibliothek München, 4 Per. 51m-22.

[51] Etwa Albert Kalthoff, Religiöse Weltanschauung, Jena 1903, 245.

Linien, die sich in der Diskussion um die Wissenschaft im Protestantismus um 1900 verdichteten. Die politischen Entwicklungen in Preußen, in denen mit der Säkularisierung der Patronage über den Bürger, dem nunmehr staatlich geführten Geburtsregister, dem Monopol in Bildungseinrichtungen, der staatlich gesicherten Ehe, und dem über den Staat dokumentierten Austritt aus dem Leben, die religiöse Bildung zusehends in den Raum des Privaten verdrängt wurde, beginnen in Reaktion auf den Versuch der katholischen Kirche, sich nach dem Verlust aller weltlichen Macht neu zu formieren.[52] Die an Rom gebundenen Jesuiten waren – wie schon benannt (und auch nicht erstmalig) – das erste Opfer eines Staates, der hier nun allen gegen seine Monopolbestrebungen gerichteten Anstrengungen einer übernationalen Bindung seiner Bürger entgegenwirkte. Die Folgen einer rechtlichen Verankerung des Staates in der Bildung und der rechtlichen Sicherung des Lebensweges waren nun allerdings einschneidend. Sie setzen das vormalige Primat einer religiös geführten Lebenspraxis außer Geltung. Die Lebenspraxis war demnach nicht mehr einfach nach religiösen Traditionen auszurichten. Hierzu schien die Wissenschaft ihrerseits strukturell entsprechende Alternativen anzubieten: In dieser nicht mehr nach Traditionen, sondern nach den neuen Rechtsbestimmungen ausgerichteten Lebenspraxis proklamierten die Vertreter der neuen wissenschaftlichen Rationalität ihre vermeintlich empirisch gesicherten Sinn- und Bedeutungsentwürfe. Allerdings macht es die Entwicklung in Preußen, die selbst nach den ersten Erfolgen eines Abdrängens der klerikalen Strukturen nunmehr das komplette Programm einer rational geführten Ausbildung offerieren könnte, auch den Wissenschaftlern nicht einfach. Die Diskussion im preußischen Landtag über den Darwinismus und die daraus abgeleitete Konsequenz, die neuen Lebenswissenschaften im Unterricht nicht mehr mit aufzunehmen und demnach die von Falk initiierten Bestrebungen einer umfassenden wissenschaftlich geführten Ausbildung wieder zugunsten der traditionellen wert- und geschichtsbetonten Ausbildungsinhalte zurückzuführen, drängt nunmehr auch die Wissenschaften in eine Art außerschulische Mission.[53]

---

[52] Allgemeine Kirchenversammlung im Vatikan, 4. Sitzung (1870): Lehrentscheid über die Kirche Christi, 4. Kapitel. Das unfehlbare Lehramt des römischen Papstes. Vgl. DH 3069–3071.

[53] Vgl. PAUL ZICHE (Hrsg.), Monismus um 1900. Wissenschaftskultur und Weltanschauung, Berlin 2000; HEIKO WEBER/MAURIZIO DI BARTOLO/OLAF BREIDBACH (Hrsg.), Monismus um 1900. Organisation und Weltanschauung (JbWk 3), Stuttgart 2007.

Haeckel-Karikatur aus den Lustigen Blättern[54]

Wie sie dann insbesondere von Haeckel und seinem Umfeld, in nunmehr umfassender Weise, aufgefächert nach Bekehrungsstrategien für die verschiedenen sozialen Gruppen, eben nur mehr über Wissenschaftspopularisatoren, aber nicht mehr über die staatlich geführten Schulen erreichbar sind.[55] Das hieraus erwachsende Resultat ist ein Sektierertum auch in dem Umgang mit dem neuen Wissen, in dem nunmehr die noch traditionell (gut protestantisch) geschulten Wissenschaftler und Bildungsbürger das Neue in den ihnen bekannten traditionellen (protestantischen) Formen besprechen und formieren. Dies ist der Hintergrund der religionsanalogen Propaganda der Apostel des neuen Wissens, die sich nunmehr im szientistischen Kontext als Heiligenfiguren eigener Prägung auch sehr rasch übernational etablieren.[56] Die Autogrammkarte des Wissenschaftlers ersetzt das Heiligenbild der katholischen

---

54 Lustige Blätter (1900), Heft 18, 5.

55 Vgl. Erika Krausse, Zur Popularisierung der Biologie unter dem Einfluss Ernst Haeckels, in: Gudrun Wolfschmidt (Hrsg.), Popularisierung der Naturwissenschaften, Berlin 2002, 127–157; zur Einordnung vgl. Andreas Daum, Wissenschaftspopularisierung im 19. Jahrhundert. Bürgerliche Kultur, naturwissenschaftliche Bildung und die deutsche Öffentlichkeit 1848–1914, München 1998.

56 Vgl. Olaf Breidbach, Haeckel-Rezeption um 1900, in: Jürgen John/Justus H. Ulbricht (Hrsg.), Jena. Ein nationaler Erinnerungsort?, Köln/Weimar/Wien 2007, 431–444.

Wallfahrtsorte. Die Pilgerfahrt zu den Orten des Heiligen ersetzt sich durch die Reisen zum Guru der modernen Rationalität. So pilgert die Monistengemeinde 1911 von Hamburg nach Jena, um den siechen Haeckel, und mit ihm ihre eigene (Wissenschafts-)Religion zu ehren.[57] Und so liegt es denn auch durchaus in der Linie eines solchen Umgangs mit dem Neuen, dass es im Versuch, die Vielfalt der frei, d. h. frei von der Kirche, denkenden Intellektuellen zu bündeln, nicht mehr zu einem von Comte ja noch geforderten System, einem Katechismus neuer Form, sondern zu einer Personalisierung nach altem Muster kommen konnte. Auf dem internationalen Freidenkerkongress in Rom wird 1904 der Biologe Ernst Haeckel in den Thermen des Caracalla, also gleichsam auf dem mit dem Blut der christlichen Märtyrer getränkten Boden, zum Gegenpapst ausgerufen.[58] Nicht dass Haeckel dies sehr schätzte. In seinen Briefen nach Hause berichtet er erschreckt und reserviert von den Sektierern der verschiedenen Freidenkerverbände, die immer nur sich und ihre eigenen Ziele, nicht aber die Zeit der Moderne insgesamt vor Augen hatten. Haeckel zelebriert dann auch nicht, sondern sucht zurück in Thüringen eine kleine, nationale Lösung solch einer internationalen Vereinigung aufzubauen, und gründet so 1908 den deutschen Monistenbund.[59] Ziel dieses Bundes ist es, die von Haeckel in seinen *Welträthseln* thetisch umrissene neue monistische Wissenschaftsreligion zu propagieren, im Volk zu sichern und so die moderne Kultur auf das ihr nach Haeckel eigene, wissenschaftliche Fundament zu setzen.

Haeckel steht in solchem Unterfangen nun keineswegs alleine. Wilhelm Ostwald – seinerzeit schon Träger des Nobelpreises für Chemie – setzt sich in seiner Haeckels Konzept aufnehmenden *Naturphilosophie* in die direkte Folge der idealistischen Philosophien der Nachfolge Kants, die aber nunmehr in der neuen wissenschaftlich getragenen Weltanschauung Ostwalds ihre

57 Vgl. Heiko Weber/Olaf Breidbach, Der Deutsche Monistenbund 1906–1933, in: Arnher E. Lenz/Volker Mueller (Hrsg.), Darwin, Haeckel und die Folgen. Monismus in Vergangenheit und Gegenwart, Neustadt 2006, 157–206.

58 Vgl. Maurizio Di Bartolo, Le lettere di Enrico Morselli a Ernst Haeckel. Per un'introduzione, in: Olaf Breidbach/Gian Franco Frigo (a cura di), Il monismo filosofico e scientifico tra Italia e Germania (1870–1900), Padova 2005, 265–277.

59 Vgl. hierzu Rosemarie Nöthlich/Heiko Weber/Olaf Breidbach/Erika Krausse, Weltbild oder Weltanschauung? Die Gründung und Entwicklung des Deutschen Monistenbundes, in: JbWk 3 (2007), 19–67; Heiko Weber, Monistische und antimonistische Weltanschauung. Eine Auswahlbibliographie, Berlin 2000.

Ernst Haeckel: Die Welträthsel. Volks-Ausgabe.
181.–200. Tausend. Stuttgart [Juni 1906].[60]

letzte Vollendung gefunden habe.[61] Es ist in der Tat das Denken eines Comte, das sich hier, zwei Generationen später, in seiner einzelwissenschaftlichen Form formuliert findet; die nunmehr um 1900 im Reich der Vernunft und damit im Absoluten einer aufgeklärten Welt angekommen zu sein scheint. Es ist diese nun aber eine Welt, in der mit Flemming alles nach einem Zeittakt gesetzt erscheint, wo Formen und Farben in einer verbindlichen DIN-Norm gesichert sind; wo im Rahmen eines umfassenden Enzyklopädie-Projektes alles Wissen in Form eines gigantischen Zettelkastens bündelbar scheint, und in der mit Volapük oder – später – mit Esperanto auch eine umfassende, alle Kulturen einende Sprache formuliert scheint.[62] So mag es dann auch

---

60 Copyright Ernst-Haeckel-Archiv der FSU Jena.

61 WILHELM OSTWALD, Vorlesungen zur Naturphilosophie, Leipzig 1902, 5f.

62 MARKUS KRAJEWSKI, Restlosigkeit. Weltprojekte um 1900, Frankfurt 2006.

nicht wundern, dass ein Wissenschaftler wie Ostwald, getragen von der Idee einer sich derart universal ansetzenden Wissenschaftsrationalität, seine Monistischen Sonntagspredigten ansetzte. Schließlich weist er auf, dass nunmehr mit der neuen Moderne die Kultur der Vernunft, wie sie um 1800 noch in ersten zögerlichen, rein rituellen Formen formiert war, in ihre endgültige neue Gestalt gefunden hat. Schließlich sei ja auch die Religion, in den klerikal getragenen Formen ihrer Vermittlung, nichts als der Versuch, der Konzeption eines in sich glücklichen, aus den Kalamitäten der momentanen Situation hinaus denkenden Menschen eine Perspektive zu geben. Da dies immer nur zeitspezifisch erfolgen kann, so folgt damit »[…] dass jede Religion, je älter sie ist, um so mehr sich mit dem Denken und Empfinden der gegenwärtigen Zeit in Widerspruch setzt«.[63] Und so ist dann – Ostwald zufolge – auch

> »der Protestantismus seinerseits aber […] nichts, als ein vor vierhundert Jahren durchgeführter Versuch, den Inhalt der christlichen Religion dem Denken und Fühlen jener Zeit besser anzupassen, als dies innerhalb der römischen Kirche möglich war. Demgemäß genügte diese Religionsform auch für einige Jahrhunderte den Bedürfnissen der breiteren Volksschichten, wenn auch die geistig Höchsten insbesondere des deutschen Volkes ihre Unzulänglichkeit nicht nur empfunden, sondern«

eben in ihrer Insuffizienz erkannt haben und so konsequenterweise auf dem Weg der Wissenschaft nach anderen Lösungsansätzen gesucht haben,[64] das eigentliche Ziel einer religiösen Praxis umzusetzen: »[…] nämlich möglichst viel Glück um sich zu verbreiten«.[65] Insofern konnte Ostwald dann an der alten Idee von Comte, das Heil der Welt in den Wissenschaften zu finden, anknüpfen und ganz im Sinne dieses Fortschrittsapologeten das Heil der Welt in den Segnungen der sich um 1900 neu aufstellenden Naturwissenschaftsdisziplinen besingen: »So habe ich«; schreibt Ostwald,

> »als Entschuldigung meines Unterfanges nur die Thatsache, dass auch der Naturforscher beim Betrieb seiner Wissenschaft unwiderstehlich auf die gleichen Fragen geführt wird, welche der Philosoph bearbeitet. Die geistigen Operationen, durch welche eine naturwissenschaftliche Arbeit geregelt und zu erfolgreichem Ende gebracht wird, unterscheiden sich ihrem Wesen nach nicht von denen, deren Ausführung die Philosophie untersucht und lehrt. Das Bewusstsein dieses

---

63 Wilhelm Ostwald, Monistische Sonntagspredigten 1, Leipzig 1911, 3.

64 A. a. O. 3.

65 A. a. O. 2.

> Verhältnisses ist zwar in der zweiten Hälfte des neunzehnten Jahrhunderts zeitweilig verdunkelt gewesen; es ist aber gerade in unseren Tagen wieder zur lebendigsten Wirksamkeit erwacht, und allerorten regen sich im naturwissenschaftlichen Lager die Geister, um ihren Antheil zu dem philosophischen Gesammtwissen beizutragen. So ist denn unsere Zeit bereit, eine neue Entwicklung der Naturphilosophie in beiderlei Sinne zu erleben [...]«.[66]

Nunmehr durch die Anschauung geführt, wird die daraus erwachsene Philosophie sich der Spekulation entraten.

> »Das ist also«, schreibt Ostwald weiter, »der Fehler, den die Naturphilosophen gemacht haben, und den wir um jeden Preis vermeiden müssen. Sie versuchten, aus dem Denken die Erfahrung abzuleiten; wir werden umgekehrt unser Denken überall nach der Erfahrung regeln«.[67]

Und hier gewinnt nun die Wissenschaft um 1900 nach der vormaligen Idee des Positivismus die Werkzeuge, das Heil aus dem Transzendentalen zurück in die Welt zu setzen und so – an den Wissenschaften geführt – die Rationalität in der Gesellschaft als ein wissenschaftlich geführtes Denken zu konstituieren und die Gesellschaft derart nach einer ihr dann einsichtigen Verständigkeit auszurichten.

Wie solcherart in dem neuen wissenschaftlich untersetzten Kulturgefüge das Wissen der europäischen Zivilisation gefangen erscheint, wird um 1900 gerade in einer kulturell so wenig geschlossen erscheinenden Gesellschaft wie Brasilien deutlich. Schon die Staatsflagge trägt als Symbol dieser noch wenig geschlossen erscheinenden Nation das Motto der Positivisten »Ordem e progresso«; und so gewinnt dieser Positivismus in Brasilien auch direkt einen Kult. Es formiert sich eine Kirche, in der das Heil der Vernunft in Figurationen greifbar wird, in der die Geschichte des Heils als Geschichte der Rationalität geschrieben wird, und in der sich Ende des 19. Jahrhunderts dann die Ideen eines Comte mit den Entwürfen der weltanschaulich ausgreifenden modernen Naturforscher des Monismus, allen voran des Biologen Ernst Haeckel, vermischen.[68] In Brasilien schreibt Karl von Koseritz, der die deutsche Einwanderung nach Brasilien organisiert und koordiniert, schon 1875: »Man verehrt Sie hier, Herr Professor, als den Messias einer neuen Aufklärung, und Ihr Name ist in

---

66 OSTWALD, Vorlesungen (s. Anm. 61), Leipzig 1902, 3.

67 A. a. O. 7.

68 Vgl. SÍLVIO ROMERO, História da Literatura Brasileira, Bd. 5, Rio de Janeiro 1980, 181 ff.

Jedermann's Munde.«[69] Zugleich bittet von Koseritz um Schriften und Bücher, damit man dann auch weiß, wen oder was man da verehrt. In Italien sieht dies ganz ähnlich aus: Hier wird Haeckel für die fortschrittlichen, für eine neue politische und kulturelle Ordnung Italiens streitenden Kräfte zu einer Personifikation der eigenen, gegen die Dominanz klerikal-katholischer Wert- und Ordnungsgefüge gerichteten Intentionen.[70] Die Haeckel'sche Evolutionsbiologie wird denn in diesem Raum auch weniger als innerbiologische Theorie, als vielmehr als argumentative Waffe gegen die klerikale Ordnungsmacht genutzt. So wird Haeckel zu einer Autorität, mit der gegen die als überkommen begriffenen Strukturen zu argumentieren ist. Damit gewinnt er enorme Resonanz auch unter den italienischen Positivisten.

O. Gulbransson: Ernst Haeckel
(Galerie berühmter Zeitgenossen, XXXIX).[71]

Derart formiert sich unversehens in der Rezeption solcher Naturforschung die Idee einer Perfektibilisierungsgesellschaft, die nun nicht nur bloß durch die Rezeption etwa Haeckels bestimmt ist, sondern ganz massiv auch von diesem selbst intendiert ist. Im Rahmen der von ihm gegründeten »Gesellschaft

---

69 C. von Koseritz, Porto Alegre, an E. Haeckel (10. 3. 1875). Ernst-Haeckel-Haus, Bestand A.

70 Vgl. Alfred Kelly, The Descent of Darwin. The Popularization of Darwinism in Germany, 1860–1914, Chapel Hill 1981; Mario Di Gregorio, Entre Mèphistophelès et Luther: Ernst Haeckel et la reforme de l'univers, in: Patrick Tort (Hrsg.), Darwinisme et Société, Paris 1992.

71 Simplicissimus Jg. 1905/96, Heft 14, 158.

Ectophysis«, die versuchte, alle Naturforscher Europas zu einer einheitlichen Stellungnahme gegenüber den möglichen Entwicklungen des Menschen, der wissenschaftlichen Begründung ethischer Normen und der Darstellung von Perspektiven für eine neue wissenschaftlich bestimmte Humanität zu bewegen, wird dies für die Bildungseliten greifbar.[72] Im Kontext der von ihm unterstützten Wissenschaftspopularisatoren, die gezielt sein (Haeckels) Wissenschaftsprogramm mit der mit diesem verbundenen gesellschaftlichen Programmatik verkündeten, werden nun aber auch sehr gezielt die Arbeiterschaft – durch Wilhelm Bölsche, das Kleinbürgertum – durch Zacharias, und das liberale Bürgertum, etwa als Leser der *Gartenlaube*, durch Carus Sterne, entsprechend weltanschaulich ausgerichtet.[73] Nachzuzeichnen ist hier ein umfassendes Wissenschaftspopularisierungsprogramm, das unser modernes Bild von Natur und eben auch von Natürlichkeit nachhaltig bestimmt hat. Nach 1900 organisieren sich diese Versuche einer Wert- und Weltorientierung im deutschen Monistenbund, der dann auch direkt als solch eine Wertorientierungseinheit wahrgenommen und etwa aus dem Protestantismus im Rahmen des Keplerbundes mit gleichen Waffen bekämpft wird.[74] Die Fragen von Weltordnung, dem Naturschönen, der Ausrichtung von Handlungsnormen und der Existenz und Wirkung Gottes formieren sich in den Auseinandersetzungen, mit diesen, zumindest was deren soziale Wurzeln anbelangt, wissenschaftlich bestimmten Diskussionsplattformen.[75] Eine adäquate Bildung gewinnt sich nunmehr in Auseinandersetzung mit diesen Positionen. Und auch die Darstellung dessen, was religiös ist oder zumindest sein könnte, formiert sich in Auseinandersetzung mit diesem neuen Wissen. Der schon einmal benannte Domprediger A. Kalthoff formuliert dies in seiner Schrift *Religiöse Weltanschauung* 1903 als Programm einer modernen religiösen Jugenderziehung: »Durch das Leben, durch die Welt zu dem Gott, den wir nicht sehen.«[76]

---

[72] Vgl. OLAF BREIDBACH/ROSEMARIE NÖTHLICH, »Dem Cultus des Wahren, Guten und Schönen.« Die Wissenschaftsgesellschaft Ethophysis im Umfeld Haeckels, in: JbUG 10, (2007), 185–209.

[73] Vgl. ROSEMARIE NÖTHLICH/OLAF BREIDBACH/UWE HOSSFELD, »Was ist die Natur«. Einige Aspekte zur Wissenschaftspopularisierung in Deutschland, in: MATTHIAS STEINBACH/STEFAN GERBER (Hrsg.), Klassische Universität und akademische Provinz. Die Universität Jena von der Mitte des 19. bis in die 30er Jahre des 20. Jahrhunderts, Jena 2005, 238–250.

[74] Vgl. OLAF SELLE, Antidarwinismus und Biologismus. Naturwissenschaft, Weltanschauung und Politik im Werk Eberhard Dennerts (1861–1942), Husum 1986.

[75] KALTHOFF, Religiöse Weltanschauung (s. Anm. 51), 44ff.

[76] A. a. O. 245.

Protestantische Bildung und Kultur in Übersee am Beispiel Brasiliens[1]

Euler Renato Westphal

Die Theologie ist ein Bestandteil der Kultur, ganz besonders in der protestantischen Tradition. Erziehung und Theologie sind Aspekte ein und derselben kulturellen Bewegung. Das Konzept von Kultur und Bildung wurde in der Moderne in signifikanter Weise innerhalb der protestantischen Tradition gebildet. Die Konzeption von Kultur und Bildung, die im 19. Jahrhundert in Deutschland bestand, findet sich durch die Auswanderung von Deutschen auch unter den Protestanten Brasiliens. Wir möchten die Beziehung darstellen, die zwischen der Theologie und dem Konzept von Bildung und Kultur besteht. Wir gehen davon aus, dass der protestantische Beitrag zur Organisation der öffentlichen Bildung in vielen Ländern, besonders in denen mit einer protestantischen Tradition, fundamental war. Das Wissenschaftsprinzip im Kontext der brasilianischen Universitäten wurde entscheidend durch den Gedanken des französischen Positivismus geprägt. Deshalb ignorieren die akademischen Analysen in Brasilien beinahe komplett die theologische Fragestellung von Bildung und Kultur. Wir schlagen vor, sich dem Thema von der Vision Luthers her zu nähern, ebenso wie von dem Konzept der Immaterialität der Kultur im Kontext der protestantischen Tradition Brasiliens. Hiervon ausgehend werden wir dann über den Prozess der protestantischen Immigration nach Brasilien und der Wichtigkeit, die die Erziehung und die Schulen für sie hatte, nachdenken. Wir beobachten, dass die deutsche Auswanderung neue Aspekte der Gesellschaftsorganisation im Süden Brasiliens brachte.[2]

---

1 Anmerkung des Übersetzers: Dieser Artikel wurde aus dem Portugiesischen übersetzt. Der Autor zitiert auch aus Werken, die ins Portugiesische übersetzt wurden. Um des besseren Verständnisses des Artikels willen wurden diese Zitate frei in die deutsche Sprache übersetzt. Es ist daher möglich, dass sich diese Zitate nicht mit denen der entsprechenden deutschen Literatur wortwörtlich decken. Übersetzt von Jörg Garbers.

I Auswanderung, Erziehung und das protestantische Kulturerbe

Luther betonte die Freiheit des Menschen gegenüber der kirchlichen Autorität und der Knechtschaft der aristotelisch-thomistischen Hermeneutik, die in der mittelalterlichen Theologie üblich war. »Eyn Christen mensch ist eyn freyer herr ueber alle ding und niemandt unterthan. Eyn Christen mensch ist eyn dienstpar knecht aller ding und yderman unterthan.«[3] Deshalb hat jeder Christ das Recht, die Schrift auszulegen. Damit dies in angemessener Form geschehen kann, ist es notwendig, dass das Volk lernt, die Bibel zu lesen ohne unter der Vormundschaft der kirchlichen Herrschaft zu stehen. Dies bedeutet Befreiung von der Bevormundung des Christen durch Teile der Kirche. Gadamer bestärkt diese Beobachtung und sagt:

> »Die Reformation fördert damit das Wachstum der Hermeneutik, die den rechten Gebrauch der Vernunft beim Verständnis der Tradition lehren soll. Weder die Autorität des päpstlichen Amtes, noch die Berufung auf die Tradition können die hermeneutische Betätigung überflüssig machen, dessen Aufgabe es ist, den Sinn des Textes gegen alle Nötigung zu verteidigen.«[4]

Auf diese Weise hat, laut Gadamer, die Reformation einen signifikanten Beitrag zur hermeneutischen Wissenschaft geleistet. Sie überwand das thomistisch-philosophische Gedankengebäude. Deshalb durchzog die durch die Reformation ermöglichte Entdeckung der Subjektivität die Lektüre und eigenständige Interpretation des Bibeltextes ohne die Vermittlung der kirchlichen Autoritäten. So wurde jeder Leser zu seinem »eigenen Papst«, es genügte die Texte lesen und interpretieren zu können.[5] Die Freiheit rief den

---

2 Dieser Artikel entstand aus der Forschungsarbeit zum Thema »Patrimônio e Sustentabiblidade« (Eigentum und Nachhaltigkeit) des Masterstudienganges für »Patrimônio Cultural e Sociedade« der Universität der Region Joinville Univille-Brasil und wurde erstmals auf der Eisenacher Tagung 2013 vorgetragen.

3 Vgl. MARTIN LUTHER, Von der Freiheit eines Christenmenschen (1520), in: WA 7, 21,1–4; »Christianus homo omnium dominus est liberrimus, nulli subiectus. Christianus homo omnium servus est officiosissimus, omnibus subiectus.« MARTIN LUTHER, Tractatus de libertate christiana (1520), in: WA 7, 49,22–25.

4 HANS-GEORG GADAMER, Verdade e Método. Traços fundamentais de uma hermenêutica filosófica, Petrópolis [4]2002, 417.

5 Vgl. J. B. SCHNEEWIND, A invenção da autonomia, São Leopoldo 2001, 527–551. Hier haben wir das Fundament der Autonomiekonstruktion, die von Immanuel Kant

Christen aus dem Raum des Heiligen – der Klöster und Konvente – heraus, und stellte ihn mitten in die Welt hinein. Die Bildung hat die Funktion, die Menschen zur Ausübung der christlichen Freiheit zu qualifizieren und außerdem das Ziel, Amtspersonen auszubilden, welche die Stadt verwalten können.

Hinsichtlich der Notwendigkeit der Bildung für die Gesellschaft betont Luther: »da mit auch durch uns die wellt gebessert werde«.[6] Damit die Welt verbessert wird, hat die Schule die Aufgabe, die Kinder zu lehren. Auf diese Weise muss im Bildungsprozess der Verstand mit dem Ziel benutzt werden, eine bessere Welt zu ermöglichen, damit das Leben möglich und nachhaltig sein kann. Nach Luther regiert Gott die Welt durch Bildung.

1 Bildung, Kultur und das protestantische Bewusstsein

Von Luthers Gedanken zu Bildung und Kultur ausgehend hat das Luthertum in Brasilien darauf bestanden, eine konfessionelle Identität zu konstruieren. Auf dem Fundament von Luthers Vision zur Bildung ist es möglich, eine Verbindung zwischen Kultur, Bildung und der protestantischen Reformation zu knüpfen. Allerdings kam das Bildungskonzept, das die Einwanderer im 19. Jahrhundert mitbrachten, außer von Luther auch von Schiller und Herder. Die deutsche Romantik fand großes Echo unter den Deutsch-Brasilianern.[7] In diesem Zusammenhang versuchen wir die theologische und kulturelle Fragestellung, die die protestantischen Einwanderer nach Brasilien brachten, zu verstehen. Es ist bekannt, dass der Protestantismus wichtige kulturelle Beiträge in die mitteleuropäischen und die skandinavischen[8] Länder sowie die Vereinigten Staaten von Amerika brachte.[9] Ähnliches wie in diesen Ländern kann man auch in Brasilien beobachten.

(1724–1804) dann zu Ende gedacht wurde. Siehe Immanuel Kant, Der Streit der Fakultäten. Anthropologie in pragmatischer Hinsicht, in: Kants Werke, Bd. VII, Berlin 1917.

6 Martin Luther, An die Ratherren aller Städte deutsches Lands, dass sie christliche Schulen aufrichten und erhalten sollen (1524), in: WA 15, 48,31.

7 Vgl. Dilney Cunha, Suiços em Joinville: o duplo desterro, Joinville 2003, 233–234. Siehe Kolonie-Zeitung, Joinville 38 (1900) 36, 1–3.

8 Vgl. Peter Schreiner, Europäisierung von Bildung, in: Peter Schreiner/Volker Elsembast/Friedrich Schweitzer (Hrsg.), Europa – Bildung – Religion. Demokratische Bildungsverantwortung und die Religion, Münster u. a. 2006, 90f.

9 Vgl. Frederick Eby, História da educação moderna: teoria, organização e práticas educacionais, Globo ^{5}1978, 348–356; Carter Lindberg, As Reformas na Europa, Sinodal/IEPG 2001, 423–445; Quentin Skinner, As fundações do pensamento político moderno, São Paulo 1999.

Laut einer Veröffentlichung des Institutes für das nationale historische und künstlerische Patrimonium des Bundesstaates Santa Catarina (IPHAN/SC), hat die Ankunft der europäischen Einwanderer ein gesellschaftliches Organisationsmodell geschaffen, das bis dahin in Brasilien nicht bekannt war. Es ist bezeichnend, dass die Deutsch-Brasilianer ein differenziertes Gesellschafts- und Wirtschaftsmodell im Bereich von Joinville und Blumenau, sowie in den Regionen von São Leopoldo und im Bundesstaat Rio Grande do Sul aufgebaut haben.[10] Laut der Veröffentlichung des IPHAN/SC:

> »Die Ankunft europäischer Kolonisten in Brasilien markierte den definitiven Bruch mit dem kolonialen System, dass bisher geherrscht hatte. Die Verteilung des Landes, die auf der Logik der Monokulturen der Latifundien beruhte, wie es bei den grossen Kaffeeplantagen des Südostens der Fall war oder den nordöstlichen Zuckerrohrplantagen und die sich auf die Arbeitskraft der Sklaven stützte, wurde einem neuen Modell gegenübergestellt, dass sich auf kleine agrarische Grundstücke gründete, die in familiärer Zusammenarbeit bebaut wurden und Produktvielfalt aufwies«.[11]

Brasilien lebte im 19. Jahrhundert von den Strukturen der Sklavenhaltung, die in gewisser Weise auch heute noch fortbestehen. Die soziale Ungerechtigkeit enthält immer noch einen wichtigen kulturellen und sozialen Zug der Gesellschaft, welche aus dem Erbe der Sklaverei der brasilianischen Nation entstand. Der Ausschluss aus dem Bildungsprozess von Bevölkerungsteilen afrikanischer Herkunft ist in der Dynamik dieser Gesellschaft bis heute ein auffallendes Merkmal.

Die deutschen Einwanderer, mehrheitlich Protestanten, kamen aus ärmlichen Verhältnissen in Deutschland, der Schweiz und Holland. Dennoch besaßen sie eine gewisse Bildung und Kultur, waren alphabetisiert und wussten methodisch zu arbeiten. Dies gab es, zumindest in dieser Form, nicht unter der allgemeinen brasilianischen Bevölkerung.[12] Die offiziellen Dokumente und die Geschichtsschreibung, die sich mit den deutschen Einwanderern beschäftigen, erkennen diese kulturellen Eigenschaften an.[13] Allerdings schaffen

---

10 Vgl. Apolinário Ternes, Joinville: 150 anos, Joinville 2001.

11 Roteiros Nacionais De Imigração Santa Catarina. Superintendência Regional do IPHAN em Santa Catarina: Ministério da Cultura Governo Federal, Florianópolis [3]2008, 17.

12 Vgl. Johann Eduard Wappäus, Kaiserreich Brasilien. Handbuch der Geographie und Statistik des Kaiserreiches Brasilien, Leipzig [7]1871, 1581–1582.

13 Die Unkenntnis der religiösen Aspekte lassen sich in folgenden Werken beobachten: Instituto do Patrimônio Histórico e Artístico Nacional do setor do Estado de Santa Catarina

es diese Texte nicht, diese spezifische Kultur der Arbeit, der Organisation und der Bildung mit ihren nichtmateriellen Grundlagen, das heißt mit ihrer Theologie, ihren Lebenswerten und ihrer Frömmigkeit, zu verknüpfen. Auf diese Weise werden *Weltanschauung* und ihre *Lebensanschauung*, welche die Grundlagen ihres materiellen Kulturausdruckes sind, nicht zureichend berücksichtigt. Wenn man die Kultur eines Volkes studiert, muss man sich auch um deren Theologie bemühen.

Wir gehen davon aus, dass die Theologie und ihre Frömmigkeitswerte das Fundament der kulturellen Ausdrucksfähigkeit der deutschen Einwanderer bilden. Wir sollten beachten, dass das Verständnis der Materialität der Kultur sich nur erschließt, wenn die metaphysischen Netze und symbolischen Konstruktionen, die sich in der »Spiritualität« einer Kultur ausdrücken, interpretiert werden. Wir meinen, dass die Spiritualität oder mit anderen Worten die Immaterialität der Kultur der deutschen Einwanderer ein Prozess ist, der den materiellen Kulturausdrücken vorangeht. Die Geschichtsschreiber Joinvilles sprechen, wenn sie die Geschichte der deutschen und schweizerischen Einwanderung betrachten, von den nichtmateriellen Ausdrücken ihrer Kulturen. Allerdings lassen es die positivistische und marxistische Tradition, die im akademischen Kontext Brasiliens so verwurzelt sind, nicht zu, diesen komplexen Prozess der Re-Signifikation der Immaterialität der protestantischen Kultur, die starke Impulse zur Entwicklung der kulturellen Tradition im Süden Brasiliens gab, zu durchschauen.[14]

Für Max Weber ist Kultur die Konsequenz einer »Anschauung«. Für Weber kann die Weltanschauung und Lebensanschauung auch »Lebensführung« bedeuten.[15] In der portugiesischen Sprache gibt es keinen gleichwertigen Unterschied, der den deutschen Worten »geistig« und »geistlich« entspricht. Im allgemeinen wird das Wort *espiritual* (geistlich) auch im Sinne von »geistig« genutzt. Bei der Verwendung des Wortes »geistlich«, als Korrelat für »geistig«, werden deshalb Erklärungen notwendig, um zwischen den beiden Wortbedeutungen zu unterscheiden. Es sollte dem portugiesisch sprechenden Leser jedoch bewusst sein, dass der Ausdruck »geistig« den Begriff »Lebensführung«

(IPHAN/SC); Ilanil Coelho, Pelas tramas de uma cidade migrante, Joinville, Editora Univille 2011. Vgl. Sandra de Camargo Guedes u. a., História de (I)migrantes: o cotidiano de uma cidade, Joinville ²2005.

14 Vgl. Janine Gomes da silva, Memórias da cidade: o centro, as estradas e histórias sobre patrimônio cultural. (Pro)Posições Culturais, Joinville 2010, 80–102.

15 Vgl. Antônio Flávio Pierucci, Apresentação, in: Max Weber, A ética protestante e o »espírito do Capitalismo«, São Paulo 2004, 7.

mit einschließt. Wenn man das Wort »geistig« bedenkt, das auch eine Zusammenschau von Auffassungen, Bekenntnissen, Werten und menschlichen Erfahrungen umfasst, ist es notwendig, die Geistlichkeit mit einzubeziehen, im religiösen und theologischen Sinne des Wortes. Es müssen Unterscheidungen gemacht werden, doch es gibt zugleich bedeutende Zusammenhänge zwischen den Worten »geistig« und »geistlich«, die bedacht werden müssen.

Von diesen Beobachtungen ausgehend, betrachtet die Kultur im Sinne von »Geistlichkeit« ebenso wie »geistig« die Lektüre der Bibel als Garant für die ethischen und kulturellen Werte des deutschen und schweizerischen Protestantismus. In der protestantischen Kultur ist die Lektüre der Bibel direkt mit der Kulturkonstruktion verbunden. Der *habitus* der protestantischen Kultur ist in der individuellen Bibelauslegung fundamentiert, ohne dass es dabei unbedingt zu einer Einmischung einer äußeren Autorität kommt. Die Autonomie des Gläubigen in der Bibellese und ihrer Interpretation ist ein ganz wesentlicher Aspekt des *habitus* der protestantischen Kultur.[16] Norbert Elias bestätigt dies, indem er schreibt:

> »[...] Max Weber [...] benannte eine ›Herausbildung protestantischen Bewusstseins‹: die Konstruktion eines Mechanismus der Selbstkontrolle, mit deren Hilfe eine Person komplett allein im Stande war seine eigenen Aktionen zu steuern – egal was die Personen dazu sagen –, für sich selbst zu entscheiden und allein vor dem eigenen Gewissen und Gott verantwortlich zu sein.«[17]

Von diesen theoretischen Überlegungen geleitet, möchten wir den Entstehungsprozess der Kultur in Joinville, im Süden Brasiliens, untersuchen, ausgehend von dem, was »das protestantische Bewusstsein« genannt wird. Es ist zu beachten, dass es sehr enge Beziehungen zwischen Bildung und Kultur in der protestantischen Tradition gibt. Diese Beziehung war fundamental bei der Konstruktion der modernen Gesellschaft.[18] Gemäß unserer Forschungsthese war dies auch bei der Kolonisation Joinvilles nicht anders.

---

[16] Vgl. WILHELM WACHHOLZ, Atravessem e ajudem-nos: a atuação da »Sociedade Evangélica de Barmen« e de seus obreiros e obreiras enviados ao Rio Grande do Sul (1864–1899), São Leopoldo 2003.

[17] NORBERT ELIAS, Os alemães: a luta pelo poder e a evolução do habitus nos séculos XIX e XX, Rio de Janeiro 1997, 95.

[18] Vgl. RALF KOERRENZ, Reformation – Protestantismus – Bildung. Martin Luther als Referenzpunkt protestantischer Bildungstradition. Reformatorische Ausgangspunkte protestantischer Bildung. Orientierungen an Martin Luther, Jena 2011, 31–71; DERS. (Hrsg.), Bildung und Kultur – Zwischen Tradition und Innovation, Jena 2010.

Die Fragestellung der protestantischen Tradition muss vom *usus politicus* des Gesetzes her gesehen werden. Von hier aus sind Kultur und Bildung wichtige Aspekte, damit das Leben bewahrt und das Böse vom Gesetz eingegrenzt wird, das dazu dient, dass die Schöpfung bewahrt und nicht von den Kräften der Sünde zerstört wird. Für Luther, ausgehend vom *usus politicus* oder *civilis* des Gesetzes, gewinnen Bildung, Ehe, Handarbeit, Musik, Feste und Freude ihre Würde. Bei Luther wird deutlich zwischen Gesetz und Evangelium unterschieden. Der Glaube in Christus ist unterschieden von der Bildung und Kultur. Dennoch, Gesetz und Evangelium werden in Beziehung gesetzt. Kinder zu erziehen und Persönlichkeiten zu formen, damit sie einen Beruf haben, ist Ausdruck des Evangeliums.[19]

Wir stellen fest, dass Luther die Begriffe »Kultur« und »Bildung« nicht nutzt. Es ist ein Begriff, der in der modernen Zeit auftaucht, besonders bei Herder und Humboldt. Dennoch gebrauchen wir den Begriff »Kultur«, ausgehend von Luthers Intention, dass die Menschen eine Gesellschaft aufbauen sollen, in der sie mit Würde, Gerechtigkeit, Wissen, Freude und Schönheit leben können. So können wir von seinen Schriften ausgehend sagen, dass Kultur als ein Ausdruck der Humanität der Menschen und als ein Erweis von Gottes Sorge um seine Schöpfung zu verstehen ist.[20]

Diese Sicht von Kultur, Bildung und Ausbildung brachte Luther dazu, das Beherrschen der Sprachen zu betonen. Die Lektüre und Interpretation der Bibel erfordern es, die Sprachen zu erlernen, sowohl die antiken Sprachen als auch die Sprache, die das Volk spricht. Gemäß den Erkenntnissen von Sprachwissenschaftlern hat Luther durch seine Übersetzung der Bibel in die deutsche Sprache bedeutend zur Strukturierung der hochdeutschen Sprache beigetragen. So hat dann diese Sprache zur Strukturierung anderer nationaler

---

19 Vgl. Oswald Bayer, Freiheit als Antwort, Tübingen 1995, 89–93. 297–302; Gerhard Ebeling, O pensamento de Lutero: uma introdução, São Leopoldo 1988, 98–109.

20 Die Begriffe »Bildung« und »Kultur« schließen Begriffsambivalenten ein, die zwischen Unschuld, Naivität, Distanz und Stolz sowie einem Gefühl der Überlegenheit oszillieren können. Die Bildung kann unmenschlich werden und der Kultur kann auch ein Potenzial der Zerstörung menschlicher Beziehungen innewohnen. Diese Problematik, auf die der Untertitel des folgenden Artikels hinweist, wurde sehr schön analysiert von Michael Winkler, Bildung und Kultur. Verwirrende Grundlagen versuchsweise dargestellt, in: Manuel Fröhlich u. a. (Hrsg.), Bildung und Kultur – Relationen (BuK), Jena 2012, 13–53. Auch wenn die Fragestellung der Ambivalenz der Kultur und der Bildung im vorliegenden Artikel nicht thematisiert wird, gehen wir von der lutherischen Voraussetzung aus, dass die Sünde als moralische und ontologische Größe auch die menschlichen Bemühungen, eine Kultur zu schaffen und der Gesellschaft Bildung zu ermöglichen, durchzieht.

Sprachen beigetragen. Deshalb wurde die Beherrschung der Sprachen, besonders der biblischen, zur Voraussetzung und Möglichkeit der Verkündigung des Evangeliums. Die Reformation wurde von Ebeling als ein »sprachliches Ereignis« angesehen, weil Luther neue kulturelle Aspekte, die in der Sprache begründet sind, schuf. Die »Konstruktion« einer Sprache, wie es Luther tat, führte die deutsche Nation zur Rationalität und Sensibilität der Sprache.[21] Von Luther ausgehend, sollte Sprache im Bildungsprozess erlebt werden, damit es zur Bildung eines bürgerlichen Bewusstseins käme und somit der Mensch seine Geschichte gestalten könne.[22]

2 Protestantische Einwanderung und Kultur

In der Geschichte Brasiliens hat es zwei große Versuche gegeben, den Protestantismus heimisch zu machen. Einen Versuch durch die Einwanderung der Hugenotten im 16. Jahrhundert, die das erste Dorf gründeten, das dann später der Stadt Rio de Janeiro seinen Ursprung gab, und einen anderen durch die Calvinisten, geführt von Moritz von Nassau im 17. Jahrhundert.[23] Beide Versuche sind gescheitert. Im Jahr 1824, während der Regierungszeit des Kaisers Dom Pedro I., kamen die ersten lutherischen und calvinistischen Protestanten nach Brasilien. Sie kamen insbesondere aus Deutschland und der Schweiz.[24] Laut der Nachforschungen David Gueiros Vieira war die damalige brasilianische Regierung unter dem Kaiser Dom Pedro I. der Meinung, dass die deutschen Protestanten weiterentwickelt waren als die katholische Bevölkerung der iberischen Halbinsel. Die Intention der damaligen brasilianischen Regie-

---

[21] Vgl. EBELING (s. Anm. 19), 9–19; OSWALD BAYER, A teologia de Martim Lutero: uma atualização, São Leopoldo 2007, 73–77; JEAN GRONDIN, Introdução à hermenêutica filosófica, São Leopoldo 1999, 81–94.

[22] Vgl. LUTHER, An die Ratherren (s. Anm. 6), WA 15, 19–53.

[23] Vgl. HANS-JÜRGEN PRIEN, Die Geschichte des Christentums in Lateinamerika, Göttingen 1978, 186–187. 189–192.

[24] Im Jahr 1808 ist Brasilien keine Kolonie mehr. Die portugiesische Königsfamilie mit Dom João VI. floh nach Brasilien, weil Napoleon in Portugal eindrang, das eine Allianz mit England geschlossen hatte. Von da an ist Brasilien ein Reich. D. João VI. kehrt 1821 nach Portugal zurück und überließ seinem Sohn Pedro die Herrschaft, der am 07. September 1922 Brasilien für unabhängig erklärt. Auf diese Weise wird Brasilien zu einem eigenen Staat. Das nun gegründete brasilianische Kaiserreich behält die religiösen und kulturellen Traditionen des portugiesischen Reiches bei. Die katholische Religion ist Reichsreligion und alle anderen Religionen sind erlaubt, solange sie sich auf den häuslichen oder privaten Gottesdienst beschränken. Vgl. MARTIN NORBERTO DREHER, Igreja e Germanidade, São Leopoldo ²2003, 29–31.

rung war es, durch die deutsche Einwanderung dem Land einen gewissen Fortschritt zu ermöglichen. Die Mehrheit der Bevölkerung war gar nicht oder nur teilweise alphabetisiert.

Die Bildung der Elite war darauf ausgerichtet Juristen, die in der kaiserlichen Verwaltung arbeiteten, auszubilden. Brasilien bildete keine Techniker und Ingenieure aus. Man sah auch keinen Sinn darin, Ingenieursschulen einzurichten. Ingenieure und Techniker waren englische Protestanten, die in Rio de Janeiro lebten.[25] So arbeiteten englische und deutsche Ingenieure, die in Brasilien lebten, schon vor 1824 an der Konstruktion von Eisenbahnen. Diese Protestanten hatten keinerlei missionarische Absichten. Sie waren begrenzt auf die Ausführung ihrer individuellen Tätigkeiten und die Erziehung ihrer Ortsgemeinden.[26] Sérgio Buarque de Holanda, ein brasilianischer Anthropologe, stellt eine Analyse vor, die der Vieiras ähnlich ist. Buarque de Holanda besteht darauf, dass es wichtige Aspekte der protestantischen Theologie gibt, die die Ethik bestimmen und die Arbeit als Berufung Gottes hervorheben. Der materielle Fortschritt der Protestanten sei eine Konsequenz dieser in Brasilien unbekannten Kultur.[27]

Der lutherische Kirchengeschichtler Martin Dreher sagt, dass Brasilien die deutschen Einwanderer herüberholte, um die archaischen Strukturen zu überwinden. Das technische Wissen und die Errichtung industrieller Anlagen als Ausdruck eines unternehmerischen Geistes, der in Brasilien wächst, würde mit den deutschen Einwanderern, die methodisches Arbeiten und technisches Wissen beherrschen, kommen.[28] Die deutsche und schweizerische Einwanderung in Joinville geschah in diesem geschichtlichen Kontext der Entwicklung Brasiliens. Für die protestantischen Einwanderer sind Kultur, Arbeit und Bildung Ausdruck ihrer christlichen Religion. So hat die Immaterialität der Arbeit, der Bildung und des wirtschaftlichen Fortschritts seine Wurzeln in der Theologie Luthers (und Calvins) und in den Predigten der protestantischen Pastoren. Die *Weltanschauung* und die *Lebensanschauung*

---

25 Vgl. Émile G Léonard, O protestantismo brasileiro. Estudo de eclesiologia e história social, São Paulo ³2002, 53–55.

26 Vgl. David Gueiros Vieira, O liberalismo, a maçonaria e o protestantismo no Brasil no século dezenove, in: Estudos Teológicos 27 (1987) 3, 195–216.

27 Vgl. Sérgio Buarque De Holanda, Raízes do Brasil, Rio de Janeiro ⁵1969, 109–116; Cunha, Suiços em Joinville (s. Anm. 7), 183.

28 Vgl. Dreher, Igreja e Germanidade (s. Anm. 24), 29–31; Sandra de Camargo Guedes, A colônia dona Francisca: a vida … o medo … a morte, in: Dies. u. a., História de (I)migrantes (s. Anm. 13), 18–25.

materialisieren sich in der Dynamik des protestantischen Fortschrittes und ihrer Kultur.[29] Es ist allerdings notwendig darauf hinzuweisen, dass die Perspektive des materiellen Fortschrittes Ausdruck einer säkularisierten Dimension des Protestantismus ist. Auch die Säkularisierung ist eine Konsequenz der Theologie Martin Luthers, der Rechtfertigung aus Glauben.[30] Verschiedene Einwanderer, allen voran Pastoren, besonders lutherische, aber auch Intellektuelle, Techniker, Ingenieure und Bauern waren mit der deutschen Aufklärung verbunden. In gewisser Weise entstand und wuchs die Aufklärung in Deutschland im Inneren des Protestantismus. Inhaltlich partizipierten die Einwanderer an dem Ende des 18. Jahrhunderts ausgebildeten Strang der Aufklärung, dem sogenannten Rationalismus. Nach diesem gehorcht jede Wissensabteilung den inhärenten Gesetzen der verschiedenen Aktionsfelder. Es werden keine Normen, die von außerhalb kommen, akzeptiert, denn sie werden als eine fremde Einmischung in dieses Wissensfeld und das menschliche Leben angesehen. Dies war der geistesgeschichtliche Kontext, aus dem verschiedene lutherische Pastoren nach Joinville kamen.

Pastor Jacob Daniel Hoffmann, ebenso Doktor der Philosophie, der vom Kirchenamt in Lübeck ordiniert worden war, kam 1851 in der Kolonie Dona Francisca an. Hoffmann erhielt seine akademische Ausbildung unter dem Einfluss der Aufklärung und dem Ideal der frühen liberalen Theologie, die den Gedanken Kants, Hegels und Schleiermachers folgte, Theologen, die aus der Tradition der Aufklärung kamen. Der Nachfolger Hoffmanns, Georg Hölzel, kam zusammen mit seiner Familie 1854 nach Brasilien, wurde Pastor der Kolonie Dona Francisca und blieb bis 1858 in Joinville. Er schloss sich den Freimaurern und der Stadtelite an und wurde »Großmeister« des Ordens. Die protestantischen Pietisten und Calvinisten klagten ihn an, zu liberal zu sein, und stellten ihn unter Atheismusverdacht.[31] Das protestantische Verständnis Hölzels war mit dem Konzept von Fortschritt und Modernität verbunden. Der brasilianische Soziologe Carlos Eduardo Sell sagt, dass der Protestantismus und die Moderne in gegenseitiger Abhängigkeit zueinander stehen.[32] Der kulturelle Protestantismus – der es, wie

---

29 Vgl. Max Weber, A ética protestante e o »espírito« do Capitalismo, São Paulo 2004; Clifford Geertz, A interpretação das culturas, Rio de Janeiro 2011, 33; Skinner (s. Anm. 9).

30 Vgl. Martin Luther, De servo arbitrio (1525), in: WA 18, 600–787; Martin Luther, Von den guten Werken (1520), in: WA 6, 202–276.

31 Vgl. Cunha, Suiços em Joinville (s. Anm. 7), 190–192.

32 Vgl. Carlos Eduardo Sell, Sociologia Clássica, Itajaí 2006, 187–204. 244–245.

am Beispiel Hölzels zu sehen, nicht schafft, zwischen Gesetz und Evangelium, Kultur und Rechtfertigung zu unterscheiden – hat den Prozess der Säkularisierung vorangetrieben. Die Beziehung zwischen wirtschaftlichem Fortschritt, Säkularisierung und Protestantismus bestätigend, bezeichnet Paul Tillich die Moderne und die Säkularisierung als das »Protestantische Zeitalter«.[33]

II Die Idee des Fortschritts des protestantischen Bewusstseins

Bei den Bemühungen um die Modernisierung Brasiliens hatte die Kolonisationsgesellschaft in Hamburg die Aufgabe, Einwanderer aus Europa zu holen und sie in der Region anzusiedeln. Laut des Berichtes der Gesellschaft aus dem Jahr 1854 trug sie dazu bei, dass die Einwanderer Kirchen und Schulen errichten konnten. Allerdings bekamen die Einwanderer, die in ihrer Mehrzahl lutherische, reformierte und unierte Protestanten waren, nicht die versprochene notwendige Unterstützung der Einwanderungsgesellschaft und auch nicht der brasilianischen Regierung. Hierbei gilt es zu beachten, dass es in Brasilien kein staatlich organisiertes Bildungssystem gab. Die einzige formale Bildung, die im Land bestand, war diejenige der Jesuiten. Allerdings vertrieb Marquês de Pombal sie im Jahr 1759; danach gab es praktisch keine staatliche Bildung mehr. Im Jahr 1823 besann sich der brasilianische Staat darauf, seiner Verantwortung nachzugehen und ein Bildungssystem zu schaffen. Auf diesen Kontext trafen die Einwanderer.

Das protestantische Bewusstsein der Einwanderer hat von Anfang an der Schaffung von Schulen einen Vorrang eingeräumt. Folglich entstanden eine Vielzahl von Elementarschulen aufgrund konfessionell-kirchlicher und privater Initiativen. Dieser Prozess spielte sich im Bundesstaat Rio Grande do Sul ab,[34] denn dort kam die erste Welle deutscher Einwanderer 1824 an,

[33] Vgl. Paul Tillich, A era Protestante, São Paulo 1992. Wappäus schreibt über den Nepotismus und die in Brasilien bestehende Korruption ebenso wie über die Notwendigkeit, das volle Zivilrecht den protestantischen Einwanderern zuzuerkennen. Vgl. Wappäus (s. Anm. 12).

[34] Vgl. Martin Norberto Dreher, Breve história do ensino privado gaúcho, São Leopoldo 2008, 54–57; Wachholz (s. Anm. 16), 541–545; Gerson Fischer, O paradigma da palavra: a educação cristã entre a modernidade e a pós-modernidade, São Leopoldo 1998.

ebenso wie in der Kolonie Dona Francisca, im heutigen Einzugsgebiet von Joinville im Bundesstaat Santa Catarina, im Süden Brasiliens.[35]

Die Geschichte Joinvilles begann, als die Ländereien, in denen sich die heutigen Städte Joinville, São Bento do Sul, Jaraguá do Sul und Schroeder befinden, Teil der Schenkung der Prinzessin Francisca Carolina wurden.[36] Das Gründungsdatum der Kolonie Dona Francisca ist das Jahr 1851. Im Jahr 1856 waren bereits etliche neue Schulen in der Kolonie Dona Francisca gebaut worden. Laut Cunha lebten im Jahr 1858 2.250 Personen in der Kolonie, davon waren 1.781 Protestanten und 469 Katholiken.[37] Die Verbindung von Kirche und Schule war lebensnotwendig. Die rustikalen Gebäude gaben unter der Woche der Schule Platz und am Wochenende dienten sie als Gottesdienstraum.[38] Von Luthers Vision ausgehend bestand das Ziel der Bildung darin, Wissen zu vermitteln, damit die Menschen einen Beruf erlernen und die Stadt zum Wohle der Kommune verwalten könnten. So sollte der Schulbesuch Pflicht für alle Kinder sein. Die Aufgabe der Kirche und des Staates sollte darin bestehen, die Eltern zu zwingen, ihre Kinder in die Schule zu schicken. Für Luther galt das Sprichwort »Non minus est negligere scholarem quam

---

35 Vgl. Iara Costa Andrade/Cláudia Valéria Gabardo Lopes/Dúnia Anjos de Freitas (Hrsg.), Tempos de educar: os caminhos da história do ensino na rede municipal de Joinville/SC - 1851/2000, Joinville 2005, 19f.

36 Francisca Carolina war die Tochter Maria Leopoldinas von Österreich und D. Pedros I. sowie die Schwester D. Pedros II. Die Schenkung wurde aus Anlass der Hochzeit Francisca Carolinas 1843 mit dem Prinzen der französischen Stadt Joinville, François Ferdinand Phillipe d'Orleans, der 1900 verstarb, gemacht. Das Ehepaar zog nach Frankreich und begab sich nach den Erhebungen des Jahres 1848 ins Exil nach England. Der Prinz forderte den Vizekonsul von Frankreich in Brasilien, Léonce Aubé, auf, dass er mit dem Senator Hamburgs, Sr. Christian Mathias Schroeder, in Kontakt treten solle, um die Ländereien der Schenkung in Santa Catarina zu kolonisieren. So entstand 1849 der von Schroeder geleitete Hamburger Kolonisationsverein für die Region der Kolonie Dona Francisca, deren Name zu Ehren der Besitzerin der Ländereien gewählt wurde, Prinzessin Francisca Carolina. Einige Einwanderer kamen in diese Gegend, um ihr Leben zu verbessern, andere wegen der zugesagten politischen Freiheit, da sie im Heimatland als politische Feinde betrachtet wurden, wie zum Beispiel Ottokar Doerffel, der Anwalt und Bürgermeister in Glauchau (Sachsen) gewesen war. Vgl. Guedes, A colônia dona Francisca (s. Anm. 28), 14–33.

37 Vgl. Cunha, Suiços em Joinville (s. Anm. 7), 185.

38 Vgl. João Klug, A escola alemã em Santa Catarina, in: Norberto Dallabrida (Hrsg.), Mosaico de escolas: modos de educação em Santa Catarina na Primeira República, Florianópolis 2003, 142.

corrumpere virginem«. Nicht geringer sei es »eynen schuler verseumen, denn eyne jungfraw schwechen.«[39]

Im Gegensatz zu dem, was die protestantische Tradition prägte, vernachlässigte der brasilianische Staat fast gänzlich die Bildung des Volkes. Es wird davon ausgegangen, dass 80% der Bevölkerung Analphabeten waren. Im Gegensatz dazu bemühten sich die protestantischen Kolonisten im lutherischen Lager intensiv um die Bildung. Die Schwierigkeiten waren proportional zum harten Überlebenskampf. Nicht aus Zufall hörte man von den Einwanderern die Formel: »Die erste Generation erntete den Tod, die zweite die Not und die dritte das Brot«. Aufgrund des Überlebenskampfes der armen Einwanderer, die gemeinhin Bauern waren, weit entfernt von den frisch gegründeten Dörfern Joinville, Blumenau oder São Leopoldo wohnten und lange Strecken zu Fuß oder Pferd oder mit dem Pferdewagen zurücklegen mussten, inmitten des Urwaldes mit seinen Gefahren wie Indianern, wilden Tieren und anderen Bedrohungen, wurden die Schulen und die Bildung manchmal vernachlässigt. Die Kinder waren die einzige Arbeitskraft, die die Eltern hatten, damit Aussaat und Ernte durchgeführt werden konnten. Die Verteilung der Aufgaben in den Familien wurde gemäß des Alters der Kinder vorgenommen und ihrer Arbeitskraft. Sie waren wortwörtlich lebens-not-wendig für das Überleben der Familien und deshalb blieb oft nur wenig Zeit übrig, um sich um die elementare Bildung zu kümmern.[40]

Trotz all dieser Schwierigkeiten gab es innerhalb eines Zeitraumes von 20 Jahren einen bedeutenden Fortschritt. Es können 15 Schulen, davon 12 private und 3 öffentliche verzeichnet werden. Alle Schulen zusammen hatten 790 Kinder, 17 Lehrer und 4 Lehrerinnen. Die Schulen wurden von den Kolonisten und vom Prinzen in Joinville unterhalten.[41]

Die Kolonie-Zeitung vom 15. Dezember 1866 registriert, dass die Jungen und Mädchen ihr Schulexamen mit Erfolg abgelegt und darüber hinaus Lob für die guten Leistungen in Mathematik, Portugiesisch, Deutsch, Erdkunde, Religion und Gesang erhalten hätten. In der Tat waren die Schulen der Einwanderer vorbildlich im Vergleich zu den bestehenden öffentlichen Schulen im Land. Auch wenn der Schulbesuch wegen der oben angeführten Gründe zu wünschen übrig ließ, konnten die Schüler dennoch gute Leistungen vorweisen, da die Eltern sie motivierten und begleiteten. Laut den säkularen

---

[39] LUTHER, An die Ratherren (s. Anm. 6), WA 15, 33,9–11.

[40] Vgl. WACHHOLZ (s. Anm. 16), 567.

[41] Vgl. COSTA ANDRADE/GABARDO LOPES/ANJOS DE FREITAS (Hrsg.), Tempos de educar (s. Anm. 35), 25.

brasilianischen Geschichtswissenschaftlern legten die Einwandererschulen besonders Wert auf Lektüre, mit dem Ziel, dass die Kinder die biblischen Texte frei verstehen und interpretieren können.[42] In der Tat ist dies ein Aspekt, der im protestantischen Bewusstsein, dank Luther, verankert ist. Für ihn kommt das Evangelium in der Sprache vor und deshalb kann durch die Sprache das Evangelium gepredigt und die Welt regiert werden.[43]

Im Kontext der brasilianischen Schulen sah es so aus, dass der Staat nicht nur keine öffentliche Bildung zur Verfügung stellte, sondern den protestantischen Lehrern auch nicht erlaubte, das öffentliche Lehrerexamen abzulegen, um sich auf die freien Stellen der wenigen öffentlichen Schulen zu bewerben. Lediglich Katholiken hatten Zugang zu den öffentlichen Lehrämtern. Dies geschah mit dem Lehrer Jacob Müller im Jahr 1866 und verursachte Proteste unter den Protestanten. Aufgrund dieser Ereignisse gründeten sie die »Deutsche Schule« in Joinville. Diese Institution wurde zur Erziehungsanstalt der oberen Klasse unter den deutschen Einwanderern und diente der Erhaltung des Deutschtums. Nach Abschluss dieser Schule schickten die Mitglieder reicher Familien ihre Kinder oft zum Studium an die europäischen Universitäten.[44] Im Jahr 1888 gründete der Einwanderer Ottokar Doerffel die Realschule in Joinville. Außer der von Doerffel gegründeten Schule, der aus dem kulturellen Protestantismus kam, gab es auch die Schulen der kirchlichen Gemeinden. Neben den Problemen mit dem brasilianischen Staat entstanden auch große Spannungen zwischen liberalen und konservativen Protestanten, zwischen pietistischen und aufklärerischen Personen. Die Spannungen waren gravierend. Dies kann schon aus der Diskussion zwischen dem Pastor F. J. C. Schneider und Hölzel beobachtet werden. Schneider schreibt über Hölzel folgendes:

> »Es bestand bereits eine Deutsche Kongregation in São Paulo, aber der Pastor, ein Rationalist, konnte sich nicht festigen und so zerstreute sich die Kongregation wiederum. Fast alle Deutschen sind ungläubig und wissen wenig über das Evangelium und interessieren sich nicht dafür. Ich predigte da vor einer kleinen Ge-

---

42 Vgl. Cunha, Suiços em Joinville (s. Anm. 7), 193 f.; Costa Andrade/Gabardo Lopes/Anjos de Freitas (Hrsg.), Tempos de educar (s. Anm. 35), 26–31.

43 Siehe Martin Luther, Eine Predigt, daß man Kinder zur Schulen halten solle (1530), in: WA 30,2, 517–588. Deshalb predigte Luther mit Nachdruck, dass die Eltern ihre Kinder zur Schule schicken sollten. Dies wird aus der Einleitung der Schrift sehr deutlich. Vgl. Koerrenz, Reformation – Protestantismus – Bildung (s. Anm. 18), 31–71.

44 Vgl. Cunha, Suiços em Joinville (s. Anm. 7), 195 f.

> meinde und schon bald wurde ich kritisiert, weil ich sagte, dass nur wahrhafte Christen auf eine Rettung in den Himmel hoffen können«.[45]

Liberale fanden sich auch unter den Einwanderern ebenso wie Vertreter des kulturellen Protestantismus. Fritz Müller, geboren in der Umgebung von Erfurt, Sohn eines lutherischen Pastors, war ein Anhänger Darwins und wohnte in der eben von Dr. Hermann Blumenau gegründeten Kolonie, etwa 100 km von Joinville entfernt. Darwin zitiert Fritz Müller in seinem Werk *Die Entstehung der Arten* etwa zwanzigmal und lässt sich weitschweifig über seine Forschungen im Süden Brasiliens aus.[46] Die Gedanken von Ernst Haeckel, ebenso von Ludwig Feuerbach, Georg Büchner und Karl Vogt dienten als Inspiration für viele brasilianische Einwanderer.[47] Doerffel in Joinville verteidigte den Gedanken, dass durch die Essenz der deutschen Kultur die Welt das Glück und das Gute erfahre. »Am deutschen Wesen soll die Welt genesen« so lautete die Maxime des kulturellen Protestantismus. In Brasilien nannten die gebildeten Deutsch-Brasilianer des 20. Jahrhunderts diesen Gedanken »Pangermanismo«. Wir möchten, um diesen zeitgenössischen Gedanken zu belegen, Ottokar Doerffel zitieren:

> »Ich nehme mir die Freiheit euch zu versichern, dass als ich 1854 meine Heimat in Sachsen verliess, ich dies tat, durchdrungen und geleitet durch den Wunsch ein ruhiges Örtchen zu finden, wo ich weiterhin ›deutsch‹ sein konnte. Mehrmals bekam ich die Möglichkeit und das Angebot von Bekannten in Nord-Amerika, in die Vereinigten Staaten zurück zu kehren, aber die Befürchtung da mein Deutsch-

[45] DILNEY CUNHA, Das Paradies in den Sümpfen. Eine Schweizer Auswanderungsgeschichte nach Brasilien im 19. Jahrhundert, Zürich 2004, 261 f.

[46] Vgl. CHARLES DARWIN, Die Entstehung der Arten durch natürliche Zuchtwahl, Stuttgart 1980, 79. 179. 254. 259. 260. 325. 380. 388. 583. 617 f. 623. 625.

[47] Die Veröffentlichungen der Kolonie-Zeitung vom 13. 04. 1872 und 20. 04. 1872 zeigen anschaulich diesen Konflikt, der bei der Schaffung einer Kultur als Weltanschauung und Lebensanschauung in der Kolonie Dona Francisca, bei den öffentlichen Debatten zwischen dem Lehrer Heinrich Burkhart-Jezler und dem Pastor Georg Hölzel entstand. Burkhart-Jezler klagte Hölzel an, dass er das Evangelium nicht korrekt predigen würde. Vgl. HEINRICH BURKHART-JEZLER, Thatsächliche Berichtigung, in: Kolonie-Zeitung. Joinville 10 (1872) 15, 59 f. Die Antwort Hölzels kommt als Replik. Vgl. GEORG HÖLZEL, Erwiderung auf die thatsächliche Berichtigung in vor. Nr. d Bl. von H. Burkhart-Jezler, in: Kolonie-Zeitung. Joinville 10 (1872) 16, 63 f. Ähnliche Diskussionen und Konflikte kamen auch in Porto Alegre und São Leopoldo im Bundesstaat Rio Grande do Sul zwischen Rotermund und Koseritz vor. Vgl. WACHHOLZ (s. Anm. 16), 503–508.

tum zugunsten des Yankeetums aufgeben zu müssen, liessen mich abwarten. Jener Wunsch liess mich die Kolonie Dona Francisca als Auswanderungsziel wählen. [...] Wahrhaftig, die Kolonie [...] ist ein Stück deutscher Erde, so rein, wie man kaum ein anderes finden kann, ausser es sei in Deutschland selber. Die meisten von uns hatten bis jetzt keinen Kontakt mit dem brasilianischen Element [...]. Mit der Weiterführung der deutschen Auswanderung hierhin wird die ganze Provinz allmählich einen allgemeinen deutschen Charakter annehmen.«[48]

Aufgrund dieser pangermanistischen Konzeption vieler Deutscher störte sich die brasilianische Regierung allmählich an den ausländischen Schulen, denn als solche wurden sie angesehen, da man in ihnen kein Portugiesisch sprach. Die brasilianischen Politiker gingen dazu über, diese ausländischen Schulen mit Misstrauen zu beäugen. Jedoch kümmerten sich die neuen Bildungsrichtlinien des brasilianischen Staates nicht um die neuen wissenschaftlichen und philosophischen Paradigmen, die in den ausländischen Schulen, die aktuelles Wissen aus den europäischen Ländern bezogen, gelehrt wurden. Die brasilianische Schule war lediglich mit wenigen Investitionen in die Logistik und mit der Vereinheitlichung der Sprache beschäftigt, ohne de facto eine neue und angemessene Bildung vorzugeben.[49]

Der liberale Protestantismus, der von führenden Köpfen in der Kolonie vertreten wurde – wie zum Beispiel von Doerffel, der in Luther das wahre Modell eines deutschen Bürgers und Volkshelden sah – wurde den Ängsten und Sorgen der ärmeren Einwanderer, besonders der schweizerischen, nicht gerecht. Die Schweizer vertraten einen frommen Protestantismus, der von zwinglisch-calvinistischer und pietistischer Tradition geprägt war. Diese beiden Formen des Protestantismus brachten die Einwanderer nach Joinville. Laut Aussagen von Personen schweizerischer Herkunft, die von Ilanil Coelho gesammelt wurden, wiesen die Deutschen aufgrund ihrer wirtschaftlichen und intellektuellen Überlegenheit am Anfang der Kolonisierung die Schweizer zurück. Die Schweizer befanden sich im Nachteil, weil sie arm waren.[50] Aufgrund der kulturellen und personellen Überlegenheit der Deutschen vermischte sich die Identität der Schweizer über die Jahrzehnte mit der der Deutschen. Trotz der Unterschiede zwischen beiden Traditionen der Reformation, der lutherischen und der reformierten, einte sie das Prinzip der Reformation

---

48 CUNHA, Das Paradies in den Sümpfen (s. Anm. 45), 204.

49 Vgl. COSTA ANDRADE/GABARDO LOPES/ANJOS DE FREITAS (Hrsg.), Tempos de educar (s. Anm. 35), 57–59.

50 Vgl. COELHO, Pelas tramas de uma cidade migrante (s. Anm. 13), 48.

und ihre Ethik, die von Ehrlichkeit, Toleranz, Arbeit, Bildung und materiellem Fortschritt geprägt war. Unter diesem Aspekt flossen beide Konfessionen in einem großen Strom zusammen, der beträchtlich die Arbeitskultur in Joinville beeinflusste. Laut Forschungen, die in Joinville durchgeführt wurden, wiesen die protestantischen Einwanderer eine gemeindliche Identität auf.[51] Außer der Sorgfalt in der Erziehung waren Arbeit und Fortschritt, die sich in der Industrialisierung materialisierten, fundamentale Werte für die deutschen Einwanderer, die sich in Joinville niederließen. Dies wird in den Worten Doerffels deutlich:

> »Die Deutschen im Ausland tragen, überall wo sie nicht durch die ausländische Nationalität verschluckt werden, zum Wachstum der Industrie und der Position Deutschlands bei, wenn sie von ihrem Vaterland nicht im Stich gelassen werden. Dies gilt hauptsächlich für die Deutschen der lokalen Provinz.«[52]

Die Industrialisierung im Süden Brasiliens, besonders in Joinville und Blumenau, geschah durch lutherische Familien. Diese Industrien tragen noch heute die Namen von Familien wie Hering, Cremer, Doehler, Wetzel, Schneider, Wanke, Fischer, Karsten, Büttner, Rudnick, Purnhagen, Renaux und vielen anderen. Für sie war die Beziehung zwischen Arbeit, Erziehung, Musik, Schützenvereinen, Tanz, Lektüre und Liebe zur Literatur ein wichtiger Aspekt in diesem Prozess. So machte das religiöse Leben, christliche Gemeinschaft, Bildung, der Akt des Lesens und Schreibens, die deutsche Sprache, Tod und Leben, Arbeit und Freizeit, Freude und Traurigkeit Teil des Lebens als Ganzes aus.

1 Bildung, Kultur und Kirche

In Brasilien bauten die Einwanderer erst die Schule und danach eine Kirche. So wurde die persönliche Bibellese gefördert. Die Beziehung von Kirche und Bildung ist eine gegenseitige, denn die Pastoren waren zur selben Zeit auch Lehrer. Kirche, Schule und deutsche Kultur waren aufs engste miteinander verknüpft. Auch wenn die Lehrer, die nach Brasilien kamen, nicht immer die entsprechenden physischen Gegebenheiten vorfanden, schafften sie es dennoch, einen soliden Inhalt zu vermitteln, auch wenn der Unterricht in sehr

---

[51] Vgl. Iara Costa Andrade, A cidade da ordem: Joinville – 1917–1943, in: Guedes u. A. (Hrsg.), História de (I)migrantes (s. Anm. 13), 104–159.

[52] Cunha, Das Paradies in den Sümpfen (s. Anm. 45), 204f.

rustikalen Gebäuden abgehalten werden musste. Die Mehrheit der Lehrer wurde an einem Lehrerseminar oder einer Universität in Europa ausgebildet. Wie wir oben schon erwähnten, war es üblich, dass der Pastor die Aufgabe des Lehrers übernahm. Aufgrund seiner großen Kenntnisse, die er an den Universitäten oder den Seminaren in Deutschland oder der Schweiz erworben hatte, war er dafür besonders geeignet. Häufig fehlte es an didaktischem Material, welches in den Schulen benutzt werden konnte, die oft an entlegenen Orten standen. Daher war es nicht selten, dass die Lehrer selbst dieses Unterrichtsmaterial für die Kinder erarbeiteten. Die Lehrer wurden angesehene Personen in den Gemeinden, da es Leute waren, denen man vertrauen konnte. Sie wurden deshalb auch gerufen, um bei Konflikten als Schiedsrichter zu fungieren. Ebenso sorgten sie sich um das kulturelle Leben der Gemeinde, indem sie zum Beispiel den Chor leiteten und Musikunterricht oder Festlichkeiten organisierten.[53] Laut einer Publikation des Pastors Dr. Paul Aldinger, in der Zeitschrift *Christenbote*, die von der Pastoral-Konferenz Santa Catharinas herausgegeben wurde, hatten die deutschen Protestanten eine andere Sprache und deshalb eine andere Vision von der Welt als die katholischen Luso-Brasilianer. Laut Aldinger sprachen die Brasilianer von den Deutschen als einem merkwürdigen Volk. Diese Fremdheit, die von der luso-brasilianischen Bevölkerung bemerkt wurde, galt nicht den deutschen Katholiken, sondern den Protestanten, die, laut Aldinger, ganz anders seien als die Katholiken. Für Aldinger sind Volk, Sprache und Protestantismus miteinander verknüpft, eines gehört zum anderen. Zu den Eigenschaften eines Protestanten zählt er eine »staatstreue Gesinnung, wirtschaftsfleißige Betätigung und seine ehrliche Gewissenhaftigkeit«.[54] Trotz der Fremdheit gab es brasilianische Persönlichkeiten, die die deutschen Protestanten und ihren Beitrag für das Land lobten. Außerdem trügen, so die luso-brasilianischen Eliten, die Protestanten zur Entstehung einer Gesellschaft bei, die aus verschiedenen Ethnien und Kulturen bestehe.[55]

Die Beziehung zwischen Kirche, Kultur und Schule kann man auch am Beispiel des Pastors und Theologen Wilhelm Rotermund beobachten. Er kam zusammen mit seiner Frau 1875 in Brasilien in der Stadt São Leopoldo des

53 Vgl. Costa Andrade/Gabardo Lopes/Anjos de Freitas (Hrsg.), Tempos de educar (s. Anm. 35), 32–34.

54 Paul Aldinger, Die evangelischen Deutschen in Brasilien, in: Der Christenbote. Monatsblatt für die deutschen evangelischen Gemeinden in Sta. Catharina. Blumenau 1 (1908), 4f.

55 Vgl. a. a. O.

Bundesstaates Rio Grande do Sul an. Im Jahr 1880 gründete Rotermund eine Schule, die sich »Neue Schule« nannte, um Lehrer und lutherische Leiter auf hohem Niveau auszubilden. Nach 1909 erhielt sie den Namen »Deutsches Evangelisches Lehrerseminar«. Diese Schule besteht noch heute und heißt nun »Instituto de Educação de Ivoti«. Rotermund gründete eine Verlagsanstalt, die sich »Rotermund & Co.« nannte. Die Produktion war seit 1880 hauptsächlich auf die lutherische Welt gerichtet. Der Verlag Rotermund war in dieser Zeit einer der größten Verlage für Unterrichtsmaterial in Südamerika.[56] Laut Dreher veröffentlichte Rotermund für den Religionsunterricht den *Katechismus der christlichen Religion* im Jahr 1896 und ein *Spruchbuch zu Luthers Kl. Katechismus nebst Andeutungen über den Lehrgang.*[57] Vor Rotermund kam 1864 der Pastor Dr. Hermann Borchard in São Leopoldo an. Borchard verfolgte das Ziel, dass jeder Pastor, der in Brasilien ankam, Schulen gründen sollte. Im Jahr 1869 gründete er eine höhere Schule mit dem Ziel, Lehrer auszubilden. In der protestantischen Tradition Brasiliens kam dem Pastor die Aufgabe zu, zu lehren – dies betonten wir schon oben, während es erste Aufgabe des katholischen Priesters war, Katechese zu geben. Laut Dreher wurden im Bundesstaat Rio Grande do Sul in den Jahren 1824–1900 etwa 259 evangelisch-

[56] Vgl. Dreher, Breve história (s. Anm. 34), 78–81. Laut Martin Dreher erarbeitete Wilhelm Rotermund die *Fibel für Deutsche Schulen in Brasilien*. Nach Rotermund sollte das Kind durch diese Schrift in der Schule lesen, schreiben, singen und beten lernen. Die Didaktik bestand darin, Substantive mit Bildern vorzustellen, und davon ausgehend sollte das Kind Sätze formulieren. Rotermund hatte vor, die Grundlagen für eine selbständige Reflexion zu legen, im Gegensatz zu dem, was im brasilianischen System passierte, welches aus der Kopie und Wiederholung des vorgestellten Stoffes bestand. Der Inhalt und die Illustrationen der *Fibel* waren auf Grundlage des Lebens und der alltäglichen Ereignisse der brasilianischen Einwandererkinder erarbeitet worden. So wurden sie in Kürze alphabetisiert und besaßen die Möglichkeit, Mathematik, Erdkunde, Zeichnen, Geschichte und andere Fächer zu erlernen (a. a. O. 8).

[57] In dieser Zeit gab es auch Stimmen, die sich gegen die Initiative der Kirche, Schulen zu bauen, erhoben. Karl von Koseritz und die Logen der Freimaurer gründeten Schulen, die keiner Konfession angehörten. Außer Koseritz gab es auch andere Vertreter der Aufklärung und des Liberalismus, die von den Teuto-Brasilianern »die Brummer« genannt wurden. Brummer waren deutsche Söldner, die von der brasilianischen Regierung während des Krieges gegen Argentinien angeheuert wurden. Sie kamen 1851 nach Brasilien. Zuvor hatten sie an den Kriegen gegen Dänemark und an der Revolution von 1848 teilgenommen. Für sie war alles, was mit Religion zu tun hatte, Aberglaube. Sie glaubten an die Evolution der Arten, den Liberalismus und den Materialismus. Vgl. Dreher, Breve história (s. Anm. 34), 40.

lutherische Schulen gegründet. Dies zeigt, welche Bedeutung die Schulen für die deutschen Einwanderer Brasiliens hatten.[58]

2 Verfolgung protestantischer Schulen und deutscher Kultur

Nach 1930 stand die Regierung des brasilianischen Diktators Getúlio Vargas zuerst dem nationalsozialistischen Regime in Deutschland nahe, entfernte sich aber dann unter dem Druck der Vereinigten Staaten von Deutschland. Die Teuto-Brasilianer wurden jetzt verfolgt. Die öffentlichen Schulen befanden sich noch immer in einem desolaten Zustand, eine Situation, an der sich nichts geändert hatte, seitdem die Einwanderer 1824 in São Leopoldo und 1851 in Joinville ankamen.[59] Im Zuge des Nationalisierungsprozesses der Regierung Vargas wurde es den Deutschstämmigen verboten, Deutsch zu sprechen. Viele Teuto-Brasilianer kamen ins Gefängnis. Die Mehrheit der Schulen wurde geschlossen, einige wurden von der Regierung konfisziert, die Schulbücher wurden verbrannt und damit auch philosophische und wissenschaftliche Werke in deutscher Sprache. Die Eltern hatten Angst, verhaftet zu werden; die Schüler gingen nicht mehr zur Schule. Die Regierung forderte unter Androhung von Gewalt gegen die Eltern, dass die Schüler in die öffentlichen Schulen geschickt würden. So wurden die Schüler aus Schulen gerissen, die mit Schulen in Deutschland und der Schweiz verglichen werden konnten, und wurden in Schulen gesteckt, in denen den Lehrern das Basiswissen fehlte. Zeitungschroniken aus dieser Zeit berichteten davon, dass Schüler keine Bänke zum Sitzen hatten, viele den Unterricht nicht mehr besuchten und noch viel weniger die teuren Bücher kaufen konnten. So wurden die Teuto-Brasilianer aus ihrer Kultur gerissen und besonders aus dem, was ihnen am teuersten war, der Bildung.[60]

---

[58] Vgl. a.a.O. 43–50. Die Namen der Ortschaften in den Bundesstaaten Rio Grande do Sul und Santa Catarina weisen auf die Herkunftsorte der Einwanderer hin: Karlsruhe de Cima, Fritzenberg, Berlin Teutônia, Neu Hamburg, Alt Hamburg, Mühlenstrasse, Baumschneiss, Badenserberg, Badensertal, Cerritostrasse, Kochloeffel, Blumenau, Hansa Hammonia, Hansa Humbold, Neu Zürich und es gibt noch viele andere deutsche Namen.

[59] Vgl. Costa Andrade/Gabardo Lopes/Anjos de Freitas (Hrsg.), Tempos de educar (s. Anm. 35), 65–67. Vgl. Dreher, Breve história (s. Anm. 34), 82–86.

[60] Ein Brief dieser Zeit, der an die Zeitung Joinvilles *ANotícia* gerichtet war, sagt: »Es ist bedauerlich in unserer Zeit Jungen und Mädchen zu sehen, die für drei oder vier Jahre die Schule besucht haben, jedoch nicht in der Lage sind mit ihrem eigenen Namen zu unterschreiben!« Costa Andrade/Gabardo Lopes/Anjos de Freitas (Hrsg.), Tempos de educar (s. Anm. 35), 76.

III Evangelium und Kultur: Beziehungen und Unterschiede

Von den biblischen Schriften ausgehend schlägt Luther vor, dass die Eltern sich persönlich um die Bildung ihrer Kinder zu Hause kümmern. Diese persönliche Erziehung sei die Grundlage für die Bildung, die vom Staat organisiert wird. Von da ausgehend liege die Bildung, verstanden als Wissensaneignung und Befähigung zu einem Beruf, in der Verantwortlichkeit des Staates. Die Bildung daheim und die Bildung, die vom Staat angeboten wird, sind notwendige Aspekte, um das Leben in Gemeinschaft zu ermöglichen. Jedoch hat Luther den Graben zwischen Wunsch und Realität durchaus bemerkt, denn er beschwerte sich über die elende Situation, in der viele Familien lebten. Aufgrund dieser Feststellung und der Notwendigkeit, dass Kinder mit Würde aufgezogen würden, bestand Luther mit Nachdruck darauf, dass die Eltern ihre Kinder zur Schule schicken.[61] Von Luther her beobachtet man, dass der *usus politicus* des Gesetzes es zum Ziel hat, Konditionen zu schaffen, die das Leben garantieren. Dies geschieht durch die Kultur, die die Bewahrung und Pflege der möglichen Lebensbedingungen ist. Die Kultur hat das Ziel, den menschlich zerstörerischen Kräften, die die Schöpfung bedrohen, entgegenzuwirken. Laut Geertz seien Männer und Frauen ohne Kultur »Monstrositäten«, die nicht in einer Gesellschaft leben könnten.[62] Von daher kann man bemerken, dass der *usus politicus* des Gesetzes einen positiven Zweck erfüllt, den Zweck, eine Gesellschaft zu schaffen, die die Lebenswürde garantiert. Deshalb wird dieser Gebrauch des Gesetzes in der Reformationstheologie Luthers *usus politicus* oder auch *usus civilis* genannt.[63] Die Kultur und die Bildung bestehen als Gesetz, um die Schöpfung zu bewahren, nicht um sie zu zerstören. Die *Weltanschauung* und die *Lebensanschauung*, aus der protestantischen Kultur kommend, mit ihrem Brennpunkt in der Bildung, bieten die Referenzen für die Entwicklung einer Kultur. Dennoch konnte der kulturelle Protestantismus, der vielfach unter den Einwanderern Brasiliens ver-

---

61 Vgl. Luther, Eine Predigt (s. Anm. 43), WA 30,2, 517–520.

62 Vgl. Geertz (s. Anm. 29), 35.

63 Das Gesetz in seinem *usus elenchticus* klagt immer an und zeigt uns die Abgründe unserer Natur in seiner Ambivalenz und seiner Schlechtigkeit. Es klärt uns darüber auf, dass auch die guten Taten unter dem Gericht Gottes stehen. Der *usus elenchticus* des Gesetzes unterscheidet sich vom *usus politicus* und *civilis*, er will uns zu Christus führen, der vergibt und uns von aller Verdammnis des Gesetzes losspricht. Uns interessiert hier der *usus politicus* des Gesetzes.

treten war, nicht immer zwischen Gesetz und Evangelium unterscheiden. So lebte auch der Protestantismus Brasiliens in dem Dilemma zwischen Säkularisierung und Säkularismus. Der Säkularismus, anders als die Säkularisierung, ist die Reduktion des Lebens auf die Immanenz und der Verlust der eschatologischen Perspektive. Der Säkularismus ernährt sich vom Materialismus und die eschatologische Hoffnung wird einzig im gesehenen materiellen Fortschritt. Im Prozess des Säkularismus legt sich die materielle Relevanz über den Inhalt der Verkündigung des Evangeliums, und die persönliche Schwäche legt sich über die Wahrnehmung der Sünde.[64] Diesen Prozess der Verweltlichung treffen wir bei Hegel und Schleiermacher in dem Maß, in dem die Geschichte Gottes und die Geschichte der Menschen zusammenschmelzen zu einer einzigen Heilsgeschichte. Hiervon ausgehend geschieht das Heil dann durch die Bildung. Auch diese Konzeption war unter vielen lutherischen Protestanten, die nach Joinville kamen, präsent. Für sie kam das Heil in der Maxime zum Ausdruck: »Am deutschen Wesen soll die Welt genesen«. Die theologischen Aspekte, sowohl in ihrer pietistisch-erwecklichen als auch in ihrer kulturellen Spielart, sind fundamental, um die Kultur der protestantischen Einwanderer in Joinville, Blumenau oder São Leopoldo zu verstehen. Das protestantische Bewusstsein verdichtet sich in der Bildung, die ihrerseits die Kultur in einer gegenseitigen Durchdringung von Theologie, Kultur und Bildung fördert. Es gibt eine dynamische Beziehung zwischen *Weltanschauung* und *Lebensanschauung* der immateriellen Kultur der protestantischen Tradition, die den Geist der materiellen Kultur des Fortschrittes unter den deutschen Kolonisten prägte. Diese Tradition war im Süden Brasiliens anzutreffen.

---

[64] Vgl. FRIEDRICH GOGARTEN, Verhängnis und Hoffnung der Neuzeit. Die Säkularisierung als theologisches Problem, München/Hamburg 1966, 140–145. Der Prozess des Säkularismus verläuft nach Gogartens Verständnis sowohl in der Trennung, wie in der Verschmelzung von Gesetz und Evangelium, der oberen und der unteren Dinge, des Schöpfungsraumes und des Erlösungsraumes. Auf diese Weise ist das zentrale Problem der protestantischen lutherischen Theologie, dass sie nicht genau die Trennung und die Beziehung zwischen dem *usus politicus* und dem Evangelium gesehen hat.

III Konfrontation: Gegenwärtige Herausforderungen für evangelisches Bildungshandeln

Erlösung durch Bildung?

Theologische Würdigung und Kritik

Martin Hein

Der Titel der folgenden Ausführungen enthält eine Provokation: Öffentlich würde wohl niemand von »Erlösung durch Bildung« sprechen – es sei denn in polemischer Absicht.[1] Die Formulierung kommt auch in keinem modernen Bildungskonzept vor. Und doch ist der Titel in einer bemerkenswerten Weise plausibel, so dass man sich gegen eine Fülle von Assoziationen wehren muss: Er beschreibt, was mit dem Bildungsbegriff in den letzten zweihundert Jahren in Deutschland geschehen ist, und erfasst zugleich die Dynamik, die wir mit dem – in letzter Zeit durchaus umstrittenen – Begriff der Säkularisierung zu erfassen suchen: die Entkoppelung der Bildung von ihrer theologischen Herkunft und die Enttheologisierung der Erlösung. Durch die Verdrängung der religiösen Herkunft des Bildungsgedankens und seiner soteriologischen Komponenten hat man sich in die deutsche Bildungsdebatte die Verbissenheit religiöser Überzeugungskämpfe hineingeholt.[2]

---

1 Vgl. Michael Naumann, Bildung – eine deutsche Utopie, in: Die Zeit, Ausgabe vom 4. Dezember 2003.

2 Reinhart Koselleck konstatiert drei Etappen der Entwicklung des Bildungsbegriffs in Deutschland: eine theologisch dominierte, eine aufgeklärt-pädagogische und eine moderne, primär selbstreflexiv gestimmte. Deutlich hält er aber fest, dass die beiden vorhergehenden Etappen in den modernen Bildungsbegriff eingegangen sind. Vor allem die Sprache sei »theologisch imprägniert«. »Erlösungshoffnung und Erziehungsanspruch konvergieren seitdem in ›Bildung‹.« (Reinhart Koselleck, Bildung ist weder Ausbildung noch Einbildung, in: Heiner Hastedt [Hrsg.], Was ist Bildung? Eine Textanthologie, Stuttgart 2012, 137–154, hier: 145).

I Bildung und Erlösung unter dem Vorzeichen der Säkularisierung

Es ist ein Merkmal unserer spezifisch deutschen Debatte um Bildung, dass sie tatsächlich die Erwartung in sich trägt, aller Welten Rätsel zu lösen und durch Optimierung des Menschen zu seiner und der Welt Besserung beizutragen. Des Menschen Heil scheint auf dem Spiel zu stehen. Dementsprechend wird das vermeintliche Versagen von Politik, Wirtschaft, Schule und Gesellschaft in allererster Linie als Versagen der Bildung verstanden! Der skrupellose Banker, der gewissenlose Politiker, der habgierige Sportler, aber auch die trashige Selbstdarstellerin im Nachmittagsfernsehen – sie alle vergehen sich unter dieser Perspektive an der Kultur, sind »ungebildete Barbaren«, und die Maßnahmen heißen am Ende nicht »Buße und Versöhnung«, sondern »Umerziehung und Re-Integration«. Darum wird, wann immer eine Krise die Menschheit schüttelt, zumindest in Deutschland nach mehr und anderer Bildung gerufen, anstatt ernsthaft in sich zu gehen – wenn es denn wirklich im *theologischen* Sinn um Erlösung ginge.

Aber von Erlösung wird nur noch metaphorisch geredet. Erlösung meint dann so viel wie: Emanzipation, Befreiung, Entlastung und Rettung. Dabei wird aber nicht nach dem Subjekt der Erlösung gefragt, und wenn, dann ist es der Mensch selbst, der für seine »Erlösung« einstehen muss.[3]

Aus der Sicht des christlichen Glaubens ist genau das jedoch nicht einlösbar: Bildung kann fördern, aber nicht retten. Die rein säkulare Rede von Bildung mag schon fatal sein, eine säkulare Rede von Erlösung ist geradezu gefährlich. Am Schluss bleibt nämlich nur die Vorstellung einer Erlösung durch den Tod, die nicht nur bei Richard Wagner, sondern auch in vielen Todesanzeigen der Tageszeitungen als letzte Antwort steht.

Um es pointiert zu sagen: Ein Bildungsbegriff, der sich seiner religiösen Herkunft und seiner religiösen Dynamik nicht bewusst ist, tangiert letztlich die Würde des Menschen. Denn seine Würde drückt sich darin aus, als der von Gott angesprochene Mensch eben nicht die letzte Verantwortung für sein Heil tragen zu müssen, sondern sich gerade hier fröhlich entlasten zu lassen.

---

3 »Der neuzeitliche Verlust der Geschichte als der Stätte eines von Gott kommenden Heils musste folgerichtig zur *Säkularisierung* der Soteriologie führen. *Säkularisierte Soteriologie aber bedeutet Moral.* Weil wir, *ohne* die Vorgabe des Evangeliums, ja alles, was wir erwarten dürfen, erst selber hervorbringen müssen.« (Thomas Pröpper, Erlösungsglaube und Freiheitsgeschichte. Eine Skizze zur Soteriologie, München 1985, 56).

Es hat mit unserer reformatorischen Tradition zu tun, dass Bildung und Religion in Deutschland so eng miteinander verbunden sind – mit der Folge, dass »Bildung« fast als eine religiöse Kategorie verstanden wird und gleichzeitig vollständig säkularisiert ist.

II Die reformatorische Traditionslinie

Beide Begriffe, Bildung und Erlösung, sind in der Reformation gut beheimatet. Deren Anliegen war es, das Geschäft der Erlösung wieder vollständig aus den Händen des Menschen zu nehmen, in die es geraten war. Der Mensch sollte von der untragbaren und unerträglichen Last der Verantwortung für sein ewiges Heil befreit werden. Dafür stehen die Schlagworte des vierfachen »Allein«, die das exklusive Handeln Gottes am Menschen beschreiben und die dieses Handeln Gottes gerade als Quelle der Menschenwürde erfassen. Uns bleibt die Weltverantwortung, in die wir vollständig entlassen sind, die uns Gott zumutet und für die Bildung zwangsläufig eine immer größere Rolle spielen wird. Kappt man allerdings bei der Zwei-Reiche-Lehre die Seite des Reiches Gottes, kommt man schnell bei einer vollständigen Säkularisierung der Welt an.

Das entspricht durchaus der gegenwärtigen Diskussionslage in manchen gebildeten Zirkeln und Öffentlichkeiten, in denen radikalaufklärerische Träume geträumt und mit neuer Heftigkeit vertreten werden. Aber auch ein falsch verstandener Laizismus, der sich als »Europas Angst vor der Religion«[4] zeigt, tritt hier mit Emphase auf und legt alle Erwartung auf die Bildung, die vor allem in der Privatisierung der Religion eines ihrer wichtigsten Ziele sieht und daraus Befriedung der Gesellschaft erhofft.

Andererseits zeigen die *Empfehlungen* des Wissenschaftsrates *zur Weiterentwicklung von Theologien und religionsbezogenen Wissenschaften an deutschen Hochschulen* aus dem Jahr 2010[5], dass besonnenere Kreise keineswegs

---

[4] José de Casanova überschreibt so eine Sammlung von Essays, in denen er der These nachgeht, »dass das Problem des Verhältnisses von Religion und Demokratie kein intrinsisches Problem der Religion ist, sondern eher ein Problem der verbreiteten, säkularistischen Annahmen über Religion, Demokratie und ihre Beziehungen zueinander«. (José Casanova, Europas Angst vor der Religion, Berlin 2009, 7). Es ist deutlich, dass sich das als eine Bildungsaufgabe stellt.

[5] Die *Empfehlungen des Wissenschaftsrates* stehen als Download unter http://www.wissenschaftsrat.de/download/archiv/9678-10.pdf zur Verfügung; in gedruckter Form werden sie von der Geschäftsstelle des Wissenschaftsrates vertrieben.

bereit sind, den Konnex von Religion und Bildung aufzulösen – und zwar zu beiderseitigem Gewinn. Das Votum des Wissenschaftsrats ist geeignet, die Temperatur der Debatten um die Säkularisierung und ihre Konsequenzen für die Bildungsdebatte deutlich abzusenken. Freilich sei bemerkt, dass im Gefolge der Stellungnahme des Wissenschaftsrats die Gefahr besteht, Religion zuvorderst als Wertelieferant zu instrumentalisieren und auf verborgene Weise ebenfalls zu hoffen, dass ausreichende religiöse Bildung die durch Religion erzeugten Probleme lösen hilft. Das allerdings wäre ein reduktionistisches und rein funktionales Religionsverständnis, gegen das Einspruch zu erheben oder doch zumindest zu warnen evangelische Theologie guten Grund hat.[6]

Die Reformation entdeckte Bildung als wesentliches Element des Glaubens, insofern sie Glauben als »gebildeten Glauben« deutete – als ein Element der Emanzipation und Befreiung von religiöser Bevormundung. Bildung sollte den unmittelbaren Zugriff auf das Wort Gottes ermöglichen und damit die wahre bildende Energie freisetzen: nämlich den Glauben, der allein den Menschen rechtfertigt und vom Zwang erlöst, die eigene Existenz über Leistung zu plausibilisieren. Darum ist Glaube keine einübbare, lehrbare und lernbare Tugend, sondern eine Haltung des Empfangens, die allererst »Tugend« freisetzen kann. Am entscheidenden Punkt unserer Befreiung sind wir Menschen gerade keine Handelnden, sondern an die Grenze unseres Handelns verwiesen: auf die Gnade Gottes. Sie ist nicht das Ziel der Bildung, sondern ihr Anfang. Denn sie setzt die Würde des Menschen als von Gott Angesprochenem ins Werk. Und wir laufen nicht auf eine aus uns selbst bewirkte Erlösung zu, sondern kommen von der Erlösung her, die Gott uns schenkt.

Genau hier muss alle evangelische Kritik an einem sich verselbständigenden Bildungsbegriff ansetzen.

---

[6] Unter der Perspektive der Frage nach der Gültigkeit der Säkularisierungsthese bedenkt Elisabeth Gräb-Schmidt die Wichtigkeit der öffentlichen Diskussion von religiösen Überzeugungen. Sie betont aber deutlich: »Säkularisierung darf nicht länger als Wegrationalisierung der Religion verstanden werden, ebenso wenig aber darf Religion sich als Affirmation irrationaler, spiritualistisch-esoterischer Äußerungsformen gerieren, die sich abkoppelt von einer verantwortlichen Gestaltung des Lebens.« (Elisabeth Gräb-Schmidt, Abschied von der Säkularisierungsthese. Herausforderung für die protestantische Theologie der Gegenwart im Anschluss an Friedrich Schleiermacher und Karl Barth, in: ZThK 110 [2013], 74–108, hier: 106).

III Säkularisierte Erlösung: Vertikalspannung

Die Säkularisierungsthese geht davon aus, dass die Reformation durch ihren Bildungsimpuls selbst die Saat gesät hat, die in der Aufklärung aufging, als die Erziehung des Menschengeschlechts und des Individuums Gott aus der Hand genommen und in die Hand des Menschen gelegt wurde. Dabei ist die spezifisch deutsche Utopie von der erlösenden Wirkung der Bildung fast schon ein Alleinstellungsmerkmal und eine problematische evangelische Traditionslinie.

Das Bildungsprogramm der Reformation, so die Säkularisierungsthese, richtet sich am Ende gegen sie selber: Der Mensch wird zum Optimierer seiner selbst, so dass wir heute genötigt sind, im Sinne theologischer Kritik davon zu sprechen, die Bildung ihrerseits zu erlösen: nämlich von dem Anspruch, erlösen zu können. Man möchte mit dem großen Erlösungsphantasten der Neuzeit, Richard Wagner, sagen: Erlösung dem Erlöser![7]

Nicht zufällig ist es ein Künstler, von dem dieser Satz stammt. Denn Theologen rufen schon lange nicht mehr nach Erlösung. Nicht nur das eschatologische Büro ist geschlossen[8], auch die soteriologische Abteilung macht zumindest Betriebsferien. Hier liegt das eigentliche Problem des mir gestellten Themas.

Das Problem eines säkularen Erlösungsbegriffs besteht darin, dass er immer wieder beim Menschen ankommt und ihn stresst. Die »anthropologi-

---

7 »Höchsten Heiles Wunder: Erlösung dem Erlöser«; Parsifal, 3. Akt, Schluss. Claus-Dieter Osthövener widmet Richard Wagner aus gutem Grund in seinem Buch »Erlösung. Transformation einer Idee im 19. Jahrhundert, Tübingen 2004« ein ganzes Kapitel: »Erlösung in der Kunst – Richard Wagner«, 139–177.

8 Das oft kolportierte Zitat geht auf Troeltschs Glaubenslehre zurück, der seinerseits sagt: »Ein moderner Theologe sagt, das eschatologische Bureau sei heutzutage zumeist geschlossen.« (Ernst Troeltsch, Glaubenslehre. Nach Heidelberger Vorlesungen aus den Jahren 1911 und 1912. Mit einem Vorwort von Marta Troeltsch, München/Leipzig 1925, 36). Osthövener beschreibt den Prozess des Verschwindens des Erlösungsbegriffs in der Einleitung seiner Untersuchung: Bereits Harnack konstatiere, dass der Glaube an die Erlösung an Gewissheit verloren habe. Osthövener verweist auch auf Troeltsch, der den Wagner-Kult seiner Zeit als eine Erscheinungsform von Religion verstehe, die nicht mehr an die Kirche angebunden sei und Erlösungszüge habe. Nach Troeltsch sei der Erlösungsbegriff durch die Arbeiterbewegung auch in die politische Sphäre abgewandert (Osthövener [s. Anm. 7], 3).

sche Wende«[9] frisst ihre Kinder. Die Erlösungsbedürftigkeit[10] des Menschen aber bleibt, weil der Tod bleibt.

Der Philosoph und Essayist Peter Sloterdijk, der – wie immer man ihn einschätzen mag – sein Ohr am Puls der Zeit hat, veröffentlichte 2009 ein bemerkenswertes und zumindest in den Feuilletons stark diskutiertes Buch mit dem Titel *Du musst dein Leben ändern*[11]. Er konstatiert eine dem Menschen eigene »Vertikalspannung«, die dafür sorge, dass er immer über sich hinaus dränge, ja dass der Mensch etwas sei, das überwunden werden müsse. Und es ist sicher kein Zufall, dass Sloterdijk diesen Gedanken an einem Gedicht Rilkes festmacht, der seinerseits angesichts eines Kunstwerkes den klassischen religiösen Ruf hört: »Du musst dein Leben ändern!« Aber wie, wenn kein Gott mit der Gnade vorangeht und keine himmlische Macht uns von der Erdenschwere der Sünde erlöst? Durch Training, Askese und Übung, durch »anthropotechnische« Maßnahmen[12], sagt Sloterdijk, und bringt damit die

---

[9] Albrecht Beutel benennt so den Ertrag der Aufklärung: Albrecht Beutel, Aufklärung in Deutschland (KiG 4, Lieferung O,2), Göttingen 2006, 383.

[10] »Erlösungsbedürftigkeit« erweist sich dabei als vielschichtiger Begriff, in dem sich die Problematik von Innen- und Außenperspektive bei Fragen des Glaubens sehr deutlich zeigt. »Der Topos der Erlösungsbedürftigkeit liegt gleichsam auf der Grenze zwischen einer Außenperspektive auf die Welt der Religion und einer Innenperspektive, in der diese Außenperspektive selbst noch einmal religiös zur Sprache gebracht wird«. (Christopher Zarnow, Erlösung und Erlösungsbedürftigkeit in der Einleitung von Schleiermachers Glaubenslehre, in: KuD 59 [2013], 2–20, hier: 4). Es ist daher nicht verwunderlich, dass ein solcher doppelt perspektivischer Erlösungsbegriff zum Leitbegriff der Dogmatik Schleiermachers wird.

[11] Die Grundgedanken dieses Buches finden sich zugespitzt auch bei Peter Sloterdijk, Menschenverbesserung. Philosophische Stichworte zum Problem der anthropologischen Differenz, in: Urs Baumann (Hrsg.), Was bedeutet Leben? Beiträge aus den Geisteswissenschaften, Frankfurt a. M. 2008, 149–168, hier: 149. Die moderne Verlegenheit, ein Mensch zu sein, äußere sich darin, »daß wir uns in einer von egalitaristischen Kriterien dominierten Situation damit schwer tun, den Menschen als ein Wesen zu charakterisieren, das konstitutiv in einer Vertikalspannung lebt: das heißt, als ein Wesen, das von einem Differenzstreß in Bezug auf sein eigenes Sein- und Werdenkönnen beansprucht ist«.

[12] »Wenn aber der Mensch tatsächlich den Menschen hervorbringt, so gerade nicht durch die Arbeit und deren gegenständliche Resultate, auch nicht durch die neuerdings vielgelobte ›Arbeit an sich selbst‹, erst recht nicht durch die alternativ beschworene ›Interaktion‹ oder ›Kommunikation‹: Er tut es durch sein Leben in Übungen«. (Peter Sloterdijk, Du musst Dein Leben ändern. Über Anthropotechnik, Frankfurt a. M. 2009, 13). Diese Übungen orientieren sich an »Attraktoren«: die »Richtgrößen von Vertikalspannungen, die in psychischen Systemen für Orientierung sorgen« (a. a. O. 29). Sie formieren sich

Sphäre des Sportes und der Medizintechnik mit ins Spiel, allen voran aber die Kunst, die den Menschen über sich selbst hinaus entwirft: Sie alle – die Bildung als Training und Askese, der Sport als Körperdisziplin und die Medizin mit ihren Reparaturmöglichkeiten – dienen dazu, den Menschen im Sinne der Vertikalspannung zu optimieren. Sloterdijk bringt mit seiner technoiden Sprache auf den Begriff, wohin die anthropologische Wende der Neuzeit geführt hat: zu existentiellem Mega-Stress, dem kein Gott abhelfen kann.

Da sich diese Spannung nicht mehr auf Transzendenz ausrichtet, bleiben einzig die Kunst und die sie auslegende Philosophie als Agenten der Optimierung. Der zur Selbstähnlichkeit strebende Mensch läuft damit, theologisch gesehen, auf eine leere Eschatologie zu, durchläuft ein lebenslanges Trainings- und Ausbildungsprogramm, an dessen Ende dann doch das Scheitern steht, nämlich der Tod. Der säkulare Erlösungsbegriff zeigt hier seine ganze abgründige Hohlheit. Darum öffnet er gerade den Weg für allerhand windige Heilsversprechen, die nach dem Scheitern der großen politischen Erlösungsvisionen in die Privatheit selbstgefertigter Religiosität abwandern.

Wenn Bildung zum Motor der Erlösung wird – der Befreiung des Menschen von der irdischen Last –, dann werden die Pädagogen die Mittler dieser Erlösung und wir gehen, wie Friedrich Vischer es schon angesichts der Paulskirchenversammlung 1848 sagte, auf das »allgemeine Priestertum der Lehrer« zu. Das ist eine bittere Parodie auf das »Priestertum aller Getauften«, das durch die Reformation einst freigelegt und als Motor der Emanzipation entdeckt wurde.

Der Kreis der Gedanken schließt sich, und ich fasse zusammen: Der Prozess der Säkularisierung hat sowohl den Begriff der Bildung als auch den der Erlösung seiner transzendenten Bedeutungskomponente beraubt und sie zugleich so einander zugeordnet, dass diese Zuordnung selber nun eine quasireligiöse Bedeutung zumindest in der bürgerlichen deutschen Tradition bekommen hat. Brachte der Begriff der Erlösung einst das notwendige Korrektiv zum Begriff der Bildung als Selbstoptimierung des Menschen, so ist er heute selber Teil der Erwartungen an den Prozess der Bildung und damit unbrauchbar geworden und eigentlich nur noch in Anführungszeichen verwendbar.

Theologisch aber ist das eine Problemanzeige von hoher Relevanz. Denn theologisch geht es beim Begriff der Erlösung um die Freiheit und die Würde

---

in der »Disziplinik«, in der dreizehn Übungsfelder beschrieben werden (a. a. O. 249). Bezeichnenderweise ist Religion nicht dabei, weil sie selber nur ein Amalgam aus verschiedenen Disziplinen sei.

des Menschen, dessen Erlösungssehnsucht durch die bloße Konstatierung einer durch Sport, Medizin, Bildung und Kunst zu lösenden »Vertikalspannung« nicht nur nicht gedient ist, sondern durch Defiziterfahrungen immer noch mehr genährt wird. Das führt in eine fatale Beschleunigungsspirale hilfloser Bildungsreformen und in die Verhärtung ideologischer Grabenkämpfe.[13]

Wie aber können wir den Begriff der Bildung erlösen? Wie kann ein theologischer Bildungsbegriff aussehen, der nicht einfach hinter die Aufklärung zurück will, sondern die Säkularisierung als seine eigene Frucht aufnimmt?

IV Zwischenschritt: Erlösung als theologischer Kernbegriff – und sein allmähliches Verschwinden aus der Theologie

Wir halten inne: Der Gedanke der Erlösung ist für das Christentum zentral. Er beschreibt die entscheidende Tat Gottes in Jesus Christus, ja überhaupt das entscheidende Handeln für uns und an uns Menschen, wenn nicht sogar an der gesamten Schöpfung.

Aus dem biblischen Zusammenhang seien drei wesentliche Elemente genannt:

(a) Das Vaterunser formuliert im Grunde in der einen Bitte: »Erlöse uns von dem Bösen« eine Konkretisierung der Bitte, dass das Reich Gottes kommen möge. Wie bedrängend die Last des Üblen ist, zeigt sich daran, dass diese Bitte als letzte formuliert wird. In ihr sind das gesamte Heil des Menschen (Vergebung der Sünden und Befreiung zur vergebenden Praxis) – und sein Wohl (das tägliche Brot) gesammelt.

(b) Der katholische Neutestamentler Hans Joachim Klauck[14] hat in einem wegweisenden Aufsatz darauf aufmerksam gemacht, dass der Begriff der

---

[13] Überhaupt ist die apokalyptische und militärische Diktion der Debatte verräterisch: von der »Bildungskatastrophe« bis zur »Bildungsoffensive«.

[14] Der Aufsatz von Hans-Josef Klauck, Heil ohne Heilung? Zur Metaphorik und Hermeneutik der Rede von Sünde und Vergebung im Neuen Testament, in: Hubert Frankemölle (Hrsg.), Sünde und Erlösung im Neuen Testament [QD 161], Freiburg/Basel/Wien 1996, ist die Grundlage der Ausführungen von Dorothea Sattler, Erlösung? Lehrbuch der Soteriologie, Freiburg/Basel/Wien 2011, des im Moment der Abfassung dieses Textes aktuellsten Buches zum Thema »Erlösung« – bezeichnenderweise ebenfalls mit einem Fragezeichen im Titel.

Erlösung selber eine Metapher ist, die vor allem in den Evangelien die Rede von Sünde und Vergebung konkretisiere. Unter Heranziehung antiker Quellen zeigt er, dass das erlösende Handeln Jesu in sieben paradigmatischen Bereichen entfaltet wird, aus denen die zentralen Erlösungsmetaphern entnommen werden: Medizinisch als Heilung, im sozialen Bereich als Sklavenbefreiung unter Aufnahme der Exodustradition, finanziell als Schuldenerlass, forensisch als Begnadigung, rituell als Reinigung, kultisch als Sühnopfer und kommunikativ als Bekenntnis: »Dein Glaube hat dir geholfen«. Diese Auflistung zeigt, in welchem umfassenden Sinn »Erlösung« verstanden wird und wie konkret sie gemeint ist. Keine Metapher sollte exklusiv verwendet werden, auch nicht die Metapher der Sühne. Das erzeugt eine Engführung des Erlösungsbegriffs, die theologiegeschichtlich immer wieder zu einer Engführung kirchlicher Lehre und Praxis geführt habe. Alle Bereiche, in denen Menschen in Verstrickungen geraten, sind Bereiche der Erlösung.

(c) Abstrakter, zugleich aber umfassender erscheint der Gedanke der Erlösung bei Paulus, wenn er aufgrund seiner persönlichen Erlösungserfahrung – nämlich die aus religiöser Verblendung – in der ganzen Schöpfung den Schrei nach Erlösung hört und ihn in der begründeten Hoffnung auf Jesus Christus beantwortet weiß (Röm 8). Hat dies bei Paulus noch einen eher futurischen Aspekt, so sieht das Johannesevangelium die Erlösung als Gericht und Freispruch schon in der gegenwärtigen Begegnung mit Christus durch das Hören auf sein Wort am Werk: »Wer mein Wort hört und glaubt dem, der mich gesandt hat, der hat das ewige Leben und kommt nicht in das Gericht, sondern er ist vom Tode zum Leben hindurchgedrungen.« (Joh 5,24).

Diese Streiflichter mögen genügen, um an die zentrale Funktion des Begriffs der Erlösung für den Glauben zu erinnern. Für die Reformatoren war das noch völlig unstrittig, und ich habe nicht ohne Grund die Reformation als eine Erlösungsbewegung[15] charakterisiert, bei der Bildung das Mittel war, das Hören, vor allem aber das Lesen des Wortes Gottes zu ermöglichen. Bildung ist der Erlösung noch ganz und gar nachgeordnet, und wenn die Reformation oft als Bildungsbewegung charakterisiert wird, so ist sie im Sinne des modernen Bildungsbegriffs eher als eine umfassende Alphabetisierungskampagne zu verstehen. Bildung – das Wort wurde noch gar nicht verwendet! – hat hier einen konkreten Auftrag. Das war bis zur sogenannten »anthropo-

---

[15] »Die Idee der Erlösung nimmt im Werk Luthers eine bedeutende Stellung ein, und von herausragender Bedeutung ist auch Luthers Theologie innerhalb der Geschichte dieser Idee.« (Osthövener [s. Anm. 7], 56).

logischen Wende« völlig unstrittig. Dann aber begann der Erosionsprozess, und der Begriff der Bildung machte Karriere. Er trat an die Stelle des göttlichen Bildungs- und Formungshandelns.

Es war Friedrich Schleiermacher, der den Gedanken der Erlösung gegen den aufklärerischen Verdrängungsprozess wieder in das Zentrum der Theologie rückte[16] – und ihn damit, als unbeabsichtigte Folge, erst recht der Säkularisierung auslieferte. Bei ihm laufen die Fäden des Bildungsoptimismus der Aufklärung und der Neuverortung der Religion innerhalb der Grenzen der bloßen Vernunft nach der »anthropologischen« Wende zusammen.

Schleiermacher verwendet den Begriff der Erlösung zur Neubestimmung der Inhalte der Glaubenslehre, wenn auch schon mit einem charakteristischen neuzeitlichen Dreh: Glaube ist das *Bewusstsein* der in Jesus Christus geschehenen Erlösung. Folglich spielt Bildung bei Schleiermacher eine ganz und gar zentrale Rolle: Bildung ist der Prozess der Bewusstwerdung, denn ohne Bewusstwerdung der eigenen Religiosität und damit der Erlösungsbedürftigkeit käme Glaube niemals zustande. Deswegen richten sich die *Reden* bezeichnender Weise an die *Gebildeten* unter den Verächtern der Religion: Ihnen fehlt nämlich etwas. Schleiermacher versucht den Spieß umzudrehen und Glauben bzw. Religiosität als Bewusstsein der Erlösung zu einem konstitutiven Element von Bildung zu machen. Bildung ohne Erlösungsbewusstsein ist

---

[16] Zarnow beschreibt als Effekt der Aufklärung und dem mit ihr einhergehenden Verschwinden des Erlösungsbegriffs eine »Oszillation«: Einerseits werde der massiv metaphysische Erlösungsbegriff abgelehnt, andererseits zeige sich eine starke Suche nach »Sinn«. Diese Suche nun sei als solche noch nicht religiös, aber »religioid« (ZARNOW [s. Anm. 10], 6) oder auch »religionsaffin« (OSTHÖVENER nach ZARNOW [s. Anm. 10], 6). »Denn die empfundene Leere ist ja ihrerseits Resultat eines Emanzipationsprozesses, hinter den man weder zurück will noch kann. So bewegt sich die Haltung der Wartenden gleichsam in einem metaphysischen Niemandsland: Die Wartenden sind weder im traditionellen Sinne religiös, noch agnostisch. Sie beharren am Ort des Sinnvakuums, halten darin aber zugleich die Sinnfrage offen«. (ZARNOW [s. Anm. 10], 7). Dahinein agiere Schleiermacher, der aber die Erlösungsbedürftigkeit des Menschen nicht als einen Mangel ansieht, sondern als konstitutiv: »Während die Erlösungsvorstellung für Schleiermacher also einerseits eine noch in spezifischer Hinsicht näher zu bestimmende *christliche* Zentralanschauung darstellt, expliziert er am Ort des Erlösungsgedankens andererseits eine *allgemeine* Grundstruktur des religiösen Bewußtseins bzw. seines innermentalen Aufbaus.« (A. a. O. 9). Bemerkenswerterweise aber ist der Erlösungsbegriff bei Schleiermacher als Metapher verstanden, ließe sich also auch begrifflich auflösen (a. a. O. 11). Das geschieht z. B. im Begriff der »Aufhebung der Hemmung«, mit dem Schleiermacher die Wirkung Christi beschreibt.

defizitär, und so ist sein Begriff der Sünde auch die Beschreibung eines humanen Defizites, einer Hemmung, die durch religiöse Bildung beseitigt werden kann.

Das klingt zunächst gut, aber genau da liegt der Keim des Missverständnisses: Erlösung als Bewusstsein der Erlösung hebt das Dilemma nicht wirklich auf. Der Bildung kommt *nolens volens* eine miterlösende Funktion zu. Schleiermacher wird auf diese Weise – gegen seine eigene Intention – zu einem der Kronzeugen eines sich immer weiter säkularisierenden Bildungsverständnisses: Wenn aus dem Bewusstsein der Erlösung nur noch die Kunde über Religion geworden ist, bleibt von Erlösung im soteriologisch-theologischen Sinne nichts mehr übrig.

Denn wenn wir von »Erlösung« sprechen, stellt sich ganz radikal die Gottesfrage. Vielleicht ist es dieser radikale Charakter des Begriffs, der dazu geführt hat, dass er inzwischen aus der Theologie – trotz Schleiermacher – fast völlig verschwunden ist.

An seine Stelle trat die Rede von der *Versöhnung*: Sie ist zum Leitbegriff geworden. Bei Karl Barth, aber auch in lutherisch geprägten Dogmatiken[17] spielt »Erlösung« nur eine untergeordnete Rolle und ist aus der christologischen in die eschatologische Abteilung gerückt: Erlösung beschreibt das *künftige* Handeln Gottes, während Versöhnung das *vergangene* und *gegenwärtige* Handeln in einer Metapher zu erfassen sucht, die Raum lässt für menschliches Tun. Lautete mein Thema »Versöhnung durch Bildung«, läge das völlig im Trend, und niemand würde hier eine kritische Anfrage an den Bildungsbegriff vermuten.

Umso mehr ist in der Alltagssprache von Erlösung die Rede, wo sie freilich vollkommen säkularisiert ist und keinerlei religiös-metaphysische Komponente mehr besitzt. Am Ende erlöst uns die Diätmargarine vom schlechten Gewissen, indem sie sagt: »Du darfst!«

Man kann folglich mit Fug und Recht sagen, dass der Begriff der Erlösung die gesamte Last der Säkularisierung in besonderer Weise zu tragen hatte. Zugleich besitzt er aber einen metaphysischen Rest: Er bleibt virulent, weil er eine Sehnsucht ausdrückt, ein Grunddefizitgefühl, das umso mehr steigt, je höher die Erwartungen an den Menschen sind. Während die christliche Tradition dieses Defizit mit dem Begriff der Sünde zu erfassen sucht, also als eine prinzipielle, nur von Gott zu behebende Störung unseres Verhältnisses

---

[17] Erinnert sei nur an den Titel des Hauptwerkes von Albrecht Ritschl, Die christliche Lehre von der Rechtfertigung und Versöhnung, 3 Bde., Bonn 1874.

zu ihm, beschreibt die Moderne das Defizit als eine Störung des Selbst- und Weltverhältnisses des Menschen, für die dieser allein Sorge zu tragen hat. Und folglich kann Erlösung nur noch als Aufhebung dieser Störung beschrieben werden – diese Tendenz ist bei Schleiermacher deutlich. Sein Erlösungsbegriff als Bewusstseinskategorie ist schon säkular; ihm korrespondiert ein schwacher Begriff der Sünde als bloße Hemmung. So verstanden ist der Glaube als Beseitigung der Hemmung religiös optimierbar.

V LUTHERS UMKEHRUNG DES BILDUNGSANSATZES

Der Titel meines Vortrags stellt eine Provokation dar – so habe ich begonnen. Alle verstehen sie, auch wenn sie nicht wirklich sachlich ist. Bildung neigt dazu, sich zu verselbständigen, und aus einer gesunden Vertikalspannung wird allzu oft eine Optimierungsspannung, die unerträglichen Druck erzeugt und die Bildungsdebatte ideologisiert.

Ich will auf die Provokation: »Erlösung durch Bildung?« mit einer Gegenprovokation antworten: Erlösung *der* Bildung und Bildung *durch* Erlösung. Und diesen Gedanken finde ich – bei Luther.

»Facienti quod in se est, Deus non denegat gratiam«[18] – Der Leitsatz der spätmittelalterlichen Theologie klingt, ein wenig frei übersetzt, sehr modern: »Wer seine Anlagen konsequent nutzt, dem wird Gott die Gnade nicht verweigern«. Dieser »semipelagianische« Zug der spätmittelalterlichen Theologie setzte auch eine Bildungsbewegung frei. Die *Imitatio Christi* des Thomas von Kempen ist eine Anleitung zum glückseligen, erlösten Leben. Und es ist inzwischen anerkannt, dass das deutsche Wort »Bildung« aus mystischem Milieu stammt: Es war Meister Eckhart, der es geprägt hat, um das Ziel des mystischen Prozesses zu beschreiben. Diese Eierschalen ist der Bildungsbegriff in der deutschen Debatte niemals losgeworden.

»Facienti quod in se est, Deus non denegat gratiam« – Um der Provokation

[18] Diese Grundfigur der spätmittelalterlichen Theologie vom *meritum de congruo* hat Luther über die nominalistische Augustinrezeption seiner Ordenstradition in Erfurt sowie über die Frömmigkeitsbewegung der Devotio moderna direkt erreicht; vgl. dazu GERHARD EBELING, Disputatio De Homine, Dritter Teil, Die theologische Definition des Menschen. Kommentar zu These 20–40, Lutherstudien II, Tübingen 1989, 305ff., und den grundlegenden Aufsatz von HEIKO AUGUSTINUS OBERMAN, Facientibus quod in se est Deus non denegat gratiam: Robert Holcot, O.P. and the Beginnings of Luther's Theology, in: HTR 55 (1962), 317–342.

willen sage ich: Dieses Bildungsprogramm, das so konsequent und scheinbar ganz und gar fromm bei der Ebenbildlichkeit Gottes einsetzt und ein radikales Bildungsprogramm der Selbstentfaltung ist, hat ungemein moderne Züge, weil es die Sünde nur als Inkompetenz versteht, die durch frommes Training überwunden werden kann.

So manches gutgemeinte und theologisch scheinbar abgesicherte Bildungstheorem setzt ebenfalls geradezu naiv bei der Gottesebenbildlichkeit ein. Die Ausrichtung der Bildung an der Gottesebenbildlichkeit als Ziel gibt der säkularen Vertikalspannung noch einmal ein besonderes religiöses Feuer: Denn man verfehlt dann ja in der Unbildung nicht nur sich selbst, sondern auch Gott. Für eine ganze Anzahl theologischer Bildungsansätze der Moderne ist dieser »semipelagianische« Zug charakteristisch, weil sie ohne das Wollen und Tun des Menschen nicht auskommen. Hier liegt auch mein Misstrauen gegenüber Schleiermacher.

Luther aber machte genau die entgegengesetzte Erfahrung: Je mehr er sich bemühte, umso mehr riss er sich hinein. Seine Glaubenserfahrung war ein Weg, der ihn erst einmal »zur Hölle sinken« ließ – und dies auf den Spuren des scheinbar so humanen Bildungsideals des späten Mittelalters und des frühen Humanismus, das dem Menschen viel zutraute, ihn faktisch aber in eine unerträgliche Vertikalspannung führte: Du musst dein Leben ändern – und zwar ständig.[19]

Je mehr Luther in sich ging und aus sich herausholen wollte, desto tiefer schaute er in den Abgrund und erlebte nichts als Versagen. Der Mechanismus der Gnade versagte auf ganzer Linie. Luther war fromm, aber unerlöst.

Der Satz, dass Gott dem, der sich bemüht, die inneren Anlagen zu beleben, unterstützend zur Seite steht, wurde für Luther zu einem »Höllensatz«. Er erlebte diesen Bildungsanspruch, der auf Gnade zielte, als das, was er später als »Gesetz« identifizierte, und dem er das »Evangelium« als die befreiende Botschaft entgegensetzte. Durch das Evangelium von der freien, unverdienten Gnade Gottes wurde er vom Bildungsanspruch erlöst, Schöpfer und Macher seiner selbst zu sein, und sei es auch über den Umweg der Mitwirkung Gottes: Indem er sich die Erlösung zusagen ließ, gab er sie aus der Hand – und wurde

---

[19] *Ex puris naturalibus* – also schon ohne die Mithilfe der Gnade – konnte nach radikaler Auffassung, der Luther in Erfurt begegnete, nicht bloß der »obex«, der Riegel der Sünde, weggeschoben werden, sondern sogar anrechnungsfähig Gutes vollbracht werden. Ebeling konstatiert: »Mit dem facere quod in se est den Gedanken eines Verdienstes zu verbinden, ist für Luther absurd« (Ebeling [s. Anm. 18], 308). Für Ebeling ist die Ablehnung dieses Satzes die direkte Folge der Rechtfertigungslehre, nicht ihre Begründung (a. a. O. 312).

frei. Das war der Anfang seiner Bildungsgeschichte, und dieser Impuls ist der wahrhaft protestantische!

Bildung war darum für Luther nicht mehr das Ziel des menschlichen Tun und Handelns, Bildung war nun ein Vehikel, ein Instrument, ein weltlich Ding, das die Möglichkeiten erweiterte, das Evangelium zu hören und ihm im Leben Gestalt zu verleihen.

Und Erlösung konnte also nicht mehr das Ziel der Bildung sein, Erlösung war ihr impulsgebender Anfang. Wer erlöst ist, kann sich fortan strebend bemühen: Denn sein Heil steht nicht mehr auf dem Spiel. Wer erlöst ist, kann frei aus sich schöpfen. Es sind die vier »Soli«, mit denen eine sich evangelisch verstehende Theologie den herrschenden Bildungsbegriff aus der Klammer der Vertikaloptimierung befreien kann. Der bildende Gott ist nicht Vorbild oder Ziel menschlichen Strebens oder Tuns, sondern dessen Quelle.

Ein solcher Glaube, verstanden als Vertrauen in die vorausgehende schöpferische und erlösende Kraft Gottes, die uns, ungeachtet unserer Sünde, das Heil und die Gnade in Jesus Christus zuspricht – ein solcher Glaube sollte dem Gesetz der Selbstverwirklichung das Evangelium der Selbstbeschenkung entgegensetzen können. Darum nochmals provokant: Ohne Vergebung keine Bildung. Ohne Vergebung keine Humanität. Und ohne Erlösung keine Freiheit.

Bildung braucht nicht erlösen können. Sie hat keinen Trost, denn sie gehört ganz und gar in diese Welt. Da allerdings vermag sie viel: vor allem, den Menschen zum Evangelium zu führen. Dürfen wir, sollen wir als Kirche, als Theologinnen und Theologen auf diesen Anspruch verzichten? Sollte das Christentum tatsächlich mit der Barbarei gehen, wie es Schleiermacher einst ausdrückte? Das säkulare 20. Jahrhundert zeigt uns, wo die Barbarei in Wahrheit steckt: in einer Bildung, die von Erlösung, Glauben und Verheißung abzusehen versucht.[20]

Demgegenüber sei gesagt: Allein der Zuspruch des Evangeliums bildet uns – zu befreiten, zu aufrechten, zu gerechtfertigten Sündern. Wir sind ja nicht das Ebenbild Gottes in dem Sinne, wie Adam es war. Wir sind das Ebenbild Gottes, wie es Christus ist. Er ist das Bild des erlösten Menschen, und von ihm kommen wir her.

---

20 Auch aus Sloterdijks Perspektive zeigt sich das 20. Jahrhundert als das barbarische Jahrhundert mit einer interessanten Verschiebung: Barbar bezeichnet »den Leistungsverächter, den Vandalen, den Statusleugner, den Ikonoklasten, den Verweigerer der Anerkennung für jede Art von Ranking-Regel und Hierarchie« (SLOTERDIJK, Leben ändern [s. Anm. 12], 27).

So gebe ich die Provokation des Titel zurück: Es ist das Evangelium von der »Herrlichkeit und Gnade Gottes«, das die Bildung davon erlösen kann, uns erlösen zu müssen. Es ist der Ruf der Freiheit, mit der alle Bildung beginnt. Bildung ist nur durch Erlösung möglich.

VI Erlöste Bildung: ein post-säkularer Bildungsbegriff

Ein einziger Blick in ein deutsches Klassenzimmer, einen deutschen Hörsaal oder in das Assessmentcenter eines internationalen Konzerns kann uns lehren, wie wichtig diese theologische Grundlegung ist, die die Bildung von ihrem Anspruch, den Menschen erlösen zu wollen, befreit und die bei der Liebe einsetzt, die uns Menschen nicht als defizitär, sondern als gewürdigt kennt und anerkennt – eine Bildung also, die in unseren Nächsten das Bild Gottes sieht und zu sehen lehrt.

Ein rein säkularer Bildungsbegriff kann nicht funktionieren: Er geht vom Menschen aus und kommt immer wieder bei ihm an. Die Kirche der Reformation aber kann einen post-säkularen Bildungsbegriff anbieten, der in sich den Keim der Toleranz und der Versöhnung der Kulturen trägt, weil er weiß, wovon er redet, und alle Erlösung getrost Gott überlässt.

Es geht mir nicht um ein Zurück hinter die Säkularisierung. Es geht um ihre Transzendierung und um die Überwindung ihres letztlich überfrachteten Bildungsbegriffs. Ein theologisch fundierter Bildungsbegriff, der von der in Gott geschehenen Erlösung ausgeht, ist durchaus in der Lage, die Differenz von Kultur und Barbarei, von Bildung und Unbildung aufzuheben.

Denn der Umgang mit den unterschiedlichen religiösen und säkularen Kulturen darf nicht so ausgehen, dass die Religion mit der Unbildung und der Säkularismus mit der Bildung verknüpft werden. Ein wirklich »erlöster« Bildungsbegriff wird nicht mehr in Dualen und Defiziten, sondern in Potentialen und Kompetenzen denken.

José Casanova, einer der führenden Theoretiker in der Frage nach der Säkularisierung und ihren Folgen, schreibt in seinem Büchlein *Europas Angst vor der Religion*:

> »Die Unfähigkeit, das Christentum offen als eine der konstitutiven Komponenten der kulturellen und politischen Identität Europas anzuerkennen, könnte auch bedeuten, dass die Europäer die historische Gelegenheit verpassen, eine dritte wichtige Aussöhnung den bereits erreichten beiden, nämlich die zwischen Pro-

> testanten und Katholiken und die zwischen kriegerischen europäischen Nationalstaaten, hinzuzufügen, indem den alten Kämpfen um Aufklärung, Religion und Säkularismus ein Ende gemacht wird. [...] Um den gleichen Zugang zur öffentlichen Sphäre und eine unverzerrte Kommunikation zwischen allen Bürgerinnen und Bürgern – Christen, Muslime und Juden, Atheisten, Agnostiker und Gläubige – zu garantieren, müsste die Europäische Union nicht nur post-christlich, sondern auch post-säkular werden.«[21]

Dazu können wir einen wichtigen Beitrag leisten: In Christus sind alle erlöst. So schlicht dieser Satz ist: Er verwandelt die »Vertikalspannung« in eine »Horizontalspannung«, bringt uns auf Augenhöhe und gibt uns die Aufgabe, Versöhnung als *Frucht* der Erlösung zu gestalten. Bildung ist ein Weg dahin. Mehr nicht. Aber auch nicht weniger.

---

[21] Das Zitat beginnt mit der Feststellung: »Doch sollte man ehrlich sein und anerkennen, dass jede genealogische Rekonstruktion der Idee oder der sozialen Imagination von Europa, die auf die griechisch-römische Antike und die Aufklärung Bezug nimmt, während sie jede Erinnerung an die Rolle des mittelalterlichen Christentums beim Aufbau eines zivilisierten Europas tilgt, damit entweder historische Ignoranz oder repressive Amnesie erkennen lässt.« (CASANOVA [s. Anm. 4], 29).

Evangelische Impulse für das Bildungswesen – oder:

Was bedeutet das reformatorische Bildungserbe heute?

Friedrich Schweitzer

Die mir zugespielte Frage nach evangelischen Impulsen für das Bildungswesen heute macht bereits eine erste protestantische Grundentscheidung deutlich, die mir von großer Wichtigkeit scheint. Es kann nicht unser Ziel sein, das reformatorische Bildungsdenken und die darin enthaltenen Optionen gleichsam als festliegendes Erbe noch einmal – und dann in möglichst feierlichem Tone – festlich hervorzuheben, um sie museal zu bewahren. Eine solche lediglich konservierende Vorgehensweise würde von Anfang an der reformatorisch-evangelischen Einsicht in die Fehlbarkeit und Unvollkommenheit, aber auch der Zeitgebundenheit der Reformatoren und ihrer Auffassungen widersprechen. Mir geht es deshalb nicht darum, Martin Luther auf eine Art Bildungspodest zu stellen und auf diese Weise die lange Reihe der unterschiedlichen Luther-Denkmäler noch einmal zu verlängern. Stattdessen nehme ich die durch die Reformation begründete protestantische Bildungstradition in den Blick, um sie auf ihre Zukunftsfähigkeit hin zu befragen.[1] Dabei gehe ich davon aus, dass diese Tradition nicht nur bei den Reformatoren Luther und Melanchthon oder etwa bei Calvin greifbar wird, sondern auch bei späteren protestantischen Bildungstheoretikern wie Comenius oder Schleiermacher sowie in zeitgenössischen Dokumenten unserer Gegenwart, bei-

---

1 Vgl. aus anderer, aber verwandter Perspektive meine Darstellung: Friedrich Schweitzer, Protestantisches Bildungserbe? Fragen Evangelischer Bildungsverantwortung heute, in: Reformationsgeschichtliche Sozietät der Martin-Luther-Universität Halle-Wittenberg (Hrsg.), Spurenlese. Kulturelle Wirkungen der Reformation auf Wissenschaft und Bildung, auf Universität und Schule (Leucorea-Studien zur Geschichte der Reformation und der Lutherischen Orthodoxie 22), Leipzig 2013, 331–347; siehe auch Friedrich Schweitzer, Luther und die Geschichte der Bildung. Pflichtgemäße Reminiszenz oder notwendige Erinnerung?, in: JHB 3 (1996), 9–23.

spielsweise den Denkschriften der Evangelischen Kirche in Deutschland (EKD) zu Bildungsfragen. Auf diese Weise soll von Anfang an deutlich werden, dass es um eine lebendige Tradition geht, die sich geschichtlich entfaltet hat und die für Gegenwart und Zukunft offen bleibt. Gerade beim Bildungswesen stellen sich ja immer wieder neue Herausforderrungen, die zu einer Fortentwicklung der reformatorischen Tradition herausfordern.

Zugleich muss ebenfalls von Anfang an vor Augen stehen, dass es sich unter den heutigen Voraussetzungen keineswegs mehr von selbst versteht, Impulse für das Bildungswesen gerade von Kirche oder Theologie zu erwarten. Kirche und Theologie sind keine selbstverständlichen Experten mehr, denen hier eine gleichsam natürliche Kompetenz zugetraut würde. Deshalb soll zunächst geklärt werden, in welchem Sinne hier überhaupt von »evangelischen Impulsen für das Bildungswesen« gesprochen werden kann und gesprochen werden soll.

I Evangelisches Bildungsengagement als Form demokratischer Bildungsmitverantwortung und als Selbstverpflichtung der Kirche

Die Überschrift zu diesem Abschnitt enthält bereits die These, die nun erläutert werden soll. In welchem Sinne kann von »evangelischem Bildungsengagement als Form demokratischer Bildungsmitverantwortung und als Selbstverpflichtung der Kirche« gesprochen werden?

Bekanntlich ist das staatliche Bildungswesen spätestens mit der Trennung von Staat und Kirche in der Weimarer Republik und dann endgültig mit dem Grundgesetz für die Bundesrepublik Deutschland aus dem unmittelbaren Verantwortungsbereich der Kirche ausgetreten. Wie in Art. 7,1 GG festgehalten wird, steht die Schule nun allein unter der Aufsicht des Staates – eine Formulierung, die sich geschichtlich gesehen u. a. gegen eine Schulaufsicht durch die Kirche wendet, wie sie in Deutschland bis dahin jahrhundertelang üblich gewesen war – allerdings unter den Voraussetzungen einer fehlenden Trennung von Staat und Kirche, so dass eigentlich genauer, aber umständlich von einer »staatlich-kirchlichen Schulaufsicht« gesprochen werden müsste. Das Ende der sogenannten kirchlichen Schulaufsicht bedingte auch das Ende jeder direkten Form der Mitgestaltung der Schulen durch die Kirchen. Auf wissenschaftlicher Ebene spiegelt sich dies in der Forderung nach einer autonomen Pädagogik, wie sie sich dann allerdings erst seit dem letzten Drittel des 20. Jahrhunderts weithin durchgesetzt hat.[2] Diese Autonomie zielt auf die Unabhängigkeit der Erziehungswissenschaft von theologischen Voraussetzungen. Die Erziehungswissenschaft der Gegenwart will in religiöser und weltanschaulicher Hinsicht neutral sein – ein Selbstverständnis, das ich an dieser Stelle lediglich beschreibe, ohne dazu Stellung zu beziehen.[3]

Unter diesen Voraussetzungen einer Trennung von Staat und Kirche sowie einer weltanschaulich neutralen Erziehungswissenschaft scheint für »evangelische Impulse für das Bildungswesen« tatsächlich wenig Raum zu bleiben. Allerdings ist auch auf gegenläufige Tendenzen hinzuweisen. Im Widerspruch zu einer allein staatlichen Verantwortung für das Bildungswesen und zu einer von allen religiösen und weltanschaulichen Einflüssen freien Erziehungswissenschaft kann in diesem Sinne vor allem auf die Anforderungen demokratischer Entscheidungsfindung verwiesen werden. Das Bildungswesen ist in dieser Sicht einer sich weiter durchsetzenden Demokratisierung der Gesellschaft und ihrer Institutionen nicht einfach eine Angelegenheit hoheitlich-staatlicher Entscheidungsautonomie, sondern muss in zunehmendem Maße mit Formen der gesellschaftlichen Mitverantwortung verbunden werden. Dafür liefert der Protestantismus bereits in der Reformationszeit ein Vorbild, das heute am angemessensten als eine Form zivilgesellschaftlicher Mitverantwortung für das Bildungswesen beschrieben bzw. gedeutet werden kann. Allen voran sah Martin Luther, als Theologe und Vertreter der Kirche, seine Aufgabe auch darin, die weltliche Obrigkeit sowie die Eltern immer wieder an den Sinn sowie an die Aufgaben von Schule und Bildung zu erinnern.[4] Genau in diesem Sinne verstehe ich das evangelische Bildungsenga-

---

2 Vgl. dazu als klassische Zusammenstellung Georg Geissler, Einleitung, in: Das Problem der pädagogischen Autonomie (Kleine pädagogische Texte 11), Berlin/Langensalza/Leipzig 1951, 3 f. Zum weiteren Hintergrund vgl. etwa Oliver Kliss, Schulentwicklung und Religion. Untersuchungen zum Kaiserreich zwischen 1870 und 1918 (PTHe 68), Stuttgart 2005; Henrik Simojoki, Evangelische Erziehungsverantwortung. Eine religionspädagogische Untersuchung zum Werk Friedrich Delekats (1892–1970) (PThGG 3), Tübingen 2008.

3 In bis heute viel beachteter Form hat dies Wolfgang Brezinka, Von der Pädagogik zur Erziehungswissenschaft. Eine Einführung in die Metatheorie der Erziehung, Weinheim u. a. 1971 beschrieben. Zur (auch kritischen) Diskussion vgl. Jürgen Oelkers/Fritz Osterwalder/Heinz-Elmar Tenorth (Hrsg.), Das verdrängte Erbe. Pädagogik im Kontext von Religion und Theologie, Weinheim/Basel 2003; vgl. zu meinen eigenen Einschätzungen der Zusammenhänge: Friedrich Schweitzer, Pädagogik und Religion. Eine Einführung (Grundriss der Pädagogik/Erziehungswissenschaft 19), Stuttgart 2003.

4 Vgl. Martin Luther, An die Ratherren aller Städte deutsches Lands, dass sie christliche Schulen aufrichten und halten sollen (1524), in: WA 15, 9–53 und Ders., Eine Predigt,

gement auch heute – als eine Beteiligung an der für demokratische Verhältnisse unerlässlichen zivilgesellschaftlichen Mitverantwortung für Schule und Bildung.

Zur demokratischen Ausgestaltung des Bildungswesens trägt die Kirche dabei noch in einer weiteren wesentlichen Hinsicht bei. Zur Demokratie gehört auch ein Trägerpluralismus, wie ihn das Grundgesetz in Art. 7,4 vorsieht (»Das Recht zur Errichtung von privaten Schulen wird gewährleistet.«).[5] Nicht nur der Staat soll Bildungsangebote machen dürfen und nicht nur der Staat soll Träger von Schulen sein. Sonst drohte ein staatliches Bildungsmonopol, das als Gefährdung von Demokratie anzusehen wäre. Indem die Kirche Bildungsangebote unterhält und als Träger eigener, also evangelischer Schulen tätig ist, trägt sie so gesehen bei zur Garantie eines demokratisch-pluralistischen Bildungswesens.

Diese besondere Art des theoretischen und zugleich praktischen Bildungsengagements der Kirche hat nun aber auch bedeutsame Implikationen, die wir uns an dieser Stelle klarmachen müssen. Evangelische Impulse für das Bildungswesen haben stets eine doppelte Ausrichtung. Sie betreffen das staatliche Bildungswesen, aber sie schließen immer auch eine Anforderung an die Kirche selbst ein. Insofern stellen sie genauer betrachtet eine kirchliche Selbstverpflichtung dar. Es wäre kaum plausibel zu machen, wenn die Kirche Forderungen an die staatliche Schule formuliert und zugleich nicht dazu bereit wäre, das Geforderte in den evangelischen Schulen umzusetzen. Genau dieser selbstverpflichtende Charakter kirchlicher Stellungnahmen steigert dabei die Glaubwürdigkeit evangelischer Impulse. Denn allein theoretische Forderungen fallen bekanntlich leicht, während öffentliche Selbstverpflichtungen durchaus riskant sind, weil sie auch praktisch eingelöst werden wollen.

Damit ist freilich erst geklärt, *wie* eine Beteiligung von Kirche oder Theologie am Bildungsdiskurs der Gegenwart zu verstehen ist, eben als Versuch

---

daß man Kinder zur Schulen halten solle (1530), in: WA 30,2, 508–588. Auszüge aus diesen und anderen Schriften, die im vorliegenden Zusammenhang bedeutsam sind, finden sich in moderner Sprache bei Karl Ernst Nipkow/Friedrich Schweitzer (Hrsg.), Religionspädagogik. Texte zur evangelischen Erziehungs- und Bildungsverantwortung seit der Reformation, 3 Bde. (TB 84, 88, 89), Gütersloh/München 1991/1994.

[5] Vgl. aus rechtlicher Sicht zum Trägerpluralismus Peter Häberle, Erziehungsziele und Orientierungswerte im Verfassungsstaat, Freiburg/München 1981, bes. 47 ff. Aus evangelischer Perspektive: Kirchenamt der EKD (Hrsg.), Schulen in evangelischer Trägerschaft. Selbstverständnis, Leistungsfähigkeit und Perspektiven. Eine Handreichung des Rates der EKD, Gütersloh 2008, bes. 82 ff.

einer demokratischen Bildungsmitverantwortung. Was dies *inhaltlich* bedeutet und *in welchem Sinne* hier von reformatorischen Impulsen gesprochen werden kann, muss in weiteren Schritten eigens geklärt werden.

II Bildung – warum und wozu?

Die mit dieser Überschrift – »Bildung – warum und wozu?« – angesprochenen Fragen liegen gleichsam bewusst quer zur gegenwärtigen Bildungsdiskussion. Der Bildungsdiskurs im 21. Jahrhundert steht bislang ganz im Zeichen der pädagogischen Psychologie und der empirischen Bildungsforschung. Seit den großen internationalen Schulleistungsvergleichsuntersuchungen, die ihr Symbol in den PISA-Studien gefunden haben, wird mit großer Intensität an der Entwicklung von Kompetenzmodellen sowie an der Formulierung von Bildungsstandards gearbeitet, an darauf bezogenen pädagogisch-psychologischen Diagnosemöglichkeiten sowie an Modellen zur individuellen Bildungsförderung. All dies dient erkennbar dem Wunsch nach mehr Effektivität und Nachhaltigkeit im Bildungswesen und ist insofern sicher auch aus evangelischer Sicht sehr zu begrüßen. Das Bildungswesen soll leisten, was es verspricht – und das entscheidende Kriterium dafür kann kein anderes sein als der tatsächliche Lernerfolg der Schülerinnen und Schüler.

So einsichtig dies heute ganz allgemein geworden ist, bleibt auch dann allerdings noch eine zentrale Frage offen: Was genau soll das Bildungswesen eigentlich versprechen? Was sind die Ziele, auf die mit gesteigerter Effektivität hingearbeitet werden soll? An solchen Fragen wird derzeit erkennbar weniger gearbeitet. Die deutschen PISA-Untersuchungen verweisen hier zwar auf den Begriff der Bildung[6], aber das Bildungsverständnis wird, trotz der in diesem Zusammenhang formulierten, interessanten Impulse etwa bei Jürgen Baumert[7], inhaltlich eben nicht weiter entfaltet. Aufschlussreich sind hier die internationalen Untersuchungen der OECD, die ja auch hinter den deutschen Studien stehen. Der parallel zu »PISA 2000« erschienene Bericht der OECD: *Knowledge and Skills for Life* kommt nämlich ganz ohne bildungstheoretische Ausführungen aus, jedoch nicht ohne ein Menschenbild. Die Zugangsweise

---

6 Vgl. Deutsches PISA-Konsortium (Hrsg.), PISA 2000. Basiskompetenzen von Schülerinnen und Schülern im internationalen Vergleich, Opladen 2001, 19ff.

7 Vgl. Jürgen Baumert, Deutschland im internationalen Bildungsvergleich, in: Nelson Killius/Jürgen Kluge/Linda Reisch (Hrsg.), Die Zukunft der Bildung, Frankfurt a. M. 2002, 100–150.

von PISA rechtfertige sich, so wird eindringlich gesagt, durch den »Erfolg im Leben« (»to succeed in life«). Aber was heißt Erfolg? Die Antwort ist kurz und bündig: »labour market success and earnings«. Oder noch einmal zugespitzt: »better jobs« und »higher salaries«.[8]

Eine erste Aufgabe für eine evangelische Bildungsmitverantwortung kann angesichts dieser Situation nur darin bestehen, die Frage nach dem Warum und Wozu von Bildung und Schule offen zu halten. Die Zielformel »Geld und Karriere«, das müsste eigentlich allen einsichtig sein, stellt gerade keine überzeugende Antwort auf diese Frage dar. Sie verweist vielmehr auf ein Thema, das aus evangelischer Sicht von zentraler Bedeutung ist und dem ich mich nun zuwende:

III Das Menschenbild der Bildung

Die Frage nach dem Menschenbild, das hinter dem Bildungsverständnis steht, gilt heute vielen als wenig zeitgemäß. Diese Frage lenke ab von den faktisch-praktischen Problemen im Bildungswesen, wie sie in der beschriebenen Effektivitätsperspektive viel deutlicher zum Ausdruck kämen. Sonntagsreden über ein Menschenbild tragen in dieser Sicht nur wenig dazu bei, die alltäglichen Probleme von Schule und Bildung zu lösen.[9] Und viele praktische Herausforderungen hätten doch reichlich wenig mit abstrakten philosophisch-anthropologischen Bestimmungen zu tun.

Solche Einwände sind auch aus meiner Sicht durchaus stichhaltig, sofern Bildungsfragen allein auf der Ebene von Menschenbildern geklärt werden sollen. Die Kritik an der Menschenbildfrage wird aber falsch und führt in die Irre, wenn sie eine grundsätzliche Irrelevanz dieser Frage behaupten will.[10] Gerade das Beispiel der PISA-Untersuchungen zeigt überdeutlich, dass auch die empirische Bildungsforschung sich letztlich von Annahmen darüber leiten lässt, was das gute Leben sei, dem das Bildungswesen dienen soll.

Geld und Karriere, so haben wir gesehen, reichen hier als Antwort nicht aus. Die Reformatoren haben an dieser Stelle zwei Zielformulierungen verwendet, die mir auch heute noch tragfähig erscheinen: Alle Bildung soll einem

---

8 OECD, Knowledge and Skills for Life. First Results from the OECD Programme for International Student Assessment (PISA) 2000, Danvers 2001, 19 f.

9 So schon die Problematisierung etwa bei Heinz-Elmar Tenorth, »Alle alles zu lehren«. Möglichkeiten und Perspektiven allgemeiner Bildung, Darmstadt 1994.

10 Zur Diskussion vgl. Schweitzer, Pädagogik (s. Anm. 3), bes. 158 ff.

Leben in *Frieden und Gerechtigkeit* dienen.[11] Beide Begriffe verweisen dabei auf das biblische Verständnis von *Shalom*, das keineswegs auf eine bloß formale Gerechtigkeit etwa im Sinne der Chancengleichheit reduziert werden kann.[12] Gemeint ist vielmehr ein im umfassenden Sinne gerechter Zustand der Gesellschaft, sodass allen Menschen die Voraussetzungen geboten werden, die sie zum Leben brauchen. Heute wird in dieser Hinsicht von *Bildungsgerechtigkeit* gesprochen sowie davon, dass eine solche Gerechtigkeit immer als *Befähigungsgerechtigkeit* ausgelegt und verstanden werden muss.[13] Gerechtigkeit im Bildungswesen ist dann nur so zu erreichen, dass jeder und jede einzelne zur Teilhabe am gesellschaftlichen Leben befähigt wird. Genau so lässt sich auch das bis heute berühmte Programm des Comenius verstehen: »allen alles gründlich zu lehren«.[14] In Vorwegnahme bildungsdemokratischer Argumente formuliert Comenius unter Berufung auf den Schöpfungsglauben seine Forderung: »wo Gott keinen Unterschied gemacht hat, da soll auch der Mensch keine Schranken aufrichten«.[15] Bildung muss allen offenstehen – und alle müssen dazu befähigt werden, sich am gesellschaftlichen Leben zu beteiligen.

In der evangelischen Bildungstradition spielen deshalb neben der Schule immer auch diakonisch-sozialpädagogische Bildungsansätze eine konstitutive Rolle – bei August Hermann Francke oder auch bei Johann Heinrich Pestalozzi, bei Johannes Falk in Weimar ebenso wie bei Johann Hinrich Wichern in Hamburg.[16] Bildung ist in evangelischer Sicht als umfassende Förderung

---

11 Vgl. etwa Luther, An die Ratherren (s. Anm. 4).

12 Der Zusammenhang von Frieden/Shalom und Gerechtigkeit ist hier nicht im Sinne einer bestimmten theologischen Einzelauffassung zu verstehen, sondern als eine allgemeine Grundlage christlicher Theologie. Deshalb verzichte ich an dieser Stelle auf einen spezifischen Literaturnachweis; alle theologischen Nachschlagewerke bieten entsprechende Artikel.

13 Zum Begriff der Befähigungsgerechtigkeit vgl. Martha C. Nussbaum, Frontiers of Justice: Disability, Nationality, Species Membership, Cambridge/London 2006 sowie Amartya Sen, The Idea of Justice, London 2010. Zur Aufnahme im evangelischen Bereich durch Wolfgang Huber u. a. vgl. Peter Dabrock, Capability-Approach und Decent Minimum. Befähigungsgerechtigkeit als Kriterium möglicher Priorisierung im Gesundheitswesen, in: ZEE 46 (2001), 202–215.

14 Vgl. Johann Amos Comenius, Pampaedia. Lateinischer Text und deutsche Übersetzung, nach der Handschrift hrsg. von Dmitrj Tschižewskij in Gemeinschaft mit Heinrich Geissler/Klaus Schaller, Heidelberg ²1965, 15ff.

15 A. a. O. 31.

16 Vgl. Wilhelm Flitner (Hrsg.), Pestalozzi. Ausgewählte Schriften, dritte, umgearbeitete

zu verstehen, nicht als Bildung nur des Geistes, sondern der gesamten menschlichen Existenz, gerade dort, wo Biographien zu scheitern drohen, wie wir es heute ausdrücken.

Dahinter steht eine Grundoption, die von der Bildungsdenkschrift der EKD aus dem Jahr 2003 schon im Titel zum Ausdruck gebracht wird: »Maße des Menschlichen«[17] – der Mensch, hier verstanden in seiner Geschöpflichkeit und deshalb mit einer unveräußerlichen Würde begabt, soll das Maß der Bildung sein. (Diese Schrift bietet im Übrigen zahlreiche Bestimmungen, die als Aktualisierung des reformatorischen Bildungserbes aufgefasst werden können.)

Mit der heute für das evangelische Bildungsdenken so bedeutsamen Berufung auf die Gottebenbildlichkeit als Grundlage der Menschenwürde sowie, damit verbunden, auch auf das Recht des Kindes als Ausgangspunkt aller Pädagogik und Bildung, kommt es freilich auch zu einer zumindest teilweisen Verschiebung im Verhältnis zu den reformatorischen Bildungsauffassungen.[18] Denn beides, die Menschenwürde und das Recht des Kindes, wird im 16. Jahrhundert gerade noch nicht als Ausgangspunkt gewählt. Im Rückblick können wir solche Motive in der reformatorischen Theologie zwar vielleicht angelegt sehen, aber es kann doch keinen Zweifel darüber geben, dass der Protestantismus in seiner Geschichte entwicklungsoffen war und sich immer wieder auch als lernfähig erwies, bis dahin, dass dem Protestantismus gerade in dieser Hinsicht eine besondere Dynamik innewohnt. Immer wieder wurden und werden evangelische Motive nicht einfach in der kirchlichen Dogmatik bewahrt oder festgeschrieben, sondern diese Motive sind von einem freien Protestantismus und einer protestantischen Kultur aufgenommen und zur Geltung gebracht worden, manchmal durchaus auch gegen die evangelische Kirche und ihre Glaubenslehren. Das gilt für das Anliegen der Kinderrechte,

---

Auflage, Düsseldorf/München 1961; HERMANN LORENZEN (Hrsg.), August Hermann Francke. Pädagogische Schriften, Paderborn ²1964; JOHANN HINRICH WICHERN, Rettungsanstalten als Erziehungshäuser in Deutschland, in: PETER MEINHOLD (Hrsg.), Johann Hinrich Wichern. Sämtliche Werke, Bd. 7, Hamburg 1975, 374–534.

17 Vgl. KIRCHENAMT DER EKD (Hrsg.), Maße des Menschlichen. Evangelische Perspektiven zur Bildung in der Wissens- und Lerngesellschaft. Eine Denkschrift des Rates der EKD, Gütersloh 2003.

18 Vgl. dazu FRIEDRICH SCHWEITZER, Menschenwürde und Bildung. Religiöse Voraussetzungen der Pädagogik in evangelischer Perspektive (Theologische Studien, Neue Folge 2), Zürich 2011 sowie, zum weiteren Hintergrund, DERS., Die Religion des Kindes. Zur Problemgeschichte einer religionspädagogischen Grundfrage, Gütersloh 1992.

gilt zumindest teilweise aber auch für den Bildungsbegriff, bei dem die Kirche einem protestantischen Anliegen in einer gleichsam veräußerlichten Gestalt begegnete. Auffassungen, die in der Reformationszeit mit Begriffen wie Gewissen und Rechtfertigung zum Ausdruck gebracht wurden, finden später Eingang in ein Bildungsverständnis, das individualitäts- und subjektivitätstheoretisch ausformuliert wird – in beispielhafter Form etwa bei Friedrich Schleiermacher.[19] Deshalb ist immer damit zu rechnen, dass evangelische Impulse für das Bildungswesen auch dort zu finden sind, wo sie sich selbst nicht in einem unmittelbaren Sinne als evangelisch verstehen oder bezeichnen. Als zugespitzte These lässt sich formulieren: Im Bildungsverständnis des deutschen Idealismus – also bei Bildungstheoretikern wie Schleiermacher oder Humboldt – begegnet ein evangelisch begründetes Menschenbild in der Gestalt eines Bildungsbegriffs, der nicht mehr theologisch begründet wird. Anders ausgedrückt: Wesentliche Gehalte eines christlichen Verständnisses des Menschen werden nun einfach als »Bildung« bezeichnet.

Wenn evangelische Bildungsimpulse auf diese Weise aus der Kirche und auch aus der Theologie auswandern, bedeutet dies freilich auch, dass sie weithin nicht mehr als evangelisch oder als christlich erkannt werden können, zumindest nicht ohne weiteres. Dies war jedenfalls lange Zeit der Fall, gerade in einem christlich geprägten Land wie Deutschland. Erst die für unsere Gegenwart zunehmend bestimmende religiös plurale Situation führt dann vor Augen, dass die so selbstverständliche Option für den Wert eines jeden einzelnen Menschen und für die nicht hintergehbare Würde des Kindes sich keineswegs von selbst versteht. Andere religiös-kulturelle Traditionen im Islam, aber auch etwa im Konfuzianismus führen zu deutlich anderen Optionen – etwa im Sinne eines konstitutiven Vorrangs der Gemeinschaft vor dem Einzelnen oder von Treue und Loyalität als nicht zu hinterfragenden Leitbildern für Erziehung und Bildung.[20]

Aus meiner Sicht ist dies auch der Punkt, an dem das Verhältnis zwischen Erziehungswissenschaft und Religion oder Weltanschauung heute noch einmal neu zur Diskussion gestellt werden muss. Um es zumindest in Gestalt

---

19 Vgl. dazu beispielsweise die dritte Rede bei Friedrich Schleiermacher, Über die Religion. Reden an die Gebildeten unter ihren Verächtern (1799), hrsg. v. Rudolf Otto, Göttingen [6]1967.

20 Die entsprechenden Zusammenhänge sind literarisch noch nicht zureichend aufgearbeitet; vgl. als Versuche etwa Fritz Köster, Religiöse Erziehung in den Weltreligionen. Hinduismus, Buddhismus, Islam, Darmstadt 1986; Witold Tulasiewicz/Cho-Yee To (Hrsg.), World religions and educational practice, London u. a. 1993.

einer These anzudeuten: Die Erziehungswissenschaft in Deutschland – oder, genauer gesagt, in der westlichen Welt insgesamt – lebt, etwa im Blick auf Leitbilder von Menschsein und Kindsein, von religiösen Voraussetzungen, die heute nur noch selten als solche wahrgenommen und erkannt werden, die sich aber gerade nicht von selbst verstehen. Insofern bedingt die zunehmend religiös plurale Situation nun einen weiteren Schritt der Selbstklärung in der auf Bildung bezogenen Wissenschaften.

Dies führt unmittelbar zu einem weiteren Grundimpuls des evangelischen Bildungsdenkens:

IV BILDUNG UND GLAUBE ALS ZUSAMMENHANG

In evangelischer Sicht – und das ist heute besonders herausfordernd – besteht zwischen Bildung und Glaube ein unauflöslicher Zusammenhang. Herausfordernd ist dieser Zusammenhang in heutiger Sicht vor allem von der Bildung her, die weithin ohne jeden Bezug zu Glaube oder Weltanschauung verstanden wird. Das Verhältnis zwischen Glaube und Bildung ist dabei keineswegs nur für die Kirche bedeutsam, sondern gerade auch für Gesellschaft und Öffentlichkeit. An der Frage, wie Glaube und Vernunft zueinander stehen, wird dies besonders deutlich – etwa angesichts der Debatten über einen Fundamentalismus, der sich etwa an einem Widerspruch zwischen Schöpfungsglaube und Naturwissenschaft festmacht.

Der Zusammenhang zwischen Bildung und Glaube ist nach zwei Seiten hin näher zu entfalten. Auf der einen Seite geht es um die Forderung: *Keine Bildung ohne Glaube oder Religion!*

Für die Reformatoren stand von Anfang an fest, dass der Glaube und namentlich die Bibel eine zentrale Stellung im Bildungswesen haben müssen. Im Anschluss an Luthers Forderungen in der *Adelsschrift* schon von 1520[21] lässt sich dies so formulieren, dass das, was die menschliche Existenz letztlich trägt, in der Schule nicht ausgeblendet bleiben darf. Für Luther war das das Evangelium – allgemeiner würden wir heute vom Lebenssinn und von Sinnfindungsprozessen sprechen. Kinder und Jugendliche brauchen dabei eine kompetente Begleitung durch den Religionsunterricht oder durch andere Angebote.

---

21 Vgl. MARTIN LUTHER, An den christlichen Adel deutscher Nation von des christlichen Standes Besserung (1520), in: WA 6, 381–469.

In der Forderung: *Keine Bildung ohne Religion* kommen die Konsequenzen einer an den »Maßen des Menschlichen« ausgerichteten Bildung konkret zum Tragen. So gesehen geht es darum, dass der Mensch und eine menschengerechte Bildung nicht auf die materielle Existenz beschränkt werden dürfen. Wer dies, etwa im Namen eines ökonomischen Utilitarismus, versucht, so Friedrich Schleiermacher schon vor 200 Jahren, der bringt Kinder unfehlbar um ihren Sinn.[22] Wie Schleiermacher es in seiner berühmten Rede über die Bildung zur Religion formuliert, bedeutet dies eine »Verstümmelung« des kindlichen Lebens.[23] Denn eine bloß an ökonomischen Erfordernissen ausgerichtete Bildung »verstopfe« alle Aussichten, die über die alltäglichen Vollzüge des Lebens hinausführen.[24]

Keine Bildung ohne Religion – das bedeutet aber auch, dass es zur Bildung gehört, ein kritisch-reflektiertes Verhältnis zum eigenen Glauben zu gewinnen. Die durch Bildung entwickelte Vernunft soll vor dem Glauben nicht Halt machen, und sie soll nicht als Alternative zum Glauben missverstanden werden. Stattdessen geht es in evangelischer Sicht um eine Verbindung von Glaube und kritischer Vernunft, im Sinne eines spannungsvollen, am Ende aber doch komplementären Verhältnisses.[25] Das Ziel einer solchen Bildung heißt dann nicht: *Mündigkeit statt Glaube*, sondern, wiederum mit Schleiermacher gesprochen, *religiöse Mündigkeit* als eigene Urteilsfähigkeit im Glauben.[26]

Der Forderung: *Keine Bildung ohne Religion* entspricht deshalb auf der anderen Seite das komplementäre Postulat: *Kein Glaube ohne Bildung!* Auch dafür sind die Reformatoren von Anfang an eingetreten. Religiöse Bildung sollte nicht länger auf den kleinen Kreis der Kleriker begrenzt sein. Alle Kinder und Jugendlichen, aber auch alle Erwachsenen sollten vielmehr durch die katechetische Unterweisung erreicht werden. Und Luther setzte sich mit

---

22 Vgl. Schleiermacher, Über die Religion (s. Anm. 19), 108.

23 A. a. O. 110.

24 A. a. O. 111.

25 Für ein solches Bildungsverständnis tritt besonders Karl Ernst Nipkow, Bildung als Lebensbegleitung und Erneuerung. Kirchliche Bildungsverantwortung in Gemeinde, Schule und Gesellschaft, Gütersloh 1990 ein (wobei diese Schrift exemplarisch für eine ganze Bandbreite von Arbeiten dieses Autors zum evangelischen Bildungsverständnis zu sehen ist).

26 Vgl. Friedrich Schleiermacher, Die praktische Theologie nach den Grundsätzen der evangelischen Kirche im Zusammenhange dargestellt, hrsg. v. Jacob Frerichs, Berlin 1850, 396.

großer Konsequenz dafür ein, dass diese Unterweisung auf »Kinder und Einfältige« ausgerichtet sein sollte, also auf Menschen, die noch nicht gebildet sind.[27]

Aus heutiger Sicht kann man sich allerdings fragen, ob das damalige Verständnis von Katechetik tatsächlich auch den Bildungsansprüchen unserer Gegenwart standhalten würde, was sicher nicht immer der Fall war. Auch in dieser Hinsicht war der Protestantismus lern- und entwicklungsfähig. Heutige Vertreter und Vertreterinnen der Religionspädagogik stehen mit Nachdruck dafür ein, dass sich auch der Religionsunterricht, sei es in der Schule oder in der Gemeinde etwa im Rahmen der Konfirmandenarbeit oder der evangelischen Erwachsenenbildung, streng nach den Kriterien einer erziehungswissenschaftlich verantworteten Bildungstheorie zu richten hat.[28]

Auch von dieser Seite her, also vom Glauben aus betrachtet, kann von einer sinnvollen Verbindung zwischen Glaube und Vernunft gesprochen werden. Ein eindrückliches Beispiel dafür ist wiederum das Verhältnis zwischen Schöpfungsglaube und Evolutionstheorie, über das heute wieder so intensiv diskutiert wird.[29] Anders als der sogenannte neue Atheismus (Richard Dawkins) behauptet, steht der biblische Schöpfungsglaube gerade nicht in einem Gegensatz zu naturwissenschaftlichen Erklärungsmöglichkeiten.[30] In einer entsprechenden Arbeitshilfe *Weltentstehung, Evolutionstheorie und Schöpfungsglaube in der Schule*[31] hat dies auch die EKD ausdrücklich hervorgehoben. Der Schöpfungsglaube will keine naturwissenschaftlichen Erklärungen bieten, so wie umgekehrt naturwissenschaftliche Erklärungsmodelle keine Aussagen über den Sinn des Lebens oder gar über Gott treffen können. Naturwissenschaftliche Aussagen sind ihrer ganzen Natur nach auf methodisch

---

27 Luther verwendet die Fügung »kinder und einfeltige« an zahlreichen Stellen; Einzelnachweise bei SCHWEITZER, Die Religion (s. Anm. 18), 40f. Anm. 63 (dort auch Hinweise zur Interpretation).

28 Das gilt nicht nur für die bereits genannten Arbeiten von Nipkow (s. Anm. 25), sondern programmatisch besonders für GODWIN LÄMMERMANN, Grundriss der Religionsdidaktik, Stuttgart u. a. 1991.

29 Vgl. FRIEDRICH SCHWEITZER, Schöpfungsglaube – nur für Kinder? Zum Streit zwischen Schöpfungsglaube, Evolutionstheorie und Kreationismus, Neukirchen-Vluyn 2012.

30 Vgl. zu dieser Auseinandersetzung mit interdisziplinären Beiträgen BERND JANOWSKI/ FRIEDRICH SCHWEITZER/CHRISTOPH SCHWÖBEL (Hrsg.), Schöpfungsglaube vor der Herausforderung des Kreationismus, Neukirchen-Vluyn 2010.

31 Vgl. Weltentstehung, Evolutionstheorie und Schöpfungsglaube in der Schule. Eine Orientierungshilfe des RATES DER EVANGELISCHEN KIRCHE IN DEUTSCHLAND (EKD-Texte 94), Hannover 2008.

kontrollierte Erkenntnisse ausgerichtet, denen sich Sinnfragen und die Gottesfrage prinzipiell entziehen. Auch in diesem Falle ist die Vorstellung einer Komplementarität von Schöpfungsglaube und Naturwissenschaft hilfreich. Beide können einander nicht ersetzen, und beide bleiben doch auf Dauer sinnvoll. Wer beispielsweise dem Menschen gerecht werden will, braucht mehr als nur eine Perspektive. In der Medizin ist es sinnvoll, den Menschen im Blick auf biologische und physiologische Zusammenhänge zu betrachten – wo hingegen zwei Menschen ineinander verliebt sind, empfiehlt es sich nicht, den anderen als Produkt aus Wasser und Mineralstoffen zu bezeichnen.

Der Zusammenhang zwischen Glaube und Bildung kann im Übrigen durchaus auch von Erziehungswissenschaftlern anerkannt werden, wie etwa das prominente Beispiel Dietrich Benners zeigt.[32] Benner versteht religiöse Bildung so, dass sie zu einer nicht-fundamentalistischen religiösen Haltung führen oder eine solche Haltung überhaupt erst ermöglichen soll.[33] In seiner Sicht ist eine solche Bildung sinnvoll für jeden einzelnen, aber eben auch für eine Gesellschaft, in der das Zusammenleben von Menschen mit unterschiedlichen Glaubensüberzeugungen zunehmend zum Alltag geworden ist – allerdings zu einem immer wieder riskanten und gefährdeten Alltag, der auch zu Verletzung und Aggression führen kann.

Vom friedlichen Zusammenleben verschiedener Religionen war bei den Reformatoren freilich noch wenig die Rede. Daran ist noch einmal abzulesen, was es bedeutet, dass zum evangelischen Bildungsverständnis eine grundsätzliche Offenheit für Gegenwart und Zukunft sowie für neue Herausforderungen und Erkenntnisse gehören muss. Deshalb nun zum Schluss:

---

32 Vgl. als grundlegende Darstellung Dietrich Benner, Allgemeine Pädagogik. Eine systematisch-problemgeschichtliche Einführung in die Grundstruktur pädagogischen Denkens und Handelns, Weinheim/München 1987. Benner hat sich auch in zahlreichen Aufsätzen zum Thema »Bildung und Religion« geäußert (vgl. etwa Anm. 33).

33 Vgl. Dietrich Benner, Religiöse Bildung. Überlegungen zur Unterscheidung zwischen »fundamentalen« und »fundamentalistischen« Konzepten, in: Friedrich Schweitzer/Volker Elsenbast/Christoph T. Scheilke (Hrsg.), Religionspädagogik und Zeitgeschichte im Spiegel der Rezeption von Karl Ernst Nipkow, Gütersloh 2008, 151–164.

V EVANGELISCHES BILDUNGSDENKEN VOR NEUEN HERAUSFORDERUNGEN

Schon zu Beginn habe ich darauf aufmerksam gemacht, dass es in meinem Beitrag nicht um eine museale Betrachtung gehen soll. Dies gilt auch in inhaltlicher Hinsicht. Besonders bei den neuen Herausforderungen kann dies noch einmal deutlich werden. Dabei konzentriere ich mich auf drei solcher Herausforderungen und bin mir bewusst, dass durchaus noch weitere Herausforderungen zu nennen wären.

Die *erste* neue Herausforderung betrifft das *Verhältnis zur Erziehungswissenschaft.* Eine der ausgesprochenen Stärken der protestantischen Bildungstradition wird zu Recht immer wieder darin gesehen, dass diese Tradition eine große Offenheit für die Erziehungswissenschaft aufweist. Historisch äußert sich dies auch darin, dass die Erziehungswissenschaft in Deutschland jahrhundertelang stark evangelisch geprägt war – von Comenius über Pestalozzi und Schleiermacher bis hin zu Wilhelm Flitner im 20. Jahrhundert. Auf diese Weise entstand eine enge Verbindung zwischen Pädagogik und Protestantismus. Heute findet eine konfessionell oder religiös gebundene Pädagogik jedoch keine Zustimmung mehr. Aus der Pädagogik ist die Erziehungswissenschaft geworden, die sich selbst, auch angesichts eines religiös und weltanschaulich pluralen Handlungsfeldes wie der Schule, religiös neutral verstehen will.[34] Wenn das evangelische Bildungsdenken sich mit der in dieser Weise autonom verstehenden Erziehungswissenschaft neu ins Verhältnis setzen will, wird sie auch neue Formen des interdisziplinären Dialogs finden müssen. Bis heute ist dies nur sehr punktuell gelungen – was sich gerade angesichts der religiösen und weltanschaulichen Pluralität mit ihren Herausforderungen auf beide Seiten nachteilig auswirkt.

Als *zweite* Herausforderung nenne ich hier das Erfordernis, das evangelische Bildungsdenken konsequent mit einer *Verankerung in der Zivilgesellschaft* zusammen zu denken. Immer deutlicher wird ja, dass die evangelische Kirche nach der Trennung zwischen Kirche und Staat ihren Ort nicht einfach im Privatbereich finden kann, sondern dass sie – etwa Wolfgang Huber zufolge[35] – als Institution der Zivilgesellschaft begriffen und ausgestaltet werden muss. In diesem Sinne habe ich auch zu Beginn darauf hingewiesen, dass

---

[34] Vgl. beispielsweise BREZINKA, Von der Pädagogik zur Erziehungswissenschaft (s. Anm. 3).

[35] Vgl. WOLFGANG HUBER, Kirche in der Zeitenwende. Gesellschaftlicher Wandel und Erneuerung der Kirche, Gütersloh 1998.

evangelische Impulse für das staatliche Bildungswesen heute als ein zivilgesellschaftlicher Beitrag zur gemeinsamen demokratischen Bildungsverantwortung zu verstehen sind.[36] Genau hier liegt aber eine Zukunftsaufgabe: Insgesamt ist noch keineswegs klar, was es für das evangelische Bildungsdenken oder auch nur für die Religionspädagogik bedeutet, wenn sie nun aus einer zivilgesellschaftlichen Perspektive heraus betrieben werden sollen. Daran wird in den nächsten Jahren mit Nachdruck zu arbeiten sein.

Mit der *dritten und letzten* Herausforderung komme ich noch einmal zurück auf die *religiöse und weltanschauliche Pluralität*, die vielleicht die größte neue Herausforderung für das evangelische Bildungsdenken darstellt. Denn hier geht es um eine Umstellung im epochalen Sinne. Die in der evangelischen Tradition vorgegebenen Leitbegriffe von Frieden und Gerechtigkeit als übergreifende Ziele für Bildung und Schule können zwar auch in diesem Falle zur Anwendung kommen, aber zu der Art und Weise, wie dies geschehen soll, finden wir in der Tradition noch kein direktes Vorbild. Denn nicht nur beim Bildungsdenken, sondern auch insgesamt haben die evangelische Kirche und Theologie sehr lange gebraucht, ehe sie sich überhaupt auf Fragen zum Verhältnis zwischen Christentum und anderen Religionen eingelassen haben.[37] Erst in den letzten Jahren finden sich entschieden positive Stellungnahmen zum religiösen Pluralismus – etwa bei Eilert Herms, der von »*Pluralismus aus Prinzip*« spricht[38], oder bei Theo Sundermeier mit seiner Perspektive der »*Konvivenz*«[39]. Ein besonders interessantes Beispiel stellt auch der evangelische Toleranzdiskurs dar, wie etwa daran abzulesen ist, dass das Jahr 2013 in der von der EKD veranstalteten Luther-Dekade unter dem Begriff der Toleranz steht. Christoph Schwöbel spricht sogar von einer »*Toleranz aus Glauben*«.[40] Damit möchte er deutlich machen, dass Toleranz nicht einfach eine

---

36 Zum Begriff der Bildungs(mit)verantwortung vgl. Nipkow, Bildung (s. Anm. 25).

37 Das wird heute auch aus evangelischer Sicht so eingeschätzt (auch im Vergleich zu den hier früher einsetzenden Bemühungen auf katholischer Seite), vgl. Christlicher Glaube und nicht-christliche Religionen. Theologische Leitlinien. Ein Beitrag der Kammer für Theologie (EKD-Texte 77), Hannover 2003.

38 Vgl. Eilert Herms, Pluralismus aus Prinzip, in: Ders., Kirche für die Welt. Lage und Aufgabe der evangelischen Kirchen im vereinigten Deutschland, Tübingen 1995, 467–485.

39 Vgl. etwa Theo Sundermeier, Mission – Geschenk der Freiheit. Bausteine für eine Theologie der Mission, Frankfurt a. M. 2005.

40 Vgl. Christoph Schwöbel, Toleranz aus Glauben. Identität und Toleranz im Horizont religiöser Wahrheitsgewissheiten, in: Ders., Christlicher Glaube im Pluralismus. Studien zu einer Theologie der Kultur, Tübingen 2003, 217–244.

Haltung ist, die dem Christentum oder anderen Religionen von außen aufgenötigt werden müsste oder könnte. Stattdessen verweist er auf die Möglichkeit und Notwendigkeit, gerade nach den »religiösen Wurzeln der Toleranz« zu fragen.[41] Fündig wird er selbst dabei in der reformatorischen Tradition und in deren Verständnis von Rechtfertigung. Denn dieses Verständnis schließt ein, dass der Mensch auch über seinen eigenen Glauben nicht verfügen kann. Der Glaube ist in reformatorischer Sicht gerade kein menschliches Werk, sondern eine Gabe Gottes, die den Menschen erst zur Gewissheit im Glauben kommen lässt.

Für das evangelische Bildungsdenken erwächst daraus die Aufgabe, eine solche »Toleranz aus Glauben« auch pädagogisch wirksam werden zu lassen. Ich selbst vertrete daher die Auffassung, dass Pluralitätsfähigkeit zu einem in evangelischer Sicht zentralen Bildungsziel geworden ist.[42] Gemeint ist damit die Fähigkeit, sich weder fundamentalistisch gegen die religiöse und weltanschauliche Vielfalt abzuschotten noch sich relativistisch allem lediglich anzupassen. Stattdessen anzustreben ist eine prinzipienorientierte, immer auch theologisch begründete religiöse Urteilsfähigkeit.

Damit bin ich nicht nur am Ende, sondern auch am Ziel meiner Ausführungen. Der im Glauben mündig werdende Mensch, getragen von der ihm von Gott geschenkten Würde, trotz aller menschlichen Verfehlung, ein Leben aus der Vergebung – diese Vision ist der gewichtigste Impuls des reformatorischen Bildungsdenkens, das seine Bedeutung für das Bildungswesen darin erweisen kann, dass es sich selbst immer wieder neu, angesichts sich verändernder Problemlagen und Herausforderungen, zu aktualisieren vermag. Nicht der bewahrende Rückblick ist hier gefordert, sondern die Bereitschaft, das reformatorische Bildungserbe im 21. Jahrhundert fortzuschreiben.

---

41 Vgl. dazu Christoph Schwöbel/Dorothee von Tippelskirch (Hrsg.), Die religiösen Wurzeln der Toleranz, Freiburg u. a. 2002.

42 Vgl. Friedrich Schweitzer, Was heißt: pluralitätsfähige Religionspädagogik?, in: PhTh 42 (2007), 206–210.

Christliche Bildungspolitik im Spannungsfeld von Ideal und Wirklichkeit

Burkhard Jung

Schon als wir das Evangelische Schulzentrum Leipzig aufbauten, haben wir grundsätzlich über den Sinn und die Aufgabe von evangelischen Schulen diskutiert. Diese Frage nach der Legitimation ist meiner Meinung nach immer noch aktuell. Ich möchte noch einmal die Thesen aufgreifen, die ich 1994 in Bad Boll in einem Vortrag mit dem Titel »Zur Legitimation evangelischer Schulen in säkularer Umgebung. Thesen zur Weitergestaltung evangelischer Schulen«[1] formuliert habe und werde diese vor dem Hintergrund meiner neuen und anderen Funktion als Oberbürgermeister einer Halbmillionenstadt reflektieren. Ich war sehr überrascht, als ich mir die Thesen, die ich vor fast 20 Jahren aufgestellt habe, anschaute: Sie sind auch heute noch aktuell und treffend. Mich hat damals bewegt, wie wir die Gründung einer evangelischen Schule in einem stark säkularisierten Umfeld legitimieren können. Brauchen wir überhaupt evangelische Schulen, wenn eine Gesellschaft sich geradezu durch den Rückzug christlicher Inhalte auszeichnet? Daneben gibt es vor allem aus kirchlichen Kreisen den Einwand: »Ihr seid das Salz der Erde« –

---

[1] Die Thesen sind aufgeführt in: Burkhard Jung, Überlegungen zum Aufbau Evangelischer Schulen insbesondere in den neuen Bundesländern, in: Aufwachsen in der Pluralität. Herausforderungen für Kinder, Schule und Erziehung. Ein Gespräch zwischen Theologie und Pädagogik, hrsg. v. Comenius-Institut Münster in Verbindung mit Evangelische Akademie Bad Boll und Pädagogisch-Theologisches Zentrum der Evangelischen Landeskirche in Württemberg, Münster 1994, 115–121. Die Thesen wurden von dort übernommen und werden hier kursiv wiedergegeben. Die Ausführungen zu den jeweiligen Thesen entsprechen in leicht abgewandelter Form den dort aufgeführten. Die Thesen finden sich auch in: Burkhard Jung, Zur Legitimierung evangelischer Schulen in säkularer Umgebung – Thesen zur Weitergestaltung evangelischer Schulen, in: Ders. (Hrsg.), Evangelisches Schulzentrum Leipzig – 5 Jahre – Versuch einer Standortbestimmung, Baalsdorf [1997], 85–94.

ihr könnt euch doch nicht isolieren, ihr sollt keine eigene Insel bilden, sondern ihr müsst in staatliche Schulen und die gesamte Schullandschaft hineinwirken. Auf diese Anfragen musste eine Konzeption evangelischer Schulen Antworten geben. Dies habe ich in den folgenden Thesen versucht.

These eins: *Evangelische Schulen müssen entschieden multikulturelle, ökumenische und diakonische Angebotsschulen werden, die den interreligiösen Dialog pflegen und offen werden für jedermann und jedefrau.* Vor allem der Missionsgedanke verbietet jegliche Exklusivität auf kirchliche Gemeindeglieder. Evangelische Schulen sind eben gerade nicht Inseln der Seligen, keine klerikale Kaderschmiede, sie sind nicht Rückzugsorte, um ein Kind vor der bösen Welt zu behüten, sie sind nicht die Ruhepole in den Wellen des Alltags, sondern sie sollen sich öffnen und sich den Herausforderungen der aktuellen Situation stellen. Sie sollen offener Lebens- und Bildungsraum sein und für Kinder und Jugendliche aller Konfessionen, aller Schichten, aller Volksgruppen, aller Haltungen und aller Elternhäuser offen sein. Sie sollen sich im Dialog folgenden Fragen stellen: Was heißt interreligiöser Dialog in einer evangelischen Schule? Was heißt Offenheit bzw. multikulturelle Offenheit? Wir können heute die Adjektive sicherlich variieren und verändern, aber die Grundfrage ist genau diese. Ich bin fest davon überzeugt, die Kirche macht einen Riesenfehler, wenn sie nicht Schule und Bildung als einen offenen Prozess versteht, der in die Gesellschaft hineinwirkt, anstatt einen exklusiven Prozess daraus zu machen.[2]

Das führt mich zu einer aktuellen Diskussion in Leipzig. Wir haben seit 800 Jahren den Thomanerchor, der seit 470 Jahren in städtischer Trägerschaft ist. Der Thomaskantor ist gleichzeitig Kantor in der Thomaskirche, aber er ist ein städtischer Angestellter und bekommt von mir seinen Dienstvertrag unterschrieben. Dieses Verhältnis scheint heute eigentlich kaum noch vermittelbar. Angesichts unserer Wertesysteme, angesichts unserer Trennungen und der Wertneutralität des Staates ist es kaum noch zu vermitteln, dass wir eine solche enge Verbindung von Stadt, Chor und Kirche leben. An dieser Stelle entzündet sich ein großer Streit. Von den Thomanern und der Idee eines Campus von Schule, Chor, Jugendherberge und Kindertagesstätte ist eine Bildungsinitiative ausgegangen, die 2009 zur Gründung einer Schule in freier Trägerschaft geführt hat. Aktuell kommt aus dem Stadtrat der Stadt

---

2 »Eine Evangelische Schule ist nicht eine Repräsentation von etwas, sondern ein zur Teilhabe einladender, offener Prozeß«. (CHRISTOPH BIZER, Eine Phantasie zum Thema »Schule in evangelischer Trägerschaft«, in: Neue Sammlung 31 [1991], H. 3, 449–458, hier: 454).

ein fraktionsübergreifender Antrag, der fast von allen Fraktionen getragen wird. In diesem wird sich für eine städtische Grundschule als Nachwuchsschule für den Thomanerchor ausgesprochen. Gleichzeitig existiert jetzt aber die freie Schule. Es zeigt sich an dieser Stelle ein Grundkonflikt. Die Sorge, die Schule in freier Trägerschaft könnte eine exklusive Einrichtung sein, die nicht mehr offen und wertneutral ist, in der Kinder ausgesondert werden – eine Schule, die sich eben nicht in der Art öffnet, wie ich es in der ersten These formuliert habe, führt zur Forderung nach einer städtischen Grundschule. Ich bin gespannt, wie sich das weiterentwickelt. Es wird wohl im Ergebnis so ausgehen, dass wir zum einen eine Schule in freier Trägerschaft haben, die eine kirchliche Bindung hat. Diese ist bei uns keine kirchliche Schule, sondern eine Vereinsschule. Zum anderen werden wir eine städtische Grundschule haben, die den Nachwuchs organisiert. Dieser Konflikt zeigt etwas von der Spannung. Ich glaube, dass die richtige Antwort die radikale Öffnung evangelischer Schulen hin in die Welt und hin zur Welt ist.

These zwei: *Evangelische Schulen und vor allem die darin Unterrichtenden müssen bei dieser geforderten Offenheit um so deutlicher und entschiedener Stellung beziehen, wessen Glaubens Kind sie sind.*[3] Evangelische Schule muss deutlich erkennbarer bekennen. Es reicht eben nicht aus, die Trägerschaft evangelisch oder kirchlich oder anders zu nennen, sondern der, der dort unterrichtet, hat aus dieser Verantwortung heraus eine klare Haltung zu formulieren und sie auch zu zeigen[4]: Ich bin offen für alle, aber ich habe eine klare Glaubensgrundhaltung. Die konfessionelle Bindung des Lehrenden, die sich in seiner Haltung zum Kind, in der Achtung vorm Kind, in der Haltung zum Fach und zu Sachfragen äußert, muss sich deutlich zeigen. Ansonsten

---

[3] Beim Kirchentag 1997 in Leipzig sagte ich im Gespräch mit Christoph Bizer: »[…] ich mache die Beobachtung, daß wir so still unseren Glauben leben, daß niemand überhaupt nur zur Kenntnis nimmt, daß da vielleicht Christen in der Schule sind. Wir denken, die anderen werden's schon merken. Dabei schieben wir oft die *weltanschauliche Neutralität* der Schule vor. Aus Angst, als Fundamentalist mißverstanden zu werden, flüchten wir Christen in die Unverbindlichkeit. Pluralismus bis zur Selbstaufgabe.« (zit. nach Burkhard Jung, Überlegungen zum Eigentlichen evangelischer Schulen, in: Christoph-Theodor Scheilke/Martin Schreiner (Hrsg.), Handbuch Evangelische Schulen, Gütersloh 1999, 162–168, hier: 164).

[4] »Das Angebot des Glaubens muß gelebt werden, damit Kinder und ihre Eltern wissen, woran sie sind. Wenn Schülerinnen und Schüler fragen, woran man glauben, worauf man hoffen und wie man leben kann, sollten Lehrerinnen und Lehrer versuchen, aus ihrem christlichen Glauben Antworten zu geben oder aber ihr eigenes Fragen offenzulegen.« (Jung, Überlegungen zum Eigentlichen evangelischer Schulen [s. Anm.], 166).

ist die Offenheit Libertinismus und ohne jegliche Relevanz. Die Offenheit braucht eine Bindung.

These drei: *Dafür brauchen Evangelische Schulen ein lebendiges geistliches Leben und spirituelle Erfahrungsräume für Lernende und Lehrende.* Denn was ist anders an evangelischen Schulen? Evangelische Lehrer sind doch nicht die besseren Lehrer.[5] Evangelische Schulen sind auch nicht besser im Unterrichtsalltag, sondern sie brauchen den spezifischen spirituellen und geistlichen Raum, um sich in besonderer Weise die geistige Mitte zu erarbeiten. Dabei darf die kleine Morgenandacht nicht zum »christlichen Schürzchen« verkommen. Um geistliche Räume zu eröffnen, reicht sie nicht aus: Gottesdienste, Einkehrtage und neue Formen religiöser Gemeinschaft (z.B. Meditation, Bibliodrama) müssen gepflegt werden, wenn sie auf Schülerinnen und Schüler und das Kollegium ausstrahlen wollen. Dabei muss in der Regel der Angebotscharakter und die freiwillige Teilnahme gewahrt bleiben.

These vier: *Evangelische Schulen sollten angesichts der beschriebenen Säkularisation wesentlich stärker als bisher religiöse und ethische Implikationen von Unterrichtsinhalten methodisch variationsreich thematisieren.* In allen Fächern gibt es jüdisch-christliche Bildungsinhalte, die ehemals zum Fundus unseres Wissens gehörten, und deren Traditionen ich auch kennen muss, um die eigene Umwelt zu verstehen. Diese Inhalte sind aber vollkommen verschwunden, so dass beispielsweise geläufige Bildungsinhalte biblischer Traditionen vielfach nicht mehr auszumachen sind. Jeder, der in der DDR groß geworden ist, weiß, was ich damit meine. Der *Osterspaziergang* in Goethes *Faust* wurde in der Regel als ein Frühlingsgedicht besprochen. Dass es die österliche Auferstehungshoffnung beinhaltet (als Auferstehung Fausts nach seinen Suizidgedanken zum Glockengelaut des Ostermorgens), wurde nicht beachtet. Und so muss ich im Physikunterricht, wenn ich die Prismen des Lichts zerlege und über den Regenbogen diskutiere, vielleicht auch daran erinnern, dass der Regenbogen ein Symbol für die gnädige Zusage Gottes ist. Es ist wichtig, dass wir die Unterrichtsinhalte und die Fächer durchaus in ihren religiösen und ethischen Implikationen immer wieder in unseren evangelischen Schulen in den Blick nehmen – dann entsteht auch Bil-

5 Siehe Werbeprospekt des Evangelischen Schulzentrums Leipzig 1994: »Wir sind nicht die private Alternative für eine heile Schulwelt. Wir machen nicht selbstverständlich gute Schule, weil wir christlich motiviert sind. Christen sind nicht gleichsam automatisch die besseren Lehrerinnen und Lehrer, unsere Schülerinnen und Schüler sind nicht besser, disziplinierter oder wißbegieriger als andere.« (zit. nach JUNG, Überlegungen zum Eigentlichen evangelischer Schulen [s. Anm. 3], 162 f.).

dung. Dieses meint aber nicht eine christliche Vereinnahmung des Fachunterrichtes.

These fünf: *Evangelische Schulen müssen deswegen endlich den Begriff der freien Trägerschaft ernster nehmen und diese Freiheit ins Zentrum des Unterrichts holen.* Wir brauchen keine evangelischen Schulen, die nur das machen, was der Staat an staatlichen Schulen tut. Wir brauchen keine evangelischen Schulen, wo die Lernplaninhalte exakt eins zu eins kopiert werden und wo die Curricula die entscheidenden Fragen sind. Das können staatliche Schulen auch. Ich verstehe nicht, wie man sich durch die staatliche Anerkennung einengen lässt und fast musterhaft versucht, die staatlichen Regelungen einzuhalten. Anstatt die Freiheit zu nutzen, Unterricht aufzubrechen, neue Fächer zu erfinden, Unterrichtsformen zu verändern und auf die aktuelle Situation einzugehen, passt man sich den Regularien der unterschiedlichen Bundesländer fast eins zu eins an. Man geht in Notenzwänge, selektiert genauso, usw. Ich kann es nicht verstehen. Freiheit im paulinischen Sinne wird dort nicht gelebt.

These sechs: *Evangelische Schulen müssen stärker als bisher gemeindliches Leben üben, und dazu gehört auch, den Freizeitbereich stärker einzubeziehen, indem sozialpädagogische Angebote gemacht werden.* Ich glaube, mittlerweile hat sich gottlob das Bewusstsein durchgesetzt, dass Schule mehr als sechs Stunden Unterricht ist, nach welchem man nach Hause geht und bei der Mutter isst, die aber leider nicht mehr zu Hause ist. Angesichts der veränderten Familiensituationen können unsere Schulen mittags nicht mehr geschlossen werden. Der Freizeitbereich gehört mit in die Schule hinein, wofür wir Sozialpädagogen, Freizeitpädagogen und Psychologen an den Schulen brauchen.

These sieben: *Evangelische Schulen brauchen eine stärkere Anbindung an die Kirchgemeinden.* Ich kam 1991 nach Leipzig und war geprägt durch das evangelische Schulwesen in Westdeutschland, welches sich sehr stark von der Kirche und den evangelischen Kirchgemeinden entfernt hatte. In Leipzig erlebte ich in der »Diasporasituation«, dass die Kirchgemeinde auch die eigentliche Heimat von Schule sein musste, da sie ansonsten komplett jede Wurzel und Anbindung verliert. Ich glaube, diese Frage wird heute noch stärker zu betonen sein, da sich die Verhältnisse im Hinblick auf die Säkularisierung zwischen Ost- und Westdeutschland vor allem in den großen Städten prozentual annähern. In Bremen gibt es meines Wissens heute nur noch 25% Kirchenmitglieder, in Leipzig sind es 15%.

These acht: Diese These hat damals bei den Lehrerinnen und Lehrern immer wieder zu Diskussionen geführt, aber ich halte sie trotzdem für wichtig. *Lehrerinnen und Lehrer an Evangelischen Schulen müssen die Frage nach ihrer Schuld im pädagogischen Prozess immer wieder neu stellen; Vergebung wird dann eine zentrale pädagogische Kategorie.* Darüber würde ich gerne noch wesentlich intensiver und länger nachdenken, inwieweit die Schuld- und Vergebungsfrage in unserem pädagogischen Handeln, in unserer pädagogischen Arbeit eine zentrale Kategorie ist: Sich damit offensiv zu beschäftigen und zu wissen, dass man pädagogisch scheitert und scheitern kann, dass Fehler möglich sind und Fehler erlaubt sind und dass sie aber immer wieder neu die Chance in sich bergen, aus der Vergebung heraus auf das Kind neu zuzugehen.

Soweit meine damaligen Überlegungen zur Legitimierung evangelischer Schulen. Ich bin 1999 in die Politik gewechselt, wurde Schulbeigeordneter (heute: Bürgermeister für Jugend, Soziales, Gesundheit und Schule) und hatte plötzlich eine ganz andere Aufgabe. Ich war – wie es im Amtsdeutsch heißt – als Sachaufwandsträger für Schulen zuständig. Sachaufwandsträger heißt: Man hat auf die Lehrerinnen und Lehrer keinen Einfluss, aber auf die Schulgebäude, Schwämme, Tafeln, Sekretärinnen und Hausmeister. Ich habe nie verstanden, wie wir es in Deutschland schaffen, Sachaufwandsträgerschaft und inhaltliche Verantwortung von Schule dermaßen zu trennen. Die Freistaaten Sachsen oder Thüringen usw. bezahlen die Lehrer und entwickeln die Bildungsinhalte – die Städte und Kommunen wiederum verfügen über die Gebäude. Zum Glück diskutieren wir heute wesentlich intensiver über die Verantwortungsgemeinschaft für Schule und es gibt neue Initiativen, wie beispielsweise »Lernen vor Ort«. Wir versuchen die Bildungsverantwortung der unterschiedlichen Akteure zu beschreiben und sitzen zusammen. Bildung ist ein gesamtkommunaler Vorgang. Wir haben bei Kindergärten die Bildungsverantwortung und sind in kulturellen Einrichtungen, in den Sportvereinen, der Musikschule usw. als Kommune umfassend an einem Bildungsprozess beteiligt. So auch durch Ganztagsangebote, durch Sozialpädagogik und durch begleitende Angebote in Schulen. Insofern ist diese Trennung immer noch da, aber wir diskutieren intensiv und arbeiten an verantwortungsgemeinschaftlicher Entwicklung von Schule.

Was hat sich in den letzten Jahren geändert? Wir machen ein intensives Bildungsreporting und stellen fest, dass wir neben der Säkularisierung große Veränderungen erleben, die ich an vier Punkten herausstellen möchte.

Erstens: Die Familie hat sich komplett verändert. Der ehemalige Bundespräsident Horst Köhler hat es so formuliert: »Familie ist da, wo Kinder sind«. Das ist eine wunderbare und einfache Formel, für das, was heute gilt. In Leipzig werden etwa 65% aller Kinder in Familienverhältnisse geboren, die nicht mehr der klassischen Familiensituation entsprechen: 65% werden entweder alleinerziehend groß, in Patchworksituationen oder gleichgeschlechtlich erzogen oder sie werden in Wohngemeinschaften groß. 65%! Das hat Folgen für die Entwicklung eines Kindes, auf die wir in Schulen und in unserem Bildungsverständnis reagieren müssen. Das verändert Kinder, das verändert Bildungserfahrungen, das verändert Erziehungsprozesse.

Ein zweiter Punkt, den ich 1994 in dieser Deutlichkeit nicht gesehen habe: Das deutsche System ist ungeheuer selektiv. Es ist gnadenlos selektiv und in einigen Bundesländern ganz besonders. Dazu gehört Sachsen. Sachsen gilt als Primus bei den PISA-Studien. Doch woran liegt das? Wir haben in Sachsen kein zweigliedriges Schulsystem, wie immer behauptet wird, sondern wir haben ein viergliedriges. Es gibt das Gymnasium, es gibt die Mittelschule (jetzt »Oberschule«) mit Hauptschule und Realschule. Daneben gibt es die Förderschule und das sind Förderschulen der unterschiedlichsten Art: Für Erziehungshilfe, für Lernbehinderte, für geistig Behinderte – das wissen wir – aber insbesondere die Themen Erziehungshilfe und Lernbehinderte führen dazu, dass wir sehr viele Schüler in Klasse 2 und 3 so selektieren, dass sie bei den PISA-Studien gar nicht mehr mitmachen können. Diese Selektion ist nach meinem Bildungsverständnis eine Versündigung an Kindern und führt dazu, dass die Spreizung in Stadtteile ungeheuer zunimmt. Wir haben einen Stadtteil, da gehen beim Übergang von der Grundschule zum Gymnasium 65% der Kinder zum Gymnasium – und es gibt einen anderen Stadtteil, da sind es nur 15%. Ich glaube, dass wir dringend daran arbeiten müssen, diese Spreizung zu überwinden und dass wir diese Selektion von Kindern im Rahmen der Chancengleichheit und der Bildungsgerechtigkeit verändern müssen. Und hier habe ich die Hoffnung und die Erwartung, dass evangelische Schulen und evangelische Bildungspolitik auf diesen Missstand hinweisen und Modelle entwickeln, wie man dem widerstehen kann. Evangelische Schulen müssen in besonderer Weise – so auch Karl Ernst Nipkow – »Muster des Normalen«[6] werden und zwar in dem Sinne, dass sie die Normalität des gemeinsamen Lernens entwickeln. Wir können doch nicht kopieren, was staatliche Schulen machen, indem wir auch zwischen Grundschule, Mittelschule, Förderschule und Gymnasium differenzieren, sondern wir müssen doch geradezu die sein, die die Inklusion leben. Also, wo sind die Modelle des gemeinsamen Lernens, des begleitenden Lernens, damit wir diese Bildungsungerechtigkeiten, die nämlich

---

6 Karl Ernst Nipkow, Die Kirche vor den Antagonismen der Bildungsplanung, in: Die evangelische Kirche und die Bildungsplanung. Eine Dokumentation, Gütersloh 1972, 15–68, hier: 59.

nur zementieren, was in den Bildungshäusern oder in den Elternhäusern als Bildung verstanden wird, aufbrechen? Ich erwarte vom evangelischen Schulwesen, dass man sich sehr bewusst der Frage nach der Selektion stellt. Inklusion muss Bestandteil eines evangelischen Bildungsverständnisses sein (heute wäre das meine 9. These). Wo sind die Modelle des gemeinsamen längeren Lernens von Klasse 1 bis 8, von Klasse 1 bis 10? Das machen andere und unsere evangelischen Schulen machen es kaum mit.

Dritter Punkt: Wir haben in Leipzig eine Schulabbrecherquote von 14%. 14% eines Jahrgangs haben keinen Abschluss. In Nordrhein-Westfalen sind es ca. 8%. In Deutschland bewegen wir uns zwischen 6 und 14%. Ich finde das skandalös! Wir geben schon 14-, 15-, 16-jährigen Kindern die Botschaft mit auf den Weg: Wir brauchen dich nicht! Wir fahren ein System, das bewusst und gezielt diese Schulabbrecher produziert. Evangelische Schulen müssen doch da ansetzen! Wo sind die besonderen Angebote, die Modelle der Begleitung, der sozialpädagogischen Begleitung, der Bildungsbegleitung, die neuen Angebote im Unterricht und die Orientierung an dem Wohl des einzelnen Kindes? »Niemand darf verloren gehen« – ich erhoffe mir hier einen ganz anderen Schwung. Übrigens kann es sich diese Gesellschaft auch ökonomisch nicht leisten, dauerhaft über Generationen Versager zu produzieren, die keine Anstellung finden, die keinen Berufseinstieg finden. Das ist eine der wesentlichen Herausforderungen.

Einen vierten Punkt möchte ich ansprechen: die Schulverweigerer. Wir geben Unmengen von kommunalem Geld aus, um Programme zu finden, die Schulverweigerern wieder in Lernwerkstätten einen »geregelten Alltag« ermöglichen. Es sind tausende von Kindern, die sich der Schule entziehen, die teilweise mit der Polizei abgeholt werden, die dann wieder stiften gehen. Was heißt das denn für Schule und wie muss sich Schule verändern? Wir haben Beispiele von Werksschulen, Laborschulen, praxisorientierten Schulen – auch hier erhoffe ich mir besondere Antworten von evangelischer Bildungsverantwortung –, weil wir – und das ist meine Überzeugung – in besonderer Weise denen verpflichtet sind, die im Schatten stehen (das wäre heute meine 10. These). Anstatt über elitäre Bildung zu reden, anstatt darüber zu reden, dass mein hochbegabtes Kind keine Chance im System hat, wie das vielfach in bürgerlichen Verhältnissen passiert, sollten wir darüber sprechen, wo Kinder verlorengehen. Das ist die viel größere Gruppe als die der Hochbegabten und insofern denke ich, kann evangelische Bildung Impulse geben, wenn sie sich insbesondere auf die Tradition eines Comenius und eines Pestalozzis beruft und sich aktuell diesen Herausforderungen, dieser veränderten Situation auch stellt.

Ich möchte mit einer optimistischen Bemerkung schließen: Insgesamt erlebe ich in Deutschland eine Bildungsdiskussion, die auch die Kommunen erreicht hat, wie wir sie in dieser Qualität vor zwanzig Jahren nicht hatten. Wir diskutieren beispielsweise über die Bildungsverantwortung der Erzieherin im Kindergarten auf einem viel höheren Niveau, wir sprechen über Curricula, wir sprechen über Familienbegleitung und familiale Angebote, wir diskutieren die Verantwortungsgemeinschaft. Ich hoffe, dass wir die eben genannten Schwachpunkte angehen können und uns nicht damit zufrieden geben, dass Kinder in unseren Systemen versagen und keine Chance mehr haben.

Reformatorische Bildungsprogramme als Orientierungshilfen heutiger Bildungspolitik?

Christoph Matschie

Thüringen ist ein Bildungsland, und das hat viel mit unserem reformatorischen Erbe zu tun. Die Reformation war eine Bildungsbewegung. Bildung war wichtig, um die neue Lehre zu begreifen und um die Bibel lesen zu können. Bildung war die Voraussetzung für Christ-Sein im reformatorischen Sinne. Und damit stieß die Reformation Entwicklungen an, die bis in unsere Gegenwart Geltung haben. Seit 2009 trage ich Verantwortung für Bildung in Thüringen. Welche reformatorischen Impulse sind mir in meinem Amt besonders wichtig? Gerne nehme ich den Auftakt zu der Tagungs- und Schriftenreihe »Reformation heute« zum Anlass für einige Überlegungen.

Bildung ist eine öffentliche Aufgabe. Das ist aus meiner Sicht eine erste, eine zentrale Botschaft der Reformation. Martin Luther (1483–1546) attestierte seiner Zeit einen grassierenden Bildungsnotstand. Luther ließ keinen Zweifel daran, wen er hier in der Verantwortung sah: Bereits 1524 richtet er seinen Appell *An die Ratherren aller Städte deutschen Lands, daß sie christliche Schulen aufrichten und halten sollen*. Wohlgemerkt: Nicht an Kaufleute, nicht an den Klerus – sondern an die öffentlich verfassten Gremien der Bürgerschaft. Denn aus seiner Sicht war es im Sinne einer Stadt, eines Gemeinwesens, wenn die Bürger gut ausgebildet waren. Deswegen stehe auch die Stadt in der Pflicht. Philipp Melanchthon (1497–1560) machte das in seiner *Lobrede auf die neue Schule* recht drastisch deutlich:

> »Wer keine Mühe darauf verwendet, daß seine Kinder so gut wie möglich unterrichtet werden, handelt nicht nur pflichtvergessen gegenüber Gott, sondern verbirgt hinter einem menschlichen Aussehen seine tierische Gesinnung. […] Daher besteht gerade in einer wohlgeordneten Bürgerschaft ein Bedarf an Schulen, in denen die Jugend, die Pflanzstätte der Bürgerschaft, ausgebildet wird.«[1]

Die Reformatoren schrieben nicht nur flammende Texte. Sie begaben sich hinaus aus ihren Studierstuben, sie gingen auf Visitationsreisen. Sie verschafften sich vor Ort, in den Gemeinden, in den Schulen, einen Eindruck davon, wo es hakte und was gebraucht wurde. Visitationsreisen waren ein Kraftakt. Sie mussten gut vorbereitet werden und folgten einem strengen Protokoll. Das Reisen war beschwerlich. Von dem Gothaer Reformator Friedrich Myconius (1490–1546) sind viele Briefe überliefert, in denen er aus gesundheitlichen Gründen seinen Dienstherren um Dispens bat. Aber der blieb hart: Nur durch die Visite am Ort konnte man sich ein Bild machen.[2]

Bildung geschieht im Austausch und im Dialog. Das ist für mich die zweite wichtige Botschaft der Reformation. Ich finde es für einen Bildungspolitiker zentral, im Gespräch mit allen zu bleiben, die Schule gestalten. Daher steht für mich fest: Einmal pro Woche besuche ich eine Schule. Einmal im Jahr mindestens stelle ich mich bei der Lehrerkonferenz den Fragen der Pädagoginnen und Pädagogen. Ich treffe mich zu Dienstbesprechungen mit den Schulleitern in allen Schulamtsbezirken. Ich bin dabei, wenn sich die Elternvertretungen der Schulen und der Kindertagesstätten treffen, ich habe Kontakt mit der Landesschülerkonferenz. Das kostet Zeit, aber das lohnt sich.

Eine der ersten lutherischen Visitationsreisen überhaupt führte 1527 durch Thüringen. Die Kommission war hochkarätig besetzt: Mit Philipp Melanchthon und mit den beiden Thüringer Reformatoren Friedrich Myconius und Justus Menius (1499–1558). Weimar, Eisenach, Gotha waren die Stationen. Ganze vier Monate dauerte die Reise. Die Visitatoren arbeiteten gründlich. Eine wichtige Frage war: Wie stand es um den Glauben der Leute? Aber genau so wichtig waren die Arbeitsbedingungen: In welchem Zustand waren die Gebäude? Wie wurde Unterricht gestaltet, gab es Bücher? Die Mängelliste damals war offensichtlich lang. Melanchthon persönlich ermahnte den Stadtrat in Gotha: »Ihr wollet bedenken, daß Ihr von Amtswegen schuldig seyd […] die Jugend zur Lehre aufziehen zu lassen.«[3] Wir können uns vorstellen, was die Antwort aus dem Rathaus war: Kein Geld. Auch damals waren Kommunen klamm. Den Reformatoren war dennoch klar: Guter Unterricht braucht gute Lehrkräfte, und die muss man gut bezahlen. Auch wenn das kostete.

---

1 Philipp Melanchthon, Lobrede auf die neue Schule (1526), in: Michael Beyer u. a. (Hrsg.), Melanchthon Deutsch Bd. I, Leipzig 1997, 96–105, hier: 104.

2 Vgl. Ernst Koch, Im Auftrag des Kurfürsten. Dienstreisen des Gothaer Superintendenten Friedrich Myconius, in: Susanne Böhm/Miriam Rieger (Hrsg.), »Hinaus ins Weite …«. Reisen Thüringer Protestanten, Erfurt 2011, 11–33.

3 August Beck, Geschichte der Stadt Gotha Bd. II, Gotha 1870, 130.

Der Kurfürst unterstrich das in einem Schreiben an den Stadtrat von Gotha: Die Bezahlung der »Schuldiener« müsse auf hohem Niveau sein und bleiben, auch im Fall rückläufiger Einnahmen. Daran sei nicht zu rütteln. Und der Kurfürst hatte auch gleich ein Argument parat, das bis heute zu überzeugen versteht: er legte der Vorschrift eine größere Schenkung bei.[4]

Gute Bildung gibt es nicht umsonst. Das ist für mich die dritte Botschaft der Reformationszeit, die bis heute gilt. Wir brauchen gut ausgestattete Schulen. Wir brauchen gut ausgebildete Lehrkräfte, und wir brauchen viele davon. In Thüringen zeichnet sich – wie in anderen Bundesländern – derzeit ein Generationenwechsel im Lehrerzimmer ab. Ich will, dass wir diesen Generationenwechsel gut bewältigen. Daher habe ich mich dafür eingesetzt, dass wir die Zahl der Einstellungen erhöhen. Bis 2014 stellen wir 800 Lehrerinnen und Lehrer ein. Das waren keine einfachen Verhandlungen. Der Finanzminister sieht die Sache etwas anders als damals der Kurfürst. Aber letztlich habe ich ihn überzeugen können. Seit 2009 sind die Ausgaben für unsere Schulen kontinuierlich gestiegen. Heute steht ein Drittel mehr Mittel für unsere Schulen bereit als vor Beginn dieser Legislatur. Ausgaben für Bildung rechnen sich – die Rendite liegt dabei nicht nur in der Zukunft. Das zeigen zum Beispiel unsere Hochschulen. Die Thüringer Hochschulen sind heute nicht nur Orte der Bildung. Sie sind auch eine Antwort auf den demographischen Trend. Unsere Hochschulen sind Zuwanderungsmagnete. Schon heute kommen 40 Prozent der Studienanfänger aus den alten Bundesländern. Ein Teil davon bleibt. In einem Land, das mit den Folgen massiver Abwanderung zu kämpfen hat, organisieren wir so Zustrom.

Thüringen war häufig Vorreiter in Sachen Bildung. Bereits im Jahr 1642 führte Sachsen-Gotha die Allgemeine Schulpflicht ein. Das sorgte damals über die Landesgrenzen hinaus für Aufsehen. Der Dreißigjährige Krieg hatte das Land ausgezehrt. Die Welt war damals aus den Fugen geraten, die Wirtschaft am Boden, die Gesellschaft brach auseinander. Ein Neuanfang war notwendig. Was war jetzt nötig, damit das Land sich wieder aufrappeln konnte? Herzog Ernst der Fromme von Sachsen-Gotha (1601–1675) setzte auf Bildung. 1642 ordnete er an, dass alle Kinder des Landes die Schule besuchen sollten – ganz gleich welcher Herkunft und welchen Standes, und Mädchen genauso wie Jungen. Das tat der Herzog aus einem guten lutherischen Impuls heraus. Alle Untertanen sollten in der Lage sein, die Bibel und den Katechismus zu lesen. Herzog Ernst war aber auch ein kluger Landesvater. Das Land brauchte

4 Vgl. a. a. O. 133–137.

Fachkräfte. Der Herzog wusste: Nur, wer gut ausgebildet war, konnte das Land wieder voranbringen. Deswegen startete er eine umfassende Bildungsreform, die ich beeindruckend finde.[5] Was waren die Schritte?

Er begann damit, dass er landesweit ausführliche Visitationen durchführte, er veranlasste eine exakte Datenerhebung und befragte die sogenannten Kirchen- und Schuldiener – mitunter akribisch. Die Visitationen brachten eine Vielzahl von Problemen ans Licht: Es gab überall im Land leere, marodierende Schulgebäude. Und es gab Lehrer, die finanziell von der Gemeinde abhängig waren und deswegen ein Auge zudrückten, wenn die Eltern die Kinder vom Unterricht abhielten, weil sie auf dem Feld helfen sollten. Das war die Ausgangssituation, in der der Herzog seinen Maßnahmeplan entwickelte: Einführung der Schulpflicht für alle Kinder, sowohl Jungen als auch Mädchen, ab dem fünften Lebensjahr und zwar von Montag bis Sonntag. Während der Erntezeit gab es vier Wochen Sommerferien. Schulpflicht bestand bis zum ordentlichen Schulabschluss, zum Examen. Eltern konnten ihre Kinder nicht vorher von der Schule nehmen. Eltern, die sich gegen die Schulpflicht stellten, hatten mit einer Geldstrafe zu rechnen. Der Unterricht bestand aus Lesen, Schreiben, Singen und Rechnen. Ernst dem Frommen, dem guten Lutheraner, ging es dabei auch um Katechismuskenntnisse, es ging ihm aber auch um Orientierungswissen: Sachsen-Gotha war eines der ersten Territorien mit sogenanntem Realienunterricht, also mit einem Unterricht, der auf Anschauung beruhte und dem ein empirisch-deduktives Wissenschaftsverständnis zugrunde lag. Dazu gehörten Naturkunde, Kenntnis des politischen Systems und der Behörden, Kenntnis der Rechte und Pflichten eines Untertans – also eine frühe Form der Sozialkunde. Herzog Ernst ordnete aber nicht nur den Unterricht neu, er nahm auch die Lehrkräfte in den Blick. Die Lehrkräfte bekamen schrittweise mehr Gehalt und eine Art soziales Sicherungssystem; der Schulwitwenfiskus sollte dazu beitragen, dass der Lehrerberuf attraktiver wurde. Zugleich wurden die Lehrkräfte unter eine strenge Aufsicht gestellt: Zweimal im Jahr fand ein Unterrichtsbesuch durch Vorge-

---

[5] Dazu die Darstellungen von Veronika Albrecht-Birkner, Reformation des Lebens. Die Reformen Herzog Ernst des Frommen von Sachsen-Gotha und ihre Auswirkungen auf Frömmigkeit, Schule und Alltag im ländlichen Raum, Leipzig 2002; Andreas Klinger, Der Gothaer Fürstenstaat. Herrschaft, Konfession und Dynastie unter Herzog Ernst dem Frommen, Husum 2002, ergänzend dazu Sascha Salatowsky (Hrsg.), Gotha Macht Schule. Bildung von Luther bis Francke. Katalog zur Ausstellung der Universitäts- und Forschungsbibliothek Erfurt/Gotha in Zusammenarbeit mit der Stiftung Schloss Friedenstein, Erfurt 2013.

setzte statt, also durch Superintendenten und Adjunkten. Mit harschen Konsequenzen: Einem Lehrer in Zella, der die »Rechenkunst« nicht beherrschte und deswegen Geometrie aus dem Lehrplan entfernt hatte, wurde die Besoldung gestrichen.[6]

Herzog Ernst nahm die Schulaufsicht ernst, vielleicht etwas zu ernst. Es kursiert eine Geschichte, wie der Herzog auf einer der Reisen einen Schuldiener besuchte, sich seine Bibel auslieh und eine Münze dort zwischen die Seiten legte. Ein Jahr später kehrte er zurück und unterzog dem Schuldiener der üblichen Befragung: Ob er fleißig seine Bibel lese? Der Schuldiener bestätigte eifrig: Freilich, täglich! Der Herzog nickte freundlich, lies sich die Bibel geben, blätterte, entdeckte die Münze an der gleichen Stelle – und hatte den armen Schuldiener der Falschaussage überführt. Auch wir nehmen Schulaufsicht heute sehr ernst. Aber wir setzen doch mittlerweile mehr auf Eigenverantwortung.

Gute Elementarbildung, gute Schulen für alle – dieses Projekt verfolgte Ernst der Fromme mit Hartnäckigkeit. Überall im Land sollte es Schulen geben, auch im ländlichen Raum. Keine Gemeinde war zu klein für eine Schule. Zum Beispiel Catterfeld am Fuß des Thüringischen Waldes. Etwa 30 Personen lebten dort um 1640. Für eine Schule sah die Gemeinde selbst keinen Bedarf. Der Herzog schon. Über zehn Jahre stritt er mit der Gemeinde, bot wiederholt seine finanzielle Unterstützung an. Erst 1657 nahmen die Catterfelder das Angebot an und der Herzog revanchierte sich mit einem Schulneubau aus Landesmitteln.[7]

Herzog Ernst war ein frühabsolutistischer Herrscher, kein an demokratischen Grundsätzen orientierter Bildungspolitiker. Das dürfen wir bei allem Respekt vor seinen Anstrengungen nicht außer Acht lassen. So umfassend, wie er das Bildungswesen regulierte, genauso umfassend regulierte er auch andere Lebensbereiche seiner Untertanen. Verschwendung duldete er nicht. Das galt besonders für Feste und Feiern. Er legte fest, wie groß die Geschenke sein durften und wie viele Gäste man einladen durfte. Als es in Friedrichroda Ärger gab, weil man dort den traditionellen Schwerttanz feiern wollte, verbot er umgehend Tanzveranstaltungen im ganzen Land. Dennoch hat Ernst der Fromme mit seiner Bildungsreform wichtige Akzente gesetzt. Besonders wichtig ist mir der Gedanke der Chancengleichheit. Bildung für Jungen und Mädchen, egal welcher Herkunft – vor rund 400 Jahren war das völlig neu. Heute

---

6 Vgl. Klinger (s. Anm. 5), 242.

7 Vgl. a. a. O. 243f.

ist das eigentlich eine Selbstverständlichkeit. Aber wir alle wissen, dass es in der Realität hakt. Immer noch entscheidet zu oft Herkunft über Zukunft. Der im Januar 2012 vorgelegte vierte Euro-Student-Report zeigt, dass zwei Drittel der Studierenden an deutschen Hochschulen Akademikerkinder sind. Gerade mal zwei Prozent der Studierenden kommen aus bildungsfernen Familien. Im Vergleich mit 25 europäischen Staaten belegt Deutschland einen hinteren Platz, was die soziale Durchlässigkeit unseres Bildungssystems betrifft. Hier liegt ein Potential brach, das unsere Gesellschaft leichtfertig verschenkt. Mit dem Blick auf den demographischen Wandel sage ich deutlich: Das können wir uns nicht leisten. Allein in Thüringen benötigen wir bis 2020 rund 200.000 Fachkräfte. Dafür brauchen wir künftig jeden klugen Kopf. Die gesellschaftliche Dimension ist das eine. Mindestens genauso wichtig ist mir aber auch die persönliche Dimension. Ich will, dass sich jedes Kind nach seinen Möglichkeiten entfalten kann, dass es sich etwas zutraut, dass es herausfindet, wo seine Stärken und Schwächen liegen, dass es seinen eigenen Weg findet und ihn beschreitet, Schritt für Schritt. Wie gelingt das?

In Thüringen setzen wir auf gute Bildung von Anfang an. 2010 haben wir ein fortschrittliches Kita-Gesetz auf den Weg gebracht. Bei uns hat jedes Kind ab dem ersten Lebensjahr das Recht auf einen Betreuungsplatz. Und das nicht nur auf dem Papier, sondern in einer Kita, die gut ausgestattet ist und in der gut geschulte pädagogische Fachkräfte bereitstehen. Und wir setzen auf individuelle Förderung und längeres gemeinsames Lernen. 2011 wurde mit dem neuen Schulgesetz und der neuen Schulordnung das Recht auf individuelle Förderung fest verankert. Wir haben mit der Thüringer Gemeinschaftsschule darüber hinaus eine neue Schulart geschaffen, die gleichberechtigt neben den bekannten Schularten steht. Die Thüringer Gemeinschaftsschule ermöglicht das gemeinsame Lernen bis zur achten Klasse. Auf diese Weise haben Schülerinnen und Schüler zu jedem Zeitpunkt in ihrer Schullaufbahn die Möglichkeit auf den besten Bildungsabschluss. Ich bin überzeugt davon, dass Bildung von unten wachsen muss. Bei der Einführung der Thüringer Gemeinschaftsschule setzen wir daher auf Freiwilligkeit. Damit machen wir gute Erfahrungen. Mittlerweile haben sich etwa 30 Schulen auf den anspruchsvollen Weg zur Gemeinschaftsschule gemacht, und es kommen immer mehr dazu. 86 Prozent aller Eltern in Thüringen wollen das längere gemeinsame Lernen.

Wie sieht die beste Schule, die beste Bildungseinrichtung für unsere Kinder aus? Diese Frage hat über die Jahrhunderte hinweg Menschen in Thüringen immer wieder umgetrieben. Christian Gotthilf Salzmann (1744–1811) gründete schon 1784 in Schnepfenthal eine der erfolgreichsten Musterschulen des 18. Jahrhunderts. Aus allen Teilen Europas schickten Eltern ihre Kinder in den kleinen Ort am Thüringer Wald. Friedrich Fröbel (1782–1852), der Erfinder des Kindergartens, setzte in Bad Blankenburg und in Keilhau seine Ideen in die Praxis um. Thüringen hat immer wieder Bildungsgeschichte geschrieben und die Reformation hat dieser Entwicklung wichtige Impulse gegeben. In dieser Tradition stehen wir. Von den historischen Vorbildern lernen wir. Und wir entwickeln gute Ideen weiter. Gute Bildung von Anfang an, individuelle Förderung und offene Bildungswege: Das sind die Leitlinien, an denen wir heute in Thüringen Bildungspolitik ausrichten.

Thüringen ist Lutherland und die Lutherdekade ist für uns ein kulturelles Highlight. Das internationale Interesse an unserem Land steigt. Wir freuen uns auf alle Gäste, die 2017 gemeinsam mit uns 500 Jahre Reformation feiern. Für mich ist die Lutherdekade aber viel mehr als ein Tourismusmagnet. Das Reformationsjubiläum ist eine Einladung, mehr herauszufinden über unser reformatorisches Erbe.

Abkürzungsverzeichnis

AfS	Archiv für Sozialgeschichte, Bonn 1, 1961ff.
BuK	Reihe Bildung und Kultur, Jena 1, 2010 ff.
BHTh	Beiträge zur historischen Theologie, Tübingen 1, 1929–11, 1936; 12, 1950ff.
CR	Corpus Reformatorum, Berlin u. a. 1, 1834ff.
DH	Heinrich Denzinger, Enchiridion symbolorum definitionum et declarationum de rebus fidei et morum. Kompendium der Glaubensbekenntnisse und kirchlichen Lehrentscheidungen, verbessert, hrsg. v. Petrus Hünermann, Freiburg i. Br. u. a. ^{43}2010.
EdG	Enzyklopädie deutscher Geschichte, München 1, 1988ff.
EdN	Enzyklopädie der Neuzeit, Stuttgart 1, 2005–16, 2012.
EK	Evangelische Kommentare, Stuttgart 1, 1982ff.
FGLP	Forschungen zur Geschichte und Lehre des Protestantismus, München 1, 1928–4, 1928; 10. Reihe 1, 1942–43, 1972.
GGB	Geschichtliche Grundbegriffe. Historisches Lexikon zur politisch-sozialen Sprache in Deutschland, hrsg. v. Otto Brunner u. a., Stuttgart 1, 1972–8, 1997.
GWU	Geschichte in Wissenschaft und Unterricht, Offenburg 1, 1950ff.
HTR	Harvard Theological Review, Cambridge University Press on behalf of the Harvard Divinity School, 1, 1908ff.
JbUG	Jahrbuch für Universitätsgeschichte, Stuttgart 1, 1998ff.
JbWk	Jahrbuch für Europäische Wissenschaftskultur, Stuttgart 1, 2005ff.
JGNKG	Jahrbuch der Gesellschaft für Niedersächsische Kirchengeschichte, Braunschweig u. a. 46, 1941; 47, 1949ff.
JHB	Jahrbuch für Historische Bildungsforschung, Weinheim 1, 1993; Bad Heilbrunn 5, 1999ff.
KGA	Kritische Schleiermacher-Gesamtausgabe, Berlin 1980ff.
KIG	Die Kirche in ihrer Geschichte. Ein Handbuch, begründet von Kurt Dietrich Schmidt, hrsg. von Bernd Möller, Göttingen 1961ff.
LuJ	Luther-Jahrbuch. Jahrbuch der Luther-Gesellschaft, Leipzig 1, 1919ff.
NSJ	Niedersächsisches Jahrbuch für Landesgeschichte. Organ des Historischen Vereins für Niedersachsen in Hannover, hrsg. v. der Historischen Kommission für Niedersachsen und Bremen, Hildesheim u. a. 7, 1930ff.
PF	Pädagogische Forschungen. Veröffentlichungen des Comenius-Instituts, Heidelberg 1, 1957–54, 1973.
PrTh	Praktische Theologie. Zeitschrift für Religion, Gesellschaft und Kirche, Gütersloh 29, 1994ff.
PTHe	Praktische Theologie heute, Stuttgart 1, 1991ff.

PThGG Praktische Theologie in Geschichte und Gegenwart, Tübingen 1, 2006 ff.

PuN Pietismus und Neuzeit. Ein Jahrbuch zur Geschichte des neueren Protestantismus, Göttingen 1, 1974 ff.

QD Quaestiones disputatae, Freiburg i. Br. u. a. 1, 1958 ff.

RGG^4 Religion in Geschichte und Gegenwart, vierte, völlig neu bearbeitete Auflage, hrsg. v. Hans Dieter Betz u. a., Tübingen 1, 1998–8, 2005.

SMHR Spätmittelalter, Humanismus, Reformation, Tübingen 1, 2007 ff.

SpKA Johann Joachim Spalding – Kritische Ausgabe, Tübingen 1, 2006–13, 2013.

StA Philipp Melanchthon, Werke in Auswahl, Studienausgabe, hrsg. v. Robert Stupperich, Gütersloh 1, 1951–7, 1975.

TB Theologische Bücherei. Neudrucke und Berichte aus dem 20. Jahrhundert, München 1, 1927 ff.

TRE Theologische Realenzyklopädie, hrsg. v. Gerhard Krause/Gerhard Müller, Berlin 1, 1976–36, 2004.

VIEG Veröffentlichungen des Instituts für Europäische Geschichte Mainz, Wiesbaden u. a. 1, 1952 ff.

VIEG.B. – Beiheft 1, 1975 ff.

WA Martin Luther, Werke. Kritische Gesamtausgabe (»Weimarer Ausgabe«), Weimar 1, 1883 ff.

WA.Br – Briefwechsel 1, 1930 ff.

ZEE Zeitschrift für evangelische Ethik, Gütersloh 1, 1957 ff.

ZfE Zeitschrift für Erziehungswissenschaft, Opladen 1998–2003; Wiesbaden, 2004 ff.

ZHF Zeitschrift für historische Forschung. Vierteljahresschrift zur Erforschung des Spätmittelalters und der frühen Neuzeit, Berlin 1, 1974 ff.

ZThK Zeitschrift für Theologie und Kirche, Tübingen 1, 1891 ff.

Personenregister

Autorenverzeichnis

Prof. Dr. Christian Albrecht ist Lehrstuhlinhaber für Praktische Theologie an der Evangelisch-Theologischen Fakultät der Ludwig-Maximilians-Universität München.

Prof. Dr. Dr. Olaf Breidbach war bis zu seinem Tod am 22. 7. 2014 Lehrstuhlinhaber für Geschichte der Naturwissenschaften und Direktor des Instituts für Geschichte der Medizin, Naturwissenschaft und Technik an der Biologisch-Pharmazeutischen Fakultät der Friedrich-Schiller-Universität.

Prof. Dr. Stefan Ehrenpreis ist Professor für Geschichte der Neuzeit am Institut für Geschichtswissenschaften und Europäische Ethnologie der Universität Innsbruck.

Prof. Dr. Konrad Hammann ist Professor für Systematische sowie Historische Theologie und ihre Didaktik an der Evangelisch-Theologischen Fakultät der Westfälischen-Wilhelms-Universität Münster.

Prof. Dr. Martin Hein ist Bischof der Evangelischen Kirche von Kurhessen-Waldeck.

Burkhard Jung ist Oberbürgermeister der Stadt Leipzig.

Christoph Matschie ist Stellvertretender Ministerpräsident des Freistaates Thüringen und Thüringer Minister für Bildung, Wissenschaft und Kultur.

Prof. Dr. Friedrich Schweitzer ist Lehrstuhlinhaber für Praktische Theologie mit Schwerpunkt Religionspädagogik an der Evangelisch-Theologischen Fakultät der Eberhard Karls Universität Tübingen.

Prof. Dr. Walter Sparn war bis zu seiner Emeritierung 2007 Lehrstuhlinhaber für Systematische Theologie an der Friedrich-Alexander-Universität Erlangen-Nürnberg.

Prof. Dr. Christopher Spehr ist Lehrstuhlinhaber für Kirchengeschichte an der Friedrich-Schiller-Universität Jena.

Prof. Dr. Euler Renato Westphal ist Professor für Bioethik an der medizinischen Fakultät der Universität der Region Joinville Univille, Santa Catarina und Professor für Systematische Theologie an der Faculdade Luterana de Teologia in São Bento do Sul, Santa Catarina, Brasil.

Prof. Dr. Michael Winkler ist Direktor des Instituts für Bildung und Kultur der Fakultät für Sozial- und Verhaltenswissenschaften und Inhaber des Lehrstuhls für Allgemeine Pädagogik an der Friedrich-Schiller-Universität Jena.